民法 Ⅰ

総則

第2版補訂版

佐久間 毅・石田 剛
山下純司・原田昌和

YUHIKAKU

第 2 版　はしがき

　債権関係の規定を大幅に見直した「民法の一部を改正する法律」（以下，「改正法」という）が，平成 29 年 5 月 26 日に成立し，同年 6 月 2 日に平成 29 年法律第 44 号として公布された。民法総則中の規定にも，改正の対象となったものが数多くある。また，初版の刊行から 7 年半の時が経ち，民法総則の分野において重要な意味をもつ最高裁判決および学説が少なからず現れたが，それらの判決や学説には，改正法において条文化されたものもあれば，そうでないものもある。そこで，改正法の成立を機に本書を改訂し，民法総則の新たな姿を示すことにした。

　改正法の施行日は 2020 年 4 月 1 日であり，それまでは，現行法の規定が適用される。また，改正法の施行後も，施行日より前に生じた事実については現行法の規定が適用されることがある（改正法附則 2 条以下の経過措置に関する規定を参照）。そのため，なおしばらくの間，現行法の規定も重要な意味をもつことになる。もっとも，本書の読者が各種の試験を受け，あるいは社会において活躍するときに必要となるのは，改正法の規定を前提とした民法の知見であると思われる。そこで，紙幅の関係もあることから，本書では，もっぱら改正法の規定に依拠して解説することにし，改正前の規定，判例または学説には，改正法の理解にとって必要な限りで言及するにとどめている。

　今回の改訂にあたって，有斐閣書籍編集部の三宅亜紗美さんに大変お世話になった。心よりお礼を申し上げる。

　　平成 30 年 3 月

佐久間　　毅

石　田　　剛

山　下　純　司

原　田　昌　和

　民法の成年年齢を 20 歳から 18 歳に引き下げること等を内容とする民法の一部を改正する法律の成立（平成 30 年 6 月 13 日。同月 20 日に平成 30 年法律第 59 号として公布。施行日は平成 34 年 4 月 1 日）を機に，補訂版を刊行することにした。

（令和 2 年 2 月）

初版　はしがき

　本書は，総則，物権，債権総論，契約，事務管理・不当利得・不法行為，親族・相続の全6巻からなる予定のLegal Questシリーズ民法の第1巻である。本書の主たる対象は，民法総則である。

　Legal Questシリーズ民法では，法科大学院へ法学既修者として進学することを目指す学習意欲の高い学部学生を主たる読者として設定している。そこで，本書では，法学既修者として要求される水準を示すことを第一に心がけた。そのために，基本的な事柄の説明を厚くし，とくに立法趣旨・制度趣旨と判例の理論的位置づけについては比較的丁寧に説明することとした。論争のある問題については，個別の学説を詳細に解説することよりも，代表的な考え方の分布と実質的な対立点を示すことに力点をおいた。もっとも，これだけでは面白味のない記述になりかねない。そこで，執筆者の考え方や見方を示すことも避けていない。さらに，踏み込んだ解説や新しい論点については，本文と別にColumnを設け，やや立ち入って論じている。

　本書では，多くの章の最後に，練習問題をおいている。これは，事案に対する解決能力の涵養の一助とするためである。問題は，おおむね本文の記述に対応しつつも，やや発展的なものが多い。解答例はもちろん，ヒントも挙げていないが，これは自ら調べ，考えることを求めてのことである。

　本書は，4名の共同執筆によるものである。執筆は4名が分担しておこなったが，全員が全ての章に目を通したうえで，検討会を数度開き，また個別の意見交換を何度もおこなった。執筆者の見方・考え方を尊重しつつ疑問点を率直に出し合い，それを受けて担当者が加筆・修正するという作業を繰り返した。これによって，執筆者の個性を殺して面白味のない記述とすることなく，一書としてのまとまりを得られたのではないかと思う。

　Legal Questシリーズ民法の全巻に共通することとして，本シリーズが法科大学院への進学を志す学部学生を主たる読者に想定していることから要件事実論にどの程度踏み込むかと，民法（とくに債権法）の大改正が現実味を帯びつ

つあることから改正に向けた議論動向にどの程度応接するかが問題となった。これらについては，要件事実論を直接に意識した記述はしないこと，現時点では改正論議にも直接応接しないことを，全巻に共通の執筆方針とした。前者については，要件事実論は法科大学院できちんと学べばよいことと，本シリーズは法科大学院への進学を志す者を「主たる読者」に想定するだけであることによる。後者については，改正論議が本格化しつつあるとはいえ改正の方向性がうっすらと見えてきたとすらいいがたい状況であり，不確かな見通しを述べたり，独自の考えを披露したりすることよりも，民法の現状をきちんと明らかにすることこそが，将来改正がされた後の民法の理解にも役立つとの考えによる。本書も，この共通方針に従っている。

　本書がなるにあたって，さまざまな方から助力を得た。とくに有斐閣書籍編集第一部の土肥賢氏と一村大輔氏には，大変お世話になった。心より感謝申し上げる。

　　　平成22年8月

佐久間　　毅

石　田　　剛

山　下　純　司

原　田　昌　和

◆ 判　例 ◆

執筆者紹介

佐 久 間　毅（さくま・たけし）
　同志社大学大学院司法研究科教授
《第 1 章～第 4 章執筆》

石 田　　剛（いしだ・たけし）
　一橋大学大学院法学研究科教授
《第 5 章，第 12 章第 2 節執筆》

山 下 純 司（やました・よしかず）
　学習院大学法学部教授
《第 6 章～第 8 章執筆》

原 田 昌 和（はらだ・まさかず）
　立教大学法学部教授
《第 9 章～第 11 章，第 12 章第 1 節・第 3 節～第 5 節執筆》

凡 例

1 法 律 等

一般法人	一般社団法人及び一般財団法人に関する法律（一般法人法）
会　更	会社更生法
会　社	会社法
家　事	家事事件手続法
刑	刑法
小	小切手法
戸	戸籍法
公益法人	公益社団法人及び公益財団法人の認定等に関する法律
鉱　業	鉱業法
後見登記	後見登記等に関する法律
鉱　抵	鉱業抵当法
工　抵	工場抵当法
裁	裁判所法
自　賠	自動車損害賠償保障法
商	商法
借地借家	借地借家法
消費契約	消費者契約法
人　訴	人事訴訟法
製造物	製造物責任法
臓器移植	臓器の移植に関する法律
宅建業	宅地建物取引業法（宅建業法）
手	手形法
鉄　抵	鉄道抵当法
動産債権譲渡特	動産及び債権の譲渡の対抗要件に関する民法の特例等に関する法律
独　禁	私的独占の禁止及び公正取引の確保に関する法律（独占禁止法）
日　銀	日本銀行法
任意後見	任意後見契約に関する法律
農　協	農業共同組合法
農　地	農地法
破	破産法
非営利活動	特定非営利活動促進法（NPO 法）
非　訟	非訟事件手続法
不　登	不動産登記法

弁　護	弁護士法
法適用	法の適用に関する通則法（法適用法）
民	民法
民　再	民事再生法
民　執	民事執行法
民　訴	民事訴訟法
民訴規	民事訴訟規則
民　調	民事調停法
民　保	民事保全法
立　木	立木ニ関スル法律（立木法）
労　基	労働基準法（労基法）

　上記の他，有斐閣六法の法令名略語を用いることを原則とした。

　また，特にことわりのない場合，2020 年 4 月 1 日時点で施行されている法令に基づいて解説している。

2　判　　決

最　判	最高裁判所判決	高　判	高等裁判所判決
最大判	最高裁判所大法廷判決	控　判	控訴院判決
大判（決）	大審院判決（決定）	地　判	地方裁判所判決
大連判	大審院連合部判決		

3　判決登載誌

民　録	大審院民事判決録	家　月	家庭裁判月報
民　集	大審院民事判例集	金　法	金融法務事情
刑　集	大審院刑事判例集	判　時	判例時報
民　集	最高裁判所民事判例集	判　タ	判例タイムズ
集　民	最高裁判所裁判集民事	新　聞	法律新聞

第 1 章

序　　論

　この章では，序論として，民法とは何か，民法はどのように構成され，どのように用いられているか，といった事柄について説明する。

第 1 節　民法の意義

1　形式的意味における民法と実質的意味における民法

　「民法」という表現は，2 つの異なった意味で用いられる。1 つは，民法という法律（いわゆる民法典）という意味である。もう 1 つは，対等な人びとの間の関係に一般的に妥当する法規範という意味である。前者を形式的意味での民法，後者を実質的意味での民法と呼ぶ。

　民法典にある規定の多くは，実質的意味での民法にあたる。しかしながら，例外もある。例えば，37 条 8 項は罰則規定であり，対等な人びとの間の関係を規律するものではない。したがって，これは実質的意味での民法にはあたらない。

　実質的意味での民法に属するが，民法典の規定になっていない法規範もある。

1

例えば，譲渡担保に関する諸準則は，対等な人びとの間でおこなわれる債権担保のための一形式について，その内容を定めるものである。しかし，それらの準則は民法典にはなく，判例上・慣習上形成されて法規範性が認められているものである。

2　実質的意味における民法──私法の一般法

　実質的意味における民法とは，一般に，私法の一般法を意味するとされている。

　私法は公法と対置される法の分類概念であり，一般法は特別法と対置される法の分類概念である。

(1)　公法と私法

　法は種々の観点からさまざまに分類される。そのうち，公法と私法の分類は，誰と誰との間の関係を規律するのかという観点からの分類である。公法は，公的な権力の担い手である国や地方自治体が公権力を行使する場面において，公権力主体と国民との間または公権力主体相互の間の関係を規律する法である。これに対して，私法は，取引関係や家族関係のような個人や団体が対等な立場で互いの間の関係を形成する場面において，それらの個人や団体の間の関係を規律する法である。公法に属する法の代表的な例として，各種の行政法，税法，刑法などがある。私法に属する法の代表的なものとしては，民法の他，商法，会社法などがある。

　公法と私法とが一般に区別されるのは，規律の基本原理が両者では異なっており，したがって，法の解釈・運用に際しても異なった考慮が必要になると考えられるからである。模式的にいうならば，公法は，公権力の行使を規律対象とするため，そこでは公権力と国民との間に支配服従の原理が働く。また，公法においては法それ自体が公法上の関係を形成するための手段であったり，一定の政策目的を実現するための手段であったりする。そのため，公法については，その政策目的の実現のために過不足のない解釈および運用が重要になる。それに対して，私法は，人びとが対等な立場で相互の関係を形成するにあたって生ずる利益衝突を，いわば中立的な立場で（関係の外側から）調整するもの，

または調整の基準を示すものである。そのため，私法については，人びとの自律の尊重と平等が解釈に際して重視される傾向がある。

　もっとも，公法と私法のこのような区別は相対的なものにすぎない。例えば，公権力の担い手の行為を規制する規定など，公法に属する規定にも公益と私益の衝突を法が調整する規定は少なくない。また，私法に属する規定において，私人間の利益調整が社会全体の利益を図るためにおこなわれ，私人の行為が直接規制されることも珍しくない。こういったことから，公法と私法を区別することの意義を疑う立場も有力である。

　公法と私法の区別に意味を（どの程度）認めるかは，具体的な解釈論にも影響を及ぼすことがある。本書の対象である民法総則の範囲でいえば，取締規定違反の法律行為の効力をどのように考えるかはその代表的なものである（第6章第4節**4**，とくにその(4)を参照）。

(2)　一般法と特別法

　2つの法を比較して，一方の適用範囲（適用される事項，時間，地域など）を含むより広い適用範囲をもつ法を一般法，一般法の適用範囲に含まれるある範囲にのみ適用される法を特別法という。例えば，民法は私的な取引関係に特段の限定なく適用される。それに対して，商法は，私的な取引関係のうち商取引についてのみ適用される。そのため，商法は，一般法たる民法の特別法であることになる。特定商取引に関する法律（特定商取引法）は，商取引のなかでも，訪問販売，通信販売などの特定商取引について規制するものである。そのため，特定商取引法は，民法の特別法であるだけでなく，商法の特別法でもあることになる。

　一般法と特別法の区別の意味は，1個の事態に適用可能な法規範が複数ある場合に，その適用関係を明らかにすることにある。すなわち，2つの法規範の間に上記の意味での一般と特別の関係が成り立つ場合には，特別法が一般法に優先して適用される。例えば，画商が依頼を受けて他人のために絵を購入した場合に報酬の支払を請求することができるかについて，適用されうる規定として民法648条1項と商法512条がある。民法648条1項によれば，特約がなければ，画商は報酬の支払を請求することができない。それに対し，商法512条

によれば，反対の特約がなければ請求することができる。このとき，商法512条は民法648条1項の特別法であるため，商法512条が適用され，民法648条1項は適用されない。

(3)　実質的意味における民法

　以上より，実質的意味における民法とは，私法の一般法，すなわち，人や団体が対等な立場で相互の関係を形成する場合一般につき規律する法をいうことになる。

3　形式的意味における民法

(1)　民法典の歴史と現状

　明治時代中期に，欧米に対して不平等な通商条約の改正を求める前提として，取引法の整備が急速に進められた。そして，1890（明治23）年に民法典（旧民法）が公布され，1893（明治26）年1月1日から施行される予定になっていた。ところが，旧民法に対して，日本古来の家制度をはじめとする伝統的な諸制度や風習を破壊する（「民法出でて忠孝亡ぶ」）という強い非難が加えられた。このために旧民法の施行は延期され，改めて民法典が起草されることになった。こうしてできあがったのが，現在の民法典である。現在の民法典は，第1編・第2編・第3編が1896（明治29）年4月27日に，第4編・第5編が1898（明治31）年6月21日にそれぞれ公布され，同年7月16日に全編が施行された。

　民法典の施行から，すでに約120年になる。この間，民法典について大きな改正がおこなわれることは，近年まであまりなかった。その大きな例外は，第二次世界大戦での敗戦後の憲法改正（日本国憲法の制定）を受けて，とくに個人の尊重と男女平等の観点からおこなわれた第4編と第5編の全面改正ぐらいであった。

　民法典の施行以降，財産法の領域において法改正を要する変化が社会において起こらなかったわけでは決してない。実際，その変化に対応するために，第1編から第3編の規定についてもそれなりに改正がおこなわれてきた。ただ，しばらく前までは，それらを全部合わせても，第1編から第3編については制定以来大きな変更が基本的になかった，といってよい程度の改正にしかならな

かった。社会の変化・新たな需要への対応は，主として判例による新たな法理の形成と特別法の制定によって賄われてきた。

　要するに，民法典の制定以来，社会の変化に合わせて実質的意味における民法は相当変わってきたのに，民法典の財産法に関する規定は近年までそれほど変更されなかったのである。そのため，財産関係についての基本的なルールと考えられるにもかかわらず民法典に定められていないものが数多く存在する，という状況になっていた。これにより，私法関係についての基本法典という民法典の性格が揺らぎつつある，成文法国であるにもかかわらず取引社会の根幹をなすものの1つである財産法に関する基本法典が失われつつある，ということもできる状況になっていた。

　このような現状は，決して好ましいものではない。そのうえ，取引のグローバル化に伴って，統一的な取引法または取引法モデルを定めようとする動きが世界規模でみられ，この動きに合わせて多くの国で民法（にあたる法典）を見直す作業が進んでいる。わが国も，このような世界的な流れに無縁でいられるはずがない。こういったことから，近時，民法典を根本的に見直そうとする動きが活発化している。

　こういった状況のもとで，平成29年に，債権，とりわけ契約による債権にかかわる規定について，民法の大きな改正がおこなわれた。既存の確立した判例法理または定着した考え方の条文化が中心であるといえるが，従来と大きく異なる内容の規定変更または新設もみられる（本書が扱う範囲では，例えば，消滅時効に関する規定の改正がこれにあたる）。

　このほか，親族・相続に関する規定の見直しは，ここのところ継続的におこなわれている。また，物権・担保物権に関わる重要な法改正も予定されている。民法は，今，大改正の時を迎えている。

(2)　民法典の特徴

(a)　個別の規定の由来　　民法典は，その制定当時の，とくにヨーロッパを中心として多くの国または地域の民法を広く参照して作られたものである。そのため，個々の規定の内容は，ドイツ，フランス，イギリス，スイス，オランダ，イタリア，スペイン，ポルトガル，ケベック，カリフォルニアなどさまざ

まな国または地域の法規定や判例法をもとにしたものとなっている。このため，隣接した制度について異なる国の規定やルールを基礎に規定がおかれていることも珍しくない（例えば，代理に関する規定は基本的にドイツ法に由来するが，委任に関する規定は基本的にフランス法に由来する。雇用，請負，委任，寄託という役務提供型の契約についての類型化はドイツ法に由来するが，それらについての規定の内容はフランス法に由来するものが少なくない）。こういった場合には，制度や規定の理解が難しくなることもある（例えば，代理と委任の関係の理解や，役務提供型の契約の区別）。

(b) **民法典の構成**　　民法典は，このように多くの国の法を参考にした規定を，第1編「総則」，第2編「物権」，第3編「債権」，第4編「親族」，第5編「相続」の5つの編に分けて配置している。

　民法典のこのような編成は，ドイツ民法の構成に倣（なら）ったものである。（ドイツ民法典は総則，債務関係法，物権法，家族法，相続法の5編からなっている。このうち，債務関係法はわが国の民法典の債権編にほぼ相当する。したがって，わが国の民法典とドイツ民法典とは，物権と債権の順序が逆になっていることになる）。そして，このような法典編成の方式をパンデクテン方式と呼ぶ（これに対し，旧民法は，財産編，財産取得編，債権担保編，証拠編，人事編の5編構成となっていた。これは，フランス民法に倣ったもので，インスティチオーネン方式と呼ばれる編纂方式である）。

　パンデクテン方式の最大の特徴は，多くの事態に広く共通して妥当する規定を取り出し，それらをひとまとめにして，法典のなかで個別の事柄に関する規定群に先立って配置することにある。この先立って配置されたものを総則という。民法典をみれば，第1編が（民法）「総則」で始まっているほか，物権以下の各編ともその第1章は「総則」である。さらに，各編の下にあるいくつかの章が「第1節　総則」で始まっていること（例えば，第2編「物権」第10章「抵当権」，第3編「債権」第2章「契約」），節の冒頭に第1款「総則」が設けられていること（例えば，第3編「債権」第2章「契約」第3節「売買」，同第7節「賃貸借」）もある。

　多くの事柄に共通する規定をくくりだすことにすれば，同種の規定の重複を避けることができる。これにより，法典全体をコンパクトにすることができる。また，共通する規定をくくりだすためにはその基礎となる概念が必要になるか

ら，法典をその概念に基づく体系性のあるものとすることができる。これらは，パンデクテン方式の長所である。その反面，多くの事柄に共通して妥当させるには，規定の内容を抽象化することが不可欠であり，実際，民法典の規定，とりわけ「総則」におかれている規定には高度に抽象化されたものが多い。そのため，法典が難解になり，人びとが容易に近寄りがたいものになりがちである。また，法典の体系化の基礎におかれた概念がいつまでも通用するとはかぎらないが，体系を根本的に組み替えることは非常に困難な作業である。一部のみの変更にも，場合によっては精緻な体系を崩すおそれがつきまとう（体系が崩れると，法典の見通しが悪くなる）。こういったことから，社会の変化に応じて法典を改正することが難しくなる。これらは，パンデクテン方式の短所である。

　(c)　**民法総則の総則性**　　実質的意味における民法は，その対象とする関係に応じて，財産法と家族法に分けて捉えられることが多い。私人の財産関係を対象とするのが財産法，家族関係を対象とするのが家族法である。民法典では，第2編「物権」と第3編「債権」が財産法に，第4編「親族」と第5編「相続」が家族法にあたる。

　財産法と家族法とでは，規律の対象となる関係の違いを反映して，性格がかなり異なる。財産取引関係を規律の対象とする財産法では，所有の自由と意思決定の自由を中心とする各人の自由の尊重と，それにより生ずる利害対立の調整が中心になる。それに対して，私人間の特殊な身分的結合関係を主たる規律対象とする家族法では，その特殊性の法律関係への反映が中心となる。

　財産法と家族法のこうした性格の違いから，第1編「総則」の規定は民法全体の総則であるのか，より具体的には家族法上の問題についても総則の地位を占め，財産法上の問題についてと同じように適用されるのかが論じられている。

　一方で，第1編「総則」が民法全体の総則として設けられたことは間違いない。しかし他方で，とくに法律行為または意思表示に関する規定の多くが財産にかかる契約を主として念頭におくものであることも確かである。このため，第1編「総則」の規定は家族法上の諸問題に原則として適用がないとするのは適当でないが，その適用または解釈に際しては，家族法上の問題の特殊性が考慮されるべき場合が少なくない。

第2節　民法の機能と法源

1 民法の機能

　民法は，紛争が生じて裁判となった場合に，裁判官がその紛争を解決するための規準となる（裁判規範としての民法）。もっとも，人びとは裁判になるような紛争に巻き込まれることを望まないから，あらかじめ民法を参照して社会において行動する際の規準とすることもあるはずである（行為規範としての民法）。また，契約においては，人びとは基本的に合意によって自分たちの関係を形成することができるが，何もよりどころがなければ望ましい関係を形成するための合意に要するコストは相当大きくなる。民法のとりわけ任意規定には，この合意による関係形成に際して標準となるモデルを提供する機能が認められる。

2 民法の法源

　裁判官が紛争解決の規準とする法の存在形式を，一般に，法源という。法源は，裁判官が判決の理由として具体的に援用することができる制度上の法源と，裁判官が判決をする際に事実として従う事実上の法源に分けられることがある。そのうえで，制度上の法源にあたるものは何かについて議論がある（以下において，単に「法源」というときには制度上の法源を指すものとする）。

⑴　制 定 法

　民法典その他の制定法（文章形式で意識的に法として定められた規範。成文法ともいう）は，民法の法源となる。「民法の法源」というときの民法は，実質的意味における民法を指す。そのため，ここにいう制定法は民法典にかぎられない。また，法律にかぎられるものでもなく，条約，命令，条例のなかにも民法の法源となるものがある。

⑵　慣 習 法

　私法上の法律関係のすべてを制定法によって規律することは不可能である。

また，制定法がある場合にも，その規律が一律に強制されるわけではなく，人びとが自分たちの法的関係について，制定法の定めと異なる規準で律されるものとすることが広範に認められている。こういった事情から，社会（のある範囲）において，制定法にはないがそこに属する人びとは一般に従うべきであるとされる規範が成立し，その規範に従った行為が反復・継続されるようになることも珍しくない。この場合に人びとが従う規範を慣習規範といい，慣習規範のなかで裁判官が裁判の規準とすることができる（この意味で法的効力がある）と認められるものを慣習法という。

　慣習法は，その定義から当然に，民法の法源となる。問題は，どのような慣習規範が慣習法と認められるかにある。この点について，法適用法3条は，公序良俗に反しない慣習について，①法令の規定により認められたものと，②法令に規定がない事項に関するものにかぎって，法としての効力を認めている。なお，商事に関しては，商事慣習法は，商法の規定には劣後するが，民法の規定に優先して適用される（商1条）。また，民法92条は，法律行為の当事者が任意規定と異なる慣習による意思を有していた場合に，慣習が任意規定に優先する旨を定めている。この規定と法適用法3条の関係をどのように理解するかについては，議論がある（　Column 6-1　を参照）。

(3)　判例，条理，学説

　この他に法源性がしばしば問題とされるものに，判例，条理，学説がある。

　(a)　判　例　「判例」という表現は，裁判の先例一般を指すものとして使われることもある。しかしながら，法源性に関して問題とされるのは，現在の事件を処理する裁判官に対して拘束力があると考えられるものである。

　この拘束力は，一般に最上級審裁判所（多くの場合，大審院，最高裁判所）の裁判に最も強く認められるが，下級審裁判所の裁判にもないわけではない（とくに，同じ趣旨の裁判が積み重ねられた場合には，強い拘束力が事実上認められるのが普通である）。もっとも，最高裁判所のした裁判についても，後の裁判所はそれと異なる裁判をすることができる（ただし，法的安定性の確保の見地から大法廷の判決による必要があるとされている。裁10条3号）。したがって，判例は，事実上の法源として相当強い拘束力をもつものの，制度上の法源ではない。

(b) **条　理**　　条理とは,「物の道理」,「物事の筋道」をいう。

　裁判事務心得（明治8年太政官布告第103号）3条は,「民事ノ裁判ニ於テハ成文アルモノハ成文ニ依リ成文ナキトキハ慣習ニ依リ成文慣習共ニ存セサルトキハ条理ヲ推考シテ裁判スヘシ」と定めている。裁判事務心得は,正式に廃止の措置がとられてはいないものの,その後の実体法および手続法の整備により現在でも効力があるかどうかについて争いがある。そのなかで,同3条には現在でも効力があるとする立場から,同条により（制定法の規定,慣習がともにない場合の）条理の法源性が肯定されているとの見解が示されることがある。しかしながら,条理は,個別の事件について一定の解決を裁判官に指示するような内容のあるものではない。裁判官が裁判をするにあたって「物の道理」,「物事の筋道」に従うべきであることは,制定法規定や慣習の存否,裁判事務心得の現在における有効性のいかんにかかわらず,まさにその「心得」,「心構え」として当然のことである。裁判官が条理に拘束されるといっても,（制度上はもちろん,事実上も）それ以上の意味はない。

(c) **学　説**　　学説は,裁判官が法を解釈する際に影響を及ぼすことがある。しかしながら,直接に裁判の規準とされることはない。したがって,制度上の法源でないことはもちろん,事実上の法源でもない。

第3節　民法の解釈

1 民法の解釈とは

　裁判官は,法を適用して紛争を解決する。人びとは,意識的または無意識的に,法を参照しつつ,とりわけ裁判になった場合の結論を考慮しながら,社会において行動することがある。ところが,法が何についてどのようなことを定めているのかが,一見して明らかとはいえないことも珍しくない。そこで,法の内容を明らかにする作業が必要になる。この作業を法の解釈といい,民法についてこれをすることを民法の解釈という。

　民法の内容を明らかにするといっても,そこでおこなわれるのは「正しい」意味を発見することではない。法の定めは,程度の差こそあれすべて,広がり

のある事態に適用されることを前提としている。そのため，法の内容は，その適用に際してさまざまな事情を考慮することができるよう，一定の幅のあるものとなっている。したがって，その内容を明らかにする作業は，真理を明らかにしようとするものではなく，当を得ていると認められることを明らかにしようとするものである。

　ここにいう「当を得ていること」には，一般性と個別性がある。上述のように，法は広がりのある事態に適用することができるようにされているから，その当を得た内容は，ある程度の幅があるという意味で一般的なものである。ただ，最終的に民法が適用されるのは裁判においてであり，裁判は個別の紛争を解決するものである。そのため，そこでの民法の解釈は，当該紛争を解決する規準としてその事情のもとで当を得た内容は何かを，明らかにする作業となる。ここで明らかにされる法の内容は，一般的な内容に含まれているものであるか，一般的な内容に含まれることになるものかの，いずれかであるべきことになる。

② 規定の意味内容の確定

　民法の解釈において，出発点となるのは，制定法の規定の意味内容を明らかにすることである。そのための方法として，文理解釈，論理解釈，歴史的解釈，目的論的解釈の4つが挙げられることが多い。文理解釈とは規定の文言の通常の意味に従った解釈，論理解釈とは他の規定や法律との論理的整合性をもとにした解釈，歴史的解釈とは立法者の意図したところをもとにした解釈，目的論的解釈とはその規定の目的や趣旨にそくした解釈をいう。

　以上のうち基本となる解釈方法は，文理解釈，すなわち規定の文言の通常の意味に従って意味内容を明らかにすることである。その文言がもともと多義的である場合，立法時に特殊な用語法が採用された場合，または立法後に社会における意味理解が変わった場合を除けば，文言の通常の意味内容に従えばその規定により想定されていたとおりの結果が導かれることになるはずである。そして，適切な立法がされており，立法当時と解釈時点での社会状況に大きな違いがなければ，適切な結果が導かれることになるはずである。また，社会において行動する際に法規定を参照する人びとは，その文言の通常の意味を規定の意味内容であると理解することが普通である。そのため，文言の通常の意味に

従うことは法的安定性にも寄与することになる。

　ただ，規定の文言として採用された語がもともと多義的であること，文言が当初から通俗的な一般的意味と同義で用いられていない（その法に特殊な意味で用いられる）ことも珍しくない。また，立法後時間が経つと，社会における用語法が変わること，社会状況の変化に応じて規定の基礎にある価値判断の適切性が揺らぐこともある。こういった場合には，文理解釈は適切な解釈方法とはいえなくなる。そういった場合，規定が狙いとしたことを明らかにするためには論理解釈と歴史的解釈が有益であり，解釈時点で社会的に望ましいと考えられる結果に近づくためには目的論的解釈が強みを発揮することが多い。

③ 規定されていない事柄の扱い

　規定の意味内容を確定することにより，その規定が対象とする事柄が明らかになり，したがって，対象としていない事柄も明らかになる。この規定の対象となっていない事柄の扱いは，2つに分かれる。1つは，単純に適用がないとされることである。もう1つは，直接規定の対象にはなっていないものの，直接規定の対象とされている事柄との本質的類似性が認められることから，その規定が類推適用されることである。

　類推適用を導くことになる解釈手法を類推解釈と呼ぶ。類推解釈は，罪刑法定主義がとられている刑法では原則として許されないのに対し，民法その他の私法においては広範におこなわれている。

　ある規定がその対象としていない事柄に適用されないとされる場合に，その規定と反対の内容の法規範が認められることがある。これを導く解釈手法を反対解釈と呼ぶ。任意規定と異なる意思が表示されたときの意思の優越を定める91条から，強行規定に反する法律行為は無効であるという規範が導かれると唱えられることがある（第6章第4節④(1)参照）のは，その一例である。

第4節　民法の基本原則

　民法上の個別の制度や規定には，遠くローマ法にその淵源をもつものも少なくない。しかしながら，各国において民法典が制定されたのは，近代市民社会

の成立後のことである。近代市民社会の法は，自由で対等な市民が，財産権の保障のもとで，自らの法律関係を自らの判断と責任で自由に決めるという基本的な前提に立って形成された。わが国の民法典も同じであり，ここでとられた前提は，相当の修正を受けつつも現在まで受け継がれてきている。それらの前提として，わが国の民法では，人びとの平等のあらわれとしての権利能力平等の原則，財産権の保障のあらわれとしての所有権の自由（所有権絶対の原則），人びとの自由な判断と責任による法律関係の形成を保障するものとしての私的自治の原則（とくに，契約の自由）および過失責任の原則がある。また，この他にわが国の民法典では，とくに家族法にかかわる基本原則として，第二次世界大戦後の憲法改正に伴う民法改正において，個人の尊厳と両性の本質的平等が謳われるに至った（2条参照）。

1 権利能力平等の原則

　権利能力平等の原則とは，個人はすべて完全な権利主体性を認められ，法的に対等なものとして扱われるという原則である。わが国では，3条1項がこの原則のあらわれである。権利能力平等の原則は，現在のわが国では当然のことのように思える。しかしながら，かつて奴隷が物と同様に権利の客体とされた時代があったこと，現在でも「人身売買」と呼ばれる取引が絶無でないことを思えば，これを基本原則として強調することはなお重要である。

2 所有権の自由（所有権絶対の原則）

　所有者に封建的な拘束を免れさせて，所有物を自由に扱うことを認める原則が，所有権の自由（所有権絶対の原則）である。

　近代市民社会の成立以前は，各国において，とりわけ土地について，封建的な制約が（しばしば多重的に）存在していた。これによって土地の利用と処分（取引）は事実として強く制約され，社会の経済的発展が阻害される原因となっていた。そこで，所有権の自由が確立され，これにより資本主義経済社会の土台が築かれることになった。

　わが国では，財産権の保障を定める憲法29条と所有権の内容を定める民法206条がこの原則のあらわれである。もっとも，民法206条が「法令の制限

内」における自由としているように，「所有権の自由」といっても無制約のものではなく，所有権は「絶対」のものではない。無制約の所有権の自由を認めると，無秩序状態を招来し，かえって社会の経済発展を阻害することがありうるからである。これは，土地を代表とする有限性が強く意識される物や，（物ではないため厳密には所有権の客体ではないが）知的財産のように社会の共通財とすることがむしろ望ましいものについて顕著である。

3　私的自治の原則（契約の自由）

　私的自治の原則とは，人は自らの法律関係を自らの意思により形成することができるとする原則である。その半面として，人は，国家を含めて他人から法律関係を強制されることがないこと，自らの意思による決定に拘束されること（自己責任の原則）になる。わが国には私的自治の原則を直接宣言する規定はないが，憲法 29 条の財産権の保障のなかに論理的に含まれているとする見解や，憲法 13 条の幸福追求権のなかに含まれているとする見解がある。

　法律関係は，人と人との間で意味をもつものである。そうであれば，すべての人に私的自治の原則が認められることから，意思による法律関係の形成の中心は当事者の合意による形成となる。そのため，私的自治の原則の具体化として，人びとが合意すればその内容どおりの法律効果の発生を認めるとすることが，とくに重要になる。これを認める考えを，契約の自由（契約自由の原則）という。契約の自由は，一般に，締結の自由（契約するかしないかの自由），相手方選択の自由（誰を契約相手とするかの自由），内容（決定）の自由（どのような内容の契約とするかの自由），方式の自由（どのような仕方で契約するかの自由。とりわけ，無方式の合意に法的効力を認めること）を含むとされている。民法は，このうち，締結の自由と内容の自由を 521 条において，方式の自由を 522 条 2 項において，それぞれ定めている（相手方選択の自由についてはとくに定められていないが，それはこの自由が認められないということではなく，締結の自由に含めて理解されている）。

　私的自治の原則，とりわけ契約の自由は，所有権の自由とあいまって，自由主義経済社会の発展の基礎となってきた考え方である。しかしながら，ここでも，無制約の自由はかえって社会的利益を損なうことがある。また，私的自治の原則，とくに契約の自由は，当事者の自律的決定に委ねることが最も合理的

な関係の形成へとつながると考えるものであるが，その基礎には，「自由かつ対等な当事者」という観念がある。しかしながら，現実には，人びとはさまざまな制約のなかでしか意思を決定することができないのであり，自由かつ対等という当事者像はフィクションにすぎない。そのため，社会的に容認することのできない内容である場合や，自由で対等な当事者というフィクションを維持することができないと考えられる状況のもとで締結された場合には，契約の効力が否定されることになる。521条および522条2項において，「法令に特別の定めがある場合を除き」，または「法令の制限内において」，自由が認められているのはこのことを意味する。

4 過失責任の原則

　過失責任の原則とは，自己の行為により他人に損害が生じたとしても，故意または過失がある場合にだけ責任を負うとする考え方である。これは，主として不法行為責任についていわれる原則である（709条参照）。私的自治の原則，とくに契約の自由が（とくに取引関係において）法律関係の自由な創設を認めるものであるのに対し，過失責任の原則は，不意の責任を免れさせることで人びとの社会における自由な行動を裏側から支えようとするものである。

　もっとも，不法行為法の領域では，故意または過失の存否を問わずに責任を負わなければならない場合が民法典の制定当時から存在しており（例えば，717条1項ただし書の定める土地所有者の土地工作物責任），そのような責任の領域が徐々に拡大してきている（例えば，鉱業109条，独禁25条，大気汚染25条，水質汚濁19条，製造物3条）。

第5節　民法の効力が及ぶ範囲

1 人的範囲と場所的範囲

　民法は，国家の対人高権の効果として日本国民に対して，領土高権の効果として日本の領土において生じた関係に対して，その効力が及ぶ。

　このことから，日本国内において生じた日本人どうしの関係に民法が適用さ

れること，日本国外において生じた外国人どうしの関係に民法が適用されない
ことは，明らかである。これに対して，日本国内において生じた外国人を当事
者に含む関係と，外国において日本人を当事者に含む関係については，その外
国の法の効力も及ぶことが通常である。そのため，これらの関係については2
つ以上の法の効力が及ぶことになり，調整が必要となる。この調整は，国際私
法と呼ばれる法分野において扱われる。わが国ではこの調整に関する法律の規
定として，法適用法4条以下がある。

2　時間的範囲

　法律は，その効力を生じた時より後に生じた事実についてのみ適用されるの
が原則である（法律不遡及の原則）。法律には施行期日が定められるのが通常で
あるが，その定めがない場合には，公布の日から起算して20日を経過した日
から施行される（法適用2条本文）。民法が改正された場合に改正後の規定が効
力を生じる時期も，これに従う。

　法律不遡及の原則の趣旨は，行為の時点での法律に従った者の利益を保護し，
社会の安定性を維持することにある。そのため，新たに定められた法律の規定
がこの趣旨に優先する目的を実現しようとするものであるときには，施行前の
事実にも適用されるべき旨が定められることがある。例えば，民法については
原則として不遡及主義がとられている（民施1条。また，平成29年改正法附則2
条から36条までの規定のほとんどは，この主義に従うものである）。しかしながら，
例えば憲法改正に伴ってされた第4編および第5編の改正部分については，主
として個人の尊厳，両性の本質的平等という日本国憲法の理念を実現するため，
改正前の事実にも適用される旨が定められた（例えば，附則〔昭和22年12月22
日法律第222号〕8条・10条・25条2項など）。

第**2**章

民法総則序論

この章では，私権を基軸概念として体系化されている民法において民法総則がどのように構成されているか，そもそも私権とは何であり，そこにどのような権利があるか，私権を制約する法理にどのようなものがあるかを解説する。

第1節　民法総則の構成

　民法典は，私人間の関係を権利（と，多くの場合にそれに対応して存在する義務）の関係として捉え，権利を基軸概念として規定を体系的に配置している。民法総則は私法上の関係に広く共通する事柄に関する規定をまとめたものであることからすると，民法第1編「総則」には，権利に広く共通する事柄についての規定がおかれることになる。

　権利は，一般に，誰かが，何かについて，何らかのことをすることができるものであり，そこには主体，客体，内容がある。また，権利は，何らかの原因によって発生，消滅または内容変更（まとめて，変動）するものである。民法第1編「総則」をみれば，実際にこれらの事柄について規定がおかれている。まず，第1章で，私法上の権利（私権）についての通則が定められている。これに続く第2章「人」と第3章「法人」は，権利の主体に関するものである。第4章「物」は，権利の客体の代表的なものについて定めている。第5章「法律

行為」は私的自治の原則のもとで最も重要な権利変動原因について定めるものであり，第7章では権利一般についての変動原因である「時効」について定められている。第6章「期間の計算」に配置されている規定は，私法にとどまらず法全般についての通則としての性格を有するが，時効の前提という位置づけでここに配置されている。

民法総則の構成

第1章	通則	私権に関する通則
第2章	人	⎫ 私権の主体
第3章	法人	⎭
第4章	物	私権の客体の代表的なもの
第5章	法律行為	私権の変動原因
第6章	期間の計算	（時効の前提）
第7章	時効	私権の変動原因

第2節　私　　権

1　私権の意義

　法によりその享受が認められる利益を権利といい，法により認められる拘束を義務という。権利のうちで，個人的な生活関係にかかわるものを，私法上の権利という意味で私権という。

2　私権の種類

　私権は，さまざまな観点から分類されている。なかでも重要なものは，権利が対象とする利益による分類と，権利の作用による分類である。以下に，その代表的なものを挙げる。

(1)　対象とする利益による分類

(a)　**財産権**　　財産権とは，経済的価値のある財貨により受ける利益（財産的利益）を対象とする権利である。物権，債権，知的財産権（著作権，特許権，商標権など）などがここに含まれる。財産権は，原則として譲渡や相続の対象

になる。

（b）**人格権**　　人格権とは，生命，身体，自由，名誉，貞操，氏名，肖像，プライバシーなど，人と分離することのできない利益（人格的利益）を対象とする権利である。人格権は，譲渡や相続の対象にならない。

（c）**身分権**　　身分権とは，親子，夫婦，親族など身分上の地位に基づく利益を対象とする権利である。親権，夫婦間の権利がその代表的なものである。身分権は，身分上の地位に結びついたものであるため，純粋な利益というよりも，その地位からくる拘束の側面を強く有していることが多い。また，同じ理由から，原則として譲渡や相続の対象にならない。

（d）**社員権**　　社員権とは，社団法人の構成員（社員）がその社員たる地位に基づいて社団に対して有する包括的な利益を対象とする権利である。株式会社の株主の権利や社団法人の社員の権利がその例である。

（2）**権利の作用による分類**

（a）**支配権**　　支配権とは，権利者が他人の協力なしに内容を実現することのできる権利である。所有権その他の物権，知的財産権，人格権などがここに含まれる。身分権のうち親権も，支配権の一種，またはそれに類する権利といわれることがある（もっとも，子の福祉のために親権の適正行使が求められるべきであることからすると，このような整理には疑問がある）。

（b）**請求権**　　請求権とは，他人に対して一定の行為を求めることのできる権利である。金銭債権に基づいて金銭の支払を求める場合のように，債権の主な作用は請求権の形であらわれる。もっとも，請求権の基礎は債権にかぎられるわけではない。物権に基づく請求権（物権的請求権）や身分権に基づく請求権（例えば，扶養請求権，同居請求権，認知請求権）もある。

（c）**形成権**　　形成権とは，権利者の一方的な意思表示によって法律関係を変動させることのできる権利である。形成権の行使が認められると，権利者以外の者がその意思によらずに法律関係の変動を強いられる。これは私的自治の原則に反することになるため，形成権は，契約または法律の規定によってとくに認められた場合にのみ生じ，行使することができる。形成権にあたる権利として，裁判外でも行使することができるものに取消権，追認権，解除権，売買

予約完結権などが，裁判上でのみ行使することができるものに詐害行為取消権，婚姻取消権などがある。

(d)　抗弁権　　抗弁権とは，他人の権利の行使を阻止することのできる権利である。抗弁権の行使によって他人の権利行使が永久に阻止されることもあるが，抗弁権の行使は他人の権利を消滅させるものではない。抗弁権の例として，保証人の催告の抗弁権・検索の抗弁権，同時履行の抗弁権などがある。

3　私権の限界

　近代市民社会の成立当初は，市民の自由と財産についての権利は天賦の人権として，国家も制約することのできない絶対不可侵のものとされていた。所有権絶対の原則と「権利を行使する者は何人をも害さず」という法諺（ほうげん）がこの考え方をよくあらわしている。この考え方は，封建的束縛を一掃して取引を活発化させ，経済社会を発展させるという政策目標を実現するために有効なものであった。しかしながら，その目標がある段階に達すると，この考え方は社会における富の偏在を助長し，それによる経済社会のさらなる発展の阻害要因となった。ここにおいて，意思の自由，私権ともに天賦の人権として無制約のものではなく，法によって保障されるものであり，社会的見地からの一定の制約を受けるものであるとされるに至った。

　わが国の民法典の第1条には，「基本原則」という見出しのもとに，公共福祉の原則，信義誠実の原則，権利濫用の禁止が定められている。この規定は，民法典制定時にはなく，1947（昭和22）年の第4編および第5編の改正の際に，憲法改正の理念に合わせて追加されたものである。民法典の制定当時すでに206条において所有権の絶対性は否定されていたが，この追加は，民法典制定後に私権の限界が明確に認識されるようになったことを映したものである。

(1)　公共福祉の原則

　1条1項は，「私権は，公共の福祉に適合しなければならない」と定めている。ここに宣言されている原則を，公共福祉の原則という。

　公共の福祉とは社会共同生活の全体としての利益という意味であり，私権はこれに適合しなければならないとは，私権の内容や行使は公共の福祉との調和

を保つべきであって，公共の福祉に反する場合には私権としての効力が認められないということであると，説かれている。

　この規定は，憲法12条，13条および29条2項を受けたものである。とくに憲法29条2項は，「財産権の内容は，公共の福祉に適合するやうに，法律でこれを定める」としている。民法1条1項は，これを確認するものである。公共の福祉が私権に優越すること，したがって憲法により保障される法律の定めた財産権の内容を解釈によってさらに制約することを，認める規定ではない。このように考えるならば，この原則は私権に関して法令にどのような規定をおくべきかと，おかれた規定の合憲性の判断においてこそ意味をもつべきものである。私権の具体的な行使が法的に許されるかどうかは，この原則により判断されるのではなく，民法1条3項が禁じる権利の濫用に該当するかどうかによって判断されるべきである。

(2)　信義誠実の原則（信義則）

　(a)　**意　義**　　1条2項は，「権利の行使及び義務の履行は，信義に従い誠実に行わなければならない」と定めている。ここに宣言されている原則を，信義誠実の原則という（単に信義則と呼ばれることも多い）。条文の文言によれば，この原則が作用するのは，権利の行使と義務の履行についてである。また，この原則は，元来，とくに契約関係において債務者がとるべき行動のあり方を対象とするものであった。しかしながら，現在では，私法上のあらゆる関係における人びとの行動のあり方についての一般的な原則とされるに至っている。すなわち，人びとは，他人の正当な信頼や期待を裏切り不測の損害を与えることのないように誠意をもって行動すべきである，ということである。

　(b)　**機　能**　　この意味での信義誠実の原則は，社会は人びとが互いにかかわりをもって生きることによって成り立つものであるから当たり前のことであり，とくに法律に定めなければならないようなことではない。それに対して，権利の行使については，法により許されたことをするのであり義務者の事情を慮るには及ばない，義務の履行については，法により命じられたことをすればよく，それ以上に権利者に配慮するには及ばない，と考えることもできそうである。そのため，民法典において権利の行使と義務の履行に絞って信義誠実の

原則を謳うことには，理由があった。しかしながら，1 条 2 項はその文言を超えて当たり前のことを宣言しているという理解が定着することで，裁判所がさまざまな局面で信義則を用いやすくなり，判例による重要な法形成が促進されてきた。

　信義則は非常に広範に用いられており，その果たす機能もさまざまである。例えば，法律行為の解釈の（狭義の解釈，補充，修正のいずれについても）規準として用いられるほか，信義則によって規定の内容が具体化または明確化されること（例えば，債権額にごく僅かに足りない金額が債務者により提供された場合に，493 条の「債務の本旨に従っ」た弁済ではないとして債権者が受領を拒絶することは信義則に反して許されないとした最判昭和 41・3・29 判時 446 号 43 頁），法規定の欠缺が補われること（例えば，債権の消滅時効完成後に自認行為をした債務者の時効援用権喪失の法理。これについては，第 12 章第 5 節 **2** (2)を参照），法規定の内容が修正されること（例えば，賃貸借契約の解除に関する信頼関係破壊の法理）がある。これらの機能によって具体的な事案が解決されるだけでなく，それを契機に個別的な法規範が形成されるに至ることも珍しくない。

　(c)　**一般条項性と類型化**　　信義則は，このように具体的な紛争解決規準として積極的に利用されているが，外延の（比較的）はっきりした要件が定められ，そこから特定の効果が生ずるとされるものではない。要件と効果の両面において，その内容は具体性に欠けている。法的判断のための具体的指標を欠く抽象度の高い包括的内容の規範を定める規定を一般条項と呼ぶが，信義則は，1 条の定める他の 2 つの原則とともに，その代表例である。一般条項は，内容の抽象度が高いために，非常に広い範囲に及ぶ事柄をそこに包摂することができる。そのため，裁判官が，望ましいと考える結論を具体的な法準則により導くことに困難を感じるときに，その望ましい結論を正当化するための道具に使いやすい。もっとも，一般条項に依拠した判断は，具体性に欠け説得力が乏しく，恣意的判断にすぎないという批判を受けやすい。また，その後の事案への適用可能性も明確でないことが珍しくない。こういった難点に対処するために，信義則については，具体的な裁判例をもとに信義則違反の類型化がおこなわれてきた（同じように類型化作業がされてきた一般条項として，公序良俗則がある。これについては，第 6 章第 4 節 **3** を参照）。代表的な類型として，矛盾的態度の禁止

（過去の自らの態度に矛盾する法的主張は許されない），権利失効の原則（第12章第3節**3**(2)），クリーン・ハンズの原則（自らに非のある者は，他人の責任を追及することができない），事情変更の原則（契約の際に前提とされた事情が根本的に変わった場合に，契約の拘束力を盾にしてその内容どおりの履行を求めることは許されない）などがある。

(3)　権利濫用の禁止

　1条3項は，「権利の濫用は，これを許さない」と定めている。ここに宣言されている原則を，権利濫用の禁止という。

　権利の濫用とは，外形上は権利の行使のようにみえるけれども，実際には権利の行使として許される限度を超えており，権利の行使とは認められない場合をいう。権利の濫用とされる場合には，権利の行使としての効果が生じない（例えば，解除の意思表示が解除権の濫用とされる場合，解除の効果が生じない）。この他に，権利の行使としてされた行為によって他人に損害が生じた場合に，その行為が権利の濫用とされるときは不法行為となり，行為者は損害賠償責任を負うと説かれることがある（しかしながら，権利の行使と認められつつなお違法であるとされることもあるから，端的にその行為が許されるものか否かが判断されるべきであり，ここで権利の行使と権利の濫用を区別することに実益はない）。

　問題は，権利の行使と権利の濫用がどのように区別されるかにある。非常に古くには，他人を害することのみを目的とする権利の行使は許されないとするドイツ民法の考え方（シカーネの禁止と呼ばれる）に従って，主観的害意の存否により区別されるとする見解も存在した。しかしながら，自己の利益を度外視した行動は極めて稀である。そのため，これでは権利の濫用とされる場合がほとんどなくなり，不当な結論になりかねない。そこで，一般に，権利者の主観の他に，権利の行使と認めることにより権利者が得る利益と（社会全般も含めた）他者に生ずる不利益といった客観的な利益状況も考慮して，総合的に判断するという態度がとられている（例えば，大判昭和10・10・5民集14巻1965頁〈判例 2-1〉）。

　客観的要因と主観的要因を総合して判断する場合，いずれか一方のみにより判断する場合と比べれば，判断の明確さが著しく損なわれることは否めない

（結局は，その時々の裁判官の考え方次第という印象を避けられないおそれがある）。しかしながら，主観的要因しか考慮しないことには，上述の問題がある。客観的要因しか考慮しないときには，価値の大きな権利によって価値の小さな権利が排除され，権利が個人に割り当てられたことの意味が失われかねない（そのような危惧を抱かせるものとして，例えば，最判昭和 25・12・1 民集 4 巻 12 号 625 頁，最判昭和 40・3・9 民集 19 巻 2 号 233 頁）。また，権利の保障という根本理念を維持することには，価値の大きな権利を個別事例において優越させることによって維持される利益よりも，はるかに大きな社会的利益が認められるとみることもできる。こういったことから，客観的要因のみによる判断も適当ではない。判断の不明確さは一般条項の宿命であり，受け入れざるをえないものである。

> **◁ 判例 2-1 ▷ 大判昭和 10・10・5 民集 14 巻 1965 頁**
>
> **【事案】**富山県黒部峡谷にある宇奈月温泉では，黒部川上流の黒薙温泉から約 7.5km の引湯管で湯を引いて営業がされていた。この引湯管は大正 6 年頃に A が巨費（約 30 万円）を投じて完成したものであり，同温泉は大正 13 年には宇奈月を終点とする鉄道を営む Y 会社によって経営されていた。引湯管は B の所有する甲土地（112 坪）の一部（約 2 坪）を通っていたが，そのための土地利用権は設定されていなかった。これを知った X は，B から甲土地を買い受け，Y に対して，引湯管を撤去するか，甲土地とそれに隣接する X 所有の土地（約 3000 坪）を坪 7 円総額 2 万余円で買い取るよう求めた。X が買い取りを求めた土地は，大部分が急斜面のため利用に適さず，植林可能な部分でも坪 27～28 銭程度で，総額 30 余円程度の価値しかなかった。それに対し，引湯管の撤去と迂回には約 1 万 2000 円を要し，工事のため温泉は約 9 か月の休業を余儀なくされると見込まれた。
>
> 　Y が求めに応じなかったため，X が，所有権に基づく妨害排除請求として，Y に対し引湯管の撤去と立入禁止を求めて訴えを起こした。第 1 審，第 2 審とも，X の請求は権利の濫用にあたるとして，訴えを退けた。X が上告。
>
> **【判旨】**上告棄却。「所有権に対する侵害又は其の危険の存する以上所有者は斯る状態を除去又は禁止せしむる為め，裁判上の保護を請求し得べきや勿論なれども，該侵害に因る損失云ふに足らず，而も侵害の除去著しく困難にして縦令之を為し得とするも莫大なる費用を要すべき場合に於て第三者にして斯る事実あるを奇貨とし不当なる利益を図り，殊更侵害に関係ある物件を買収せる上，一面に於て侵害者に対し侵害状態の除去を迫り他面に於ては該物件其の他の自己所有物件を不相当に巨額なる代金を以て買取られたき旨の要求を提示し，他

24

の一切の協調に応ぜずと主張するが如きに於ては，該除去の請求は単に所有権の行使たる外形を構ふるに止まり，真に権利を救済せむとするにあらず。即ち如上の行為は全体に於て専ら不当なる利益の掴得を目的とし，所有権を以て其の具に供するに帰するものなれば，社会観念上所有権の目的に違背し其の機能として許さるべき範囲を超脱するものにして，権利の濫用に外ならず。従て斯る不当なる目的を追行するの手段として裁判上侵害者に対し当該侵害状態の除去並将来に於ける侵害の禁止を訴求するに於ては，該訴訟上の請求は外観の如何に拘らず，其の実体に於ては保護を与ふべき正当なる利益を欠如するを以て此の理由に依り直に之を棄却すべきものと解するを至当とす」。

⑷　信義則と権利濫用の禁止の関係

　1条2項の文言によると，信義則は権利の行使の場面にも適用があり，権利の行使としてされた行為が信義則違反を理由に許されないとされることがありうることになる。権利の行使としてされた行為は，同条3項の権利濫用の禁止によっても許されないとされることがある。そこで，学説において，信義則（1条2項）と権利濫用の禁止（同条3項）の関係が論じられることがある。考え方は，多岐にわたる。例えば，3項を2項の効果とみて，権利行使としての行為は信義則違反となるときに権利の濫用になるとする見解，2項は債権法について，3項は物権法についての原則であるとする見解，2項は契約当事者，夫婦，親子など特別の関係にある者どうしの間に適用され，3項はそのような関係にない者どうしの間に適用されるとする見解，2項は個人どうしの関係に，3項は個人と社会の関係に適用されるとする見解などがある。

　これらは，2つの原則の適用領域を区別しようとするものである。それに対し，従来の裁判例においては，両原則の適用領域を分けようとする傾向をみてとることはできない。2項と3項は文言の上で重なるだけでなく，前述のとおり，2項の信義則はその文言を超えて社会における人びとの行動全般につき妥当する原則と捉えられるようになっている。そして，このような把握によって信義則は極めて重要な機能を果たすに至っている。2項と3項の適用領域を区別することには，実益がないだけでなく，この機能を妨げるおそれがある。

⑸　**自力救済の禁止**

　権利は実現されるべきものであり，その実現を妨げられるべきではない。しかしながら，私権が実現されないとき，私権の実現が妨げられたときに，権利者が自ら実力を行使して権利を実現し，または妨害を排除しようとすることは原則として許されない。これを，自力救済の禁止という。自力救済を広く認めると社会の秩序を乱すおそれがあることが，その原則的禁止の理由である。

　自力救済の禁止に反する実力の行使は不法行為となる。

　自力救済の禁止のもとでは，権利者は，国家の助力を得て（司法手続を通じて）私権を実現し，妨害を排除すべきことになる。ただ，国家の助力を待っていては権利が失われ，あるいは権利を維持することが極めて困難になる場合には，例外的に権利保護のために必要な自力行為が許される（最判昭和 40・12・7 民集 19 巻 9 号 2101 頁参照）。

第**3**章

人

第 1 節　権 利 能 力
第 2 節　意思能力および行為能力
第 3 節　住所，不在者，失踪宣告

　この章では，権利の主体としての人（自然人）に関して，権利能力，意思能力および行為能力，住所とそれらに関連する制度について取り上げる。

第 1 節　権 利 能 力

1　権利能力の意義

　私法上の権利を有し，義務を負う資格（権利義務の帰属先となる地位）を権利能力（または，法人格）という。

　わが国では，自然人と法人が権利能力を有する。

　自然人は，みな平等に権利能力を有する（権利能力平等の原則。ただし，外国人につき本節**2**(1)を参照）。自然人以外のものは，法律によってとくに認められた場合に権利能力を有する。

　民法第 1 編第 2 章の「人」は自然人を意味するが，民法一般においては，法人も含む意味で「人」が用いられることも多い。例えば，代理人，譲渡人，譲受人などは，その例である。もっとも，相続人のように自然人のみを指すこともある。

2　権利能力の始期

(1)　出生による権利能力の取得

　自然人は，出生とともに権利能力を取得する（3条1項）。

　もっとも，外国人は，法令または条約の規定により，個々の権利の享有を制限されることがある（同条2項）。制限を認める法令の規定として，例えば，外国人土地法1条，鉱業法17条・87条，特許法25条，著作権法6条などがある。条約の規定によって制限された例は，これまでのところない。

(2)　出生の時期

　出生の有無と時期は，とくに相続関係に大きな影響を及ぼすことがある。

　何をもって出生とするかについては，主要な見解として，①生きた状態で母体から完全に分離すること，②生きた状態で母体から一部露出すること，③母体から完全に分離した後に自ら呼吸を始めることの3つがある。民法上は，①とする見解が一般的である。

　出生の事実と時期は，戸籍の記載によって証明されることが通常である。子が生まれた場合，父母その他の一定の者が原則として出生の日から14日以内に市町村長に届け出なければならず（戸1条・43条・49条〜59条），この届出には出生年月日時分を記載し（戸49条2項2号），医師，助産師またはその他の者が出産に立ち会った場合には，この順序に従ってそのうちの1人が法務省令・厚生労働省令に従って作成する出生証明書を添付しなければならない（戸49条3項）。したがって，戸籍の記載の信頼性は高いということができるが，その記載には一応の推定的効力が認められているにとどまる。そのため，戸籍の記載と異なる事実を証明することにより，その記載による場合と異なる法律関係を主張することができる（大判大正11・1・16民集1巻1頁参照）。

(3)　胎児の法的地位

　自然人は出生とともに権利能力を取得するから，胎児には権利能力がない。これによるならば，例えば父が殺された場合に，新生児と胎児では次の違いを生ずることになる。すなわち，新生児は，加害者に（代理人を通じて）損害賠償

を請求することができ，また，父の有した財産を相続することができる。それに対して，胎児は，父の死亡後に無事出生しても，加害者への損害賠償請求も父の財産の相続もすることができない。しかしながら，このような違いを認めることは合理的とはいえない。そこで，民法は，胎児の不利益がとくに大きいと考えられる不法行為を理由とする損害賠償請求（721条），相続（886条1項），遺贈（965条）にかぎって，胎児を「既に生まれたものとみな」している。ただし，胎児が出生するに至らなかったならば，この出生の擬制はおこなわれない（886条2項・965条。また，721条についても同様と解されている）。

　「既に生まれたものとみなす」とはどのような意味かについて，2つの見解の対立がある。1つは，胎児である間は前記の扱いはされず，出生した場合に胎児であった当時に遡って前記の扱いを認めるとする見解である（法定停止条件説または人格遡及説）。もう1つは，胎児の時にすでに前記の扱いを認め，出生に至らなかった場合に，遡って前記の扱いをされなかったものとする見解である（法定解除条件説または人格消滅説）。

　両説の違いは，法定停止条件説によると胎児である間の法定代理がおよそ認められないのに対し，法定解除条件説によると，そのための規定さえ整備されれば，胎児のための法定代理が可能になることにある（もっとも，現在のところ，必要な規定整備はおこなわれていない）。判例（大判昭和7・10・6民集11巻2023頁　◀ 判例 3-1 ▶）は法定停止条件説に立つといわれるが，そのようにいい切れるかには疑問もある（代理を認めるための規定が整備されていないために胎児のための代理を認めないとされた，とみる余地もある）。

　法定解除条件説には，胎児が出生に至らなかった場合に法律関係が紛糾するという欠点がある。他方で，この説には，胎児の権利が厚く保護されるという長所があるとされる。例えば，不法行為による損害賠償請求権について，出生まで待たなければならないとすると，加害者の資力悪化のおそれがあるといわれる。しかしながら，胎児である間に代理を認めることが胎児の権利の保護につながると，一概にいうことはできない。例えば，胎児である間も権利を行使することができるとなると，消滅時効の進行が早い時点から開始する。また，胎児のための代理が実質的にその父母等の利益のためにおこなわれることもありうる。こういったことを考慮して，法定解除条件説に立ちつつ，胎児のため

の代理は保存行為にかぎって認めるとする見解もある。しかしながら，この見解によっても，代理人が胎児のために受け取った金銭や物の管理をどのようにしてするか，という問題は残る（不動産登記については胎児の所有名義での登記を認めるのが登記実務であるが，金銭を胎児名義で預金することはできない）。さらに，父の決定をどうするのかも問題になる。胎児のための代理を認めるためには，こういった問題への対応措置がきちんと講じられる必要がある。

> **〈 判例 3-1 〉 大判昭和 7・10・6 民集 11 巻 2023 頁**
>
> **【事案】** X が胎児であった当時に，その父 A が Y の過失により死亡した。A と内縁関係にあり X の母である B が，賠償額の決定と賠償金受領について，C に権限を与えた。C が，Y との間で，B が X を懐胎している点も含めて，Y が弔慰金を給付すること，B を含む親族一同は Y に対して事後一切賠償を請求しないことを約した。Y は合意された弔慰金を支払ったが，X の出生後に，B と X が，A から扶養を受けるべき地位の侵害による財産的損害の賠償と慰謝料の支払を Y に求めた。原審は，B と X は 711 条の請求権者にあたらないこと，および C と Y の間でされた約定とそれに基づく Y から C への金銭の支払により B と X は本件の請求権を放棄したと認められることを理由に，請求を退けた。B と X が上告。
>
> **【判旨】** B の上告については棄却。X の請求については破棄差戻し。「X は右 C が Y と和解の交渉を為したる際未だ出生せず B の胎内に在りたるものにして，民法は胎児は損害賠償請求権に付き既に生れたるものと見做したるも，右は胎児が不法行為のありたる後生きて生れたる場合に不法行為に因る損害賠償請求権の取得に付きては出生の時に遡りて権利能力ありたるものと看做さるべしと云ふに止まり，胎児に対し此の請求権を出生前において処分し得べき能力を与へんとするの主旨にあらざるのみならず，仮令此の如き能力を有したるものとするも我民法上出生以前に其の処分行為を代行すべき機関に関する規定なきを以て，前示 C の交渉は之をもって X を代理して為したる有効なる処分と認むるに由なく……C の為したる前記和解契約は X に対しては何等の効力なきものと云はざるべからず」。

③ 権利能力の終期

(1)　死亡による権利能力の消滅とその効果

人の権利能力は，死亡によって消滅する。

これにより，例えば，その者の婚姻関係は終了する。また，財産法上の契約

関係のなかにも，死亡により終了することになるものがある（例えば，使用貸借〔597条3項〕や委任〔653条1号〕）。これに対して，死亡により消滅することにならない権利や契約上の地位，義務は，その主体の死亡により原則として相続人に承継されることになる（896条本文）。

(2) 死亡の時期

　死亡の認定は，従来，自発呼吸の停止，心臓停止，瞳孔の拡大という3つの兆候からおこなわれてきた。しかしながら，近年，とくに臓器移植の必要性との関連で，いわゆる脳死を人の死とすることの是非が問題とされている。「臓器の移植に関する法律」では，脳死（脳幹を含む全脳の機能が不可逆的に停止するに至った状態）と判定された者の身体が「死体」に含められている（同法6条1項柱書・同条2項）。もっとも，これは，臓器移植のために臓器を摘出することができる対象に脳死した者の身体が含まれるとするにすぎない。これにより民法上も，脳死を人の死とすることが認められることになったわけではない。

　死亡が確認されると，同居親族その他の一定の者（戸87条）は，死亡の事実を知った日から7日以内に，死亡届を提出しなければならない（戸86条1項）。届出書には，原則として診断書または検案書を添付しなければならず，また，死亡の年月日時分を記載しなければならない（戸86条2項参照）。したがって，戸籍の記載の信頼性は高いといえるが，その記載には一応の推定的効力が認められているにとどまる。そのため，戸籍の記載と異なる事実を証明することにより，その記載による場合と異なる法律関係を主張することができる。

(3) 死亡の証明が困難な場合のための制度

　死亡の事実や死亡の時期が明らかにならないこともある。そういった場合には，法律関係が確定せず，多くの者が不安定な状態に長くおかれることになりかねない。そこで，そのような事態に対処するための制度が，民法の内外にいくつか用意されている。

　(a) **認定死亡**　戸籍に死亡を記載するには，前述のとおり，原則として診断書または検案書の添付が必要である（戸86条2項）。ところが，死亡の原因となる事故などにあって死亡したことが確実であっても，死体が発見されなけ

れば，診断書等を添付することはできない。この場合に，取調べにあたった官公署が死亡の認定をして死亡地の市町村長に死亡報告をし，これにより戸籍に死亡の記載がされる制度が用意されている（戸89条）。この制度を，認定死亡という。

　この制度は，死亡の蓋然性が高い場合のための便宜的制度であり，生存の証明があると当然に効力を失う（最判昭和28・4・23民集7巻4号396頁）。

　(b)　**失踪宣告**　死亡の蓋然性が高いけれども死亡の確認ができない場合に，利害関係者の法律関係を確定するための制度が，民法にも用意されている。失踪宣告（30〜32条）である。その詳細は後に述べる（本章第3節**3**）。

　(c)　**同時死亡の推定**　数人の者が死亡した場合に，その死亡の時間的順序が明らかでないときもある。このとき，その死亡の時間的順序のいかんによっては，相続関係が大きく変わることがある。例えば，AB夫婦に子CDEがあり，ABCDEには互いに他に相続人となるべき者がいない場合において，AとCが川に転落して溺死して，AとCにつき法定相続が開始するとしよう。このとき，AがCより先に死亡したのであれば，まずAの財産をBが2分の1，CDEが各6分の1の割合で相続し，ついで，（Aを相続した後の）Cの財産をBが単独で相続することになる。それに対して，CがAより先に死亡したのであれば，まずCの財産をAとBが各2分の1の割合で相続し，ついで，（Cを相続した後の）Aの財産をBが2分の1，DEが各4分の1の割合で相続することになる（以上については，887条・889条・890条・900条参照）。そうなると，AとCの死亡の時間的順序が明らかでない場合にどうなるのかが，問題になる。この場合について，32条の2が，AとCは同時に死亡したものと推定している。その意味は，主として，AとCが互いに相続人にならないことにある（したがって，前例では，Aの財産については，Bが2分の1，DEが各4分の1の割合で相続する。Cの財産については，Bが単独で相続することになる）。

　同時死亡の推定は，死亡の時間的順序の証明によりくつがえる。

　なお，同時死亡の推定は，数人の死亡の時間的順序が明らかでない場合一般に働くものであり，上記の例のような複数人が同一の原因によって死亡した場合にかぎられるわけではない。

第2節　意思能力および行為能力

1 意 思 能 力

　人は，出生により権利能力を取得し，権利を有し義務を負うことができるようになる。

　私的自治の原則の下で最も重要な権利取得または義務負担の原因は，自らの意思に基づく行為であるところの契約などの法律行為である。ところが，人は，出生して権利を有し，義務を負う資格を得ても，それと同時に自ら意思を働かせることができるわけではない。心身の成長とともに徐々に意思決定をすることができるようになったとしても，法律行為の効果は人の意思を尊重して法が認めるものであるから，その効果付与の根拠となる意思は，法による尊重に値するものでなければならない。また，法律関係の形成，とりわけ義務の負担は過酷な結果を生ずることもあるから，その基礎となる意思は，そのような結果を引き受けさせるに足る判断能力に基づいて形成されていることが求められるべきである。こういった考慮から，判断能力に問題がある者は，自らの意思表示により法律関係を形成することにつき制約を受けている。

　まず，法律行為の当事者が意思表示をした時に意思能力を有しなかったときは，その法律行為は無効となる（3条の2。この無効の意味については，第9章第2節*1*(2)(a)を参照）。

　意思能力は，個々の行為の法的な結果を認識し判断する能力をいう。意思能力は，しばしば，おおむね7〜10歳程度の者の判断能力に相当するとされている。もっとも，その有無は，法律行為の重要性や内容の複雑性などに照らして個別に判断される。例えば，店舗における安価な日常品の定価での購入については，一定額の金銭と引換えに目的物を得ると認識することができる程度で意思能力があるとされうる。これに対し，仕組みが複雑でリスクの高い金融商品の購入については，利益を得られるかもしれないが損をすることもあること，購入するかどうかはその利益または損失の発生の蓋然性と程度を考慮して決めるべきであること，といった程度のことすら認識することができなければ，意

33

思能力がないとされる可能性がある。

　意思能力の有無は,「意思表示をした時」に判断される。したがって, 1 人の者がする同じ内容の法律行為について, ある時にした法律行為については意思能力があり有効であるが, 別の時にした法律行為については意思能力がなく無効である, とされることがある。

2 行 為 能 力

(1)　行為能力制度の必要性

　意思無能力者のした法律行為を無効とすれば, 法律効果を認めるに値しない意思に基づく法律効果の付与と, 判断能力を欠く者への過酷な結果の発生を, ある程度は防ぐことができる。しかしながら, これで十分であるとはいえない。

　第 1 に, 意思能力の存否は, 上に述べたように法律行為の重要性や内容の複雑性などに照らして個別に判断される。そのため, 意思無能力を理由とする法律行為の無効を求める者は, 表意者が意思表示の時点で意思能力を有しなかったことを証明しなければならない。しかし, この証明が容易でないことがある。

　第 2 に, 意思無能力の証明が可能であるとしても, 意思無能力状態が継続しているかぎり, 表意者は意思無能力を理由とする無効に基づく法的主張を有効にすることができない。また, この法的主張を有効にすることができる者が他にあるともかぎらない。

　第 3 に, 意思無能力を理由として法律行為が現実に無効とされたとしても, 表意者は法律行為による不利益を免れるだけである。意思無能力であるかぎり, 有効に法律行為をすることはできないままである。

　第 4 に, 表意者の意思無能力が証明されて法律行為が無効になると, 相手方が不測の不利益を被ることがあり, ひいては, 取引社会の安全が脅かされる。

　以上の諸点からするならば, 判断能力に問題のあるおそれがある者のした法律行為の効力を容易に否定することができ, そのような者にとって必要な法律行為が適正におこなわれるようにし, かつ, 取引の相手方と取引社会の利益も保護することができるようにする必要がある。これらの必要を満たす制度として, 行為能力制度（制限行為能力者制度）がある。

(2)　行為能力制度の概要

　行為能力制度では，意思能力を欠くおそれがあるか，そこまでのおそれはないが判断能力が十分とはいえない者をあらかじめとくに定めて（制限行為能力者），その者は 1 人では法律行為を確定的に有効にはすることができないとされている。その代わりに，その者に保護者が付けられ，制限行為能力者の意思表示または法律行為は，保護者の同意を得て制限行為能力者自らがするか，保護者が代理してするべきものとされている。保護者の同意を得る必要があるとされているのに，制限行為能力者がその同意なしに自ら意思表示をした場合には，その意思表示に基づく法律行為は取消可能となる。もっとも，法律行為が取り消されると，相手方の信頼と取引安全が害されるおそれがある。そこで，ある者が制限行為能力者であるかどうかを知るための方法が用意されている。

　制限行為能力者とされるのは，未成年者，成年被後見人，被保佐人，被補助人（ただし，被補助人のなかには，制限行為能力者でない者もある）である（13 条 1 項 10 号かっこ書参照）が，詳細は項目を改めて後に述べる。

　行為能力制度は，意思無能力者の保護の実効性を確保するための制度ではあるが，それにとどまるわけではない。前述のように，意思能力はあるが，取引をするための判断能力が十分とはいえない者，またはその可能性のある者も保護の対象に含まれる。したがって，行為能力制度は，取引上の判断能力が不十分である（おそれのある）者のために適切な取引がおこなわれることと，そのような者の取引によって取引社会がかく乱されることがないようにするための制度である，ということができる。

3　未 成 年 者

(1)　未成年者の意義

　未成年者とは，現在のところ，20 歳未満の未婚者をいう（4 条および 753 条参照）。なお，民法の一部を改正する法律（平成 30 年法律第 59 号）による 4 条の改正および 753 条の削除により，2022 年（令和 4 年）4 月 1 日以降は，18 歳未満の者をいうことになる。

(2)　未成年者の行為能力

(a)　原　則　　未成年者が法律行為をするには，原則として，その法定代理人の同意を得なければならない（5条1項本文）。これに反する未成年者の法律行為は取り消すことができる（同条2項）。法律行為が取り消された場合，その法律行為ははじめから無効であったものとみなされる（121条）。

(b)　例　外　　以上の原則に対する例外として，次の3つの場合には，未成年者は単独で確定的に有効に（すなわち，後に取り消すことができるものとしてではなく）法律行為をすることができる。

第1に，「単に権利を得，又は義務を免れる法律行為」である（5条1項ただし書）。負担のない贈与を受けることがその代表例である。未成年者が不利益を受けるおそれのないことが，例外とされる理由である。不動産や自動車などを贈与されて所有するに至ると，税を支払わなければならなくなるが，この負担はここでの不利益にあたるとは解されていない。また，不動産，自動車，大型動物などを所有すると，維持または管理の費用その他の重い負担を生ずることがあり，あるいは重い責任を負わされる可能性のある地位につくことになるが（例えば，717条・718条，自賠3条），こういった負担や重い責任の潜在的危険についても同様である。結局，ここにいう不利益とは，当該法律行為の法律効果について問題にされているということができる。

第2に，処分を許された財産の処分である（5条3項）。ここには，2つの場合が含まれる。1つは，法定代理人によって目的を定めて処分を許された財産を，その目的の範囲内で処分することである（例えば，本を買ってよいとして金銭を渡された場合に，本を買う契約をし，その金額内で代金を支払うことが，これにあたる）。もう1つは，法定代理人によって目的を定めず処分を許された財産を処分することである（未成年者がいわゆる小遣いとして金銭を受け取った場合に，何か物を買う契約をし，その金額内で代金を支払うことが，その代表例である）。いずれの場合も，法定代理人による処分の一般的同意のあることが，例外とされている理由である。

第3に，未成年者が法定代理人から営業を許された場合に，その営業に関する法律行為である（6条1項）。営業の許可は種類を特定しておこなわれるが（同項冒頭の「一種又は数種の」），許可された種類の営業のために直接または間接

に必要となる一切の法律行為を，未成年者は単独で確定的に有効にすることができる。営業そのものだけではなく，営業に必要な行為まで未成年者が単独ですることができるとされているのは，そうしなければ営業の許可が実質的に無意味になってしまうからである。未成年者が「その営業に堪えることができない事由」のあるときは，法定代理人は許可した種類の営業の全部または一部を取り消すことができる（同条2項）。この取消しの後は，未成年者は原則に戻って法定代理人の同意を得て法律行為をしなければならなくなるが，取消し前にされた法律行為の効力には影響しない。

(3) 未成年者の保護者

　未成年者には，法定代理人が付される。法定代理人となるのは，原則として親権者である（818条・824条）。親権者がないか，親権者に子の財産を管理する権限がないときは，未成年後見人が選任される（838条1号・840条・859条）。

　未成年者の法定代理人は，未成年者の法律行為を代理する権限，未成年者のする法律行為に同意を与える権限，未成年者が必要な同意を得ずにした法律行為を取り消す権限（120条1項）と追認する権限（122条）を有する。もっとも，未成年者が低年齢であるなどして意思能力を欠く場合には，法定代理人が同意を与えても法律行為を有効にさせることはできないから，法定代理人が代理するほかない。幼児が店で低額の菓子やおもちゃなどを買うことはしばしばあるが，そのような売買は，通常，幼児の意思無能力を理由として無効であるとは考えられていないだろう。そのような売買については，その程度の行為に必要とされる意思能力はごく低年齢の者にもあるとするか，そうでなければ，幼児はその代金とするための金銭を与えた者の使者として行為をすると構成することが考えられる。

4 成年後見制度

(1) 序　　論

　(a) 意　義　　成年者にも，判断能力が不十分な者がある。そのような者のために用意されているのが，成年後見制度である。未成年者がこの制度による保護の対象外とされるわけではないが，ほぼもっぱら成年者のための制度であ

ることから，成年後見制度と呼ばれている。

(b)　**未成年者の制度との比較**　　成年後見制度と未成年者の制度は，判断能力の不十分な者の保護を目的とする点で共通するものの，異なる点が相当ある。

第1に，制度の対象者の定まり方が異なる。未成年者の制度においては，婚姻による成年擬制の例外を除き，20歳未満の者が一律に対象者となる。それに対して，成年後見制度では，対象者は一定の手続を経て個別に定まる。

第2に，保護のあり方が異なる。未成年者の制度では，未成年者は一律に行為能力の制限を受け，保護者たる法定代理人の選任に関与することができず，法定代理人の権限も法律によって定められている。未成年者は，自らが受けることになる保護に関する決定に全く関与することができないのである。それに対して，成年後見制度では，保護を受ける本人は，行為能力の制限を受けるとはかぎらない。また，本人が保護者の選任に関与することや，自らが受ける保護の内容の決定に関与することが認められることもある。

(c)　**成年後見制度の基礎にある理念**　　上記のような未成年者の制度との違いは，制度を支える基本理念の違いに由来するものである。

未成年者の制度は，未成熟な者の保護の理念にもっぱら基づく，ということができる。

それに対して，成年後見制度の基礎にも，対象となる者の保護の理念はある。しかしながら，その他に，ハンディキャップを負っている人も，そうでない人とできるかぎり同じように扱われるべきであるという基本思想（ノーマライゼーション）から，本人の保護のあり方に可能なかぎり本人の意思を反映させようという，自己決定尊重の理念がある。

(d)　**制度の概要**　　成年後見制度は，上記のような理念に基づいて，おおよそ次のように構成されている。

(i)　**任意後見制度**　　本人の自己決定尊重の理念を具体化するものとして，任意後見制度が用意されている。これは，本人が，事理弁識能力の低下という将来起こるかもしれない事態に備えて，あらかじめ他人に将来の代理を委ねておくことを認める制度である。そして，その事態が現実になった場合には，その他人が本人から委ねられた事項について代理することによって，本人の保護が図られる。これによって，本人が行為能力の制限を受けることはない。

　(ii)　法定後見制度　　本人が任意後見を委ねていない場合，または任意後見による保護では十分でない場合には，法定後見がおこなわれる。法定後見には，本人の事理弁識能力の程度に応じて 3 つの類型がある。後見，保佐，補助である。

　法定後見では，保護者は家庭裁判所によって選任され，その保護者の権限も法律または家庭裁判所の審判によって定められる。しかしながら，保佐と補助の類型では，その選任や権限付与の審判をするために本人の請求または同意が必要とされており，本人の自己決定の尊重に対する配慮がみられる。また，補助の類型においては，本人の行為能力の制限を伴わない保護の方法も用意されている。

　(iii)　取引の安全への配慮　　行為能力制度は，判断能力の不十分な者を保護するとともに，取引の安全を図ることも目的としている。成年後見制度は，本人の行為能力の制限を伴わないことがあるものの（任意後見と法定後見における補助類型の一部），制度趣旨は制限行為能力者制度と同じである。そのため，ある者が成年後見制度の対象者であるかどうかを知ることができる仕組みが用意されている。すなわち，任意後見や法定後見が開始されると，その事実が成年後見登記ファイルに登記される（後見登記 4 条・5 条）。そして，この登記がされた場合には，その登記に記録されている者（本人や保護者）の請求により，登記の記載事項を記した登記事項証明書が交付される。登記がされていない場合は，本人の請求により，登記に記載がない旨の証明書が交付される（後見登記 10 条）。取引しようとする場合，取引相手に登記事項証明書の交付を求めれば，その取引相手が行為能力の制限を受けているかどうか，代理人と称する者が本当に代理人であるかどうかを知ることができる。

　もっとも，他人に登記事項証明書を交付するよう求めることは，現実には容易なことではない。そのため，取引安全の見地だけからいえば，このような方法による行為能力の制限の有無の確認では十分とはいえない。それでもこのようにされているのは，保護を受ける者のプライバシーの尊重が重視されたことによる。

(2) 成年被後見人

(a) 意　義　家庭裁判所による後見開始の審判を受けた者を，成年被後見人という。この審判により，成年被後見人には，保護者として成年後見人が付される（8条）。

後見開始の審判は，「精神上の障害により事理を弁識する能力を欠く常況にある者について」，本人や配偶者など一定の者が請求したときにされる（7条）。日常的な事柄すら理解できないような状態が普通になっている者が，これに該当する。

(b) 成年被後見人の行為能力　成年被後見人は，日常生活に関する行為を除き，自ら財産上の法律行為をすることができない。成年被後見人がした行為は，取り消すことができる（9条）。これは，成年被後見人が成年後見人の同意を得て法律行為をした場合でも同じである。したがって，それらの法律行為は，成年後見人が代理してするほかない。

婚姻など身分行為と日常生活に関する行為は，成年被後見人も自らすることができる（ただし，意思無能力を理由として無効となることはある）。身分行為は，本人の意思に基づいてされるべきで，他人による代理になじまないからである。

日常生活に関する行為の例外については，本人の自己決定を尊重したものと説明されるのが一般的である。しかしながら，成年被後見人は事理弁識能力を欠く常況にある者であり，そのような者につき自己決定をどの程度語ることができるのか，疑わしいところがある。むしろ，この例外は，成年被後見人が後の取消しをおそれる相手方から取引を拒まれて普段の生活すら営めなくなるような状況を避けるという，成年被後見人の生活遂行上の便宜が重視されたものとみるべきである。とすれば，ここにいう日常生活に関する行為とは，日々の生活を営むために必要不可欠と考えられる行為に限定されるべきである。

日常生活に関する行為の例外をこのように捉える場合，日常生活に関する行為について，意思無能力を理由とする無効が容易に認められることは適当ではない。特段の問題がない日常生活に関する行為が現にされた以上，その行為について行為者に意思能力があったものと認めるか，日常生活に関する行為に該当すると認められる場合には，その行為について意思無能力を理由とする無効の主張も認められないとすることが考えられてよかろう。

(c)　**保護者**　　成年被後見人を保護する者として，後見開始の審判において，成年後見人が選任される。また，成年後見人の事務を監督するために，成年後見監督人が選任されることもある（849 条。その職務については 851 条参照）。

成年後見人は，成年被後見人の財産に関する法律行為についての代理権（859 条 1 項），成年被後見人が行為能力の制限に反してした法律行為の取消権（120 条 1 項）と追認権（122 条）を有する。これらは，いずれも，成年後見人に，その選任により当然に付与される法定の権限である。

成年後見人は，権限の行使について，他人の財産を管理する者が一般に負う義務の他，とくに，本人の意思を尊重し，その心身の状態と生活の状況に配慮する義務を負う（858 条）。成年後見人が代理するのは本人の財産上の行為であるが，そのなかには医療契約や福祉施設への入所契約など本人の身上に関するものが当然に含まれるからである。

(d)　**後見開始の審判の取消し**　　後見開始の審判は，本人の事理弁識能力が改善した場合に取り消されることがある。すなわち，本人の事理弁識能力が法定後見制度の保護を要しない程度に達したときは，家庭裁判所は，本人その他の者の請求により後見開始の審判を取り消す（10 条）。また，本人の事理弁識能力が改善し，後述の保佐開始の審判または補助開始の審判がされたときは，家庭裁判所は，職権で後見開始の審判を取り消す（19 条 2 項）。

後見開始の審判の取消しにより，本人は成年被後見人でなくなり，成年後見人の任務は終了する。この取消しによって，それ以前にされた行為の効力は影響を受けない。すなわち，取消しの前に成年被後見人が制限に反してした法律行為は取消可能である。また，成年後見人がした代理行為は無権代理行為になるわけではない。

(3)　被保佐人

(a)　**意義**　　家庭裁判所による保佐開始の審判を受けた者を，被保佐人という。この審判により，被保佐人には，保護者として保佐人が付される（12条）。

保佐開始の審判は，「精神上の障害により事理を弁識する能力が著しく不十分である者について」，本人や配偶者など一定の者が請求したときにされる

（11条)。

　事理弁識能力が「著しく不十分」とは，一般に，日常の買い物程度は自分です
ることができるが，重要な取引や複雑な内容の取引を1人で適切にすること
はできない状態と説明されている。ただ，後見開始の審判の要件である事理弁
識能力を「欠く常況」，補助開始の審判の要件である事理弁識能力の「不十分」
とは，いずれも程度の差であり，区別は明瞭ではない。

　(b)　**被保佐人の行為能力**　　被保佐人は，一定の行為について，保佐人の同
意を得てしなければならない（13条1項柱書本文)。一定の行為とは，13条1項
各号に該当する行為（一般に，重要な財産上の行為が挙げられている）と，家庭裁
判所の審判により保佐人の同意を要するとされた行為（同条2項本文）であっ
て，日常生活に関する行為に該当しないものである（同条1項柱書ただし書・2
項ただし書)。被保佐人がこれらの行為を保佐人の同意を得ずにした場合，その
行為は取り消すことができる（同条4項)。

　日常生活に関する行為についての例外は，ここでも，被保佐人の自己決定の
尊重によると説明されている。たしかに，被保佐人は，成年被後見人に比べれ
ば高度の事理弁識能力を有するので，その自己決定の尊重を語ることも可能で
ある。問題は，その範囲である。13条1項（ただし，同項10号を除く）は，そ
の意思のみによる法律関係の形成を認めることがとくに本人の利益保護の見地
から適当でないと考えられる行為類型を列挙している。13条2項に基づく家
庭裁判所による保佐人の同意を要する行為の追加も，本人の利益保護の見地か
らされるものである。そうであれば，本人の自己決定の尊重による例外は，
日々の生活を送るために必要であり，かつ，本人の利益を害する危険が大きく
ない場合にかぎって認められるべきである。

　保佐人の同意がなければ確定的に有効にすることができない行為を認めると，
被保佐人の利益を害するおそれがないにもかかわらず保佐人が同意しない場合
には，保佐の制度がかえって被保佐人にとって不利益となりかねない。そこで，
そのような場合には，被保佐人は家庭裁判所に保佐人の同意に代わる行為の許
可を求めることができ（13条3項)，この許可があれば，被保佐人はその行為
を自ら確定的に有効にすることができる（同条4項参照)。

　(c)　**保護者**　　被保佐人を保護する者として，保佐開始の審判において，保

佐人が選任される（12 条）。また，保佐人の事務を監督するために，保佐監督人が選任されることがある（876 条の 3 第 1 項。その職務については，同条 2 項が準用する 851 条参照）。

　保佐人は，被保佐人が行為能力を制限される(b)に挙げた行為についての同意権（13 条 1 項柱書本文），被保佐人が行為能力の制限に反してした法律行為の取消権（120 条 1 項）と追認権（122 条）を有する。これらは，保佐人に，その選任により当然に付与される法定の権限である。その他，家庭裁判所による保佐開始の審判とは別の審判（代理権を付与する旨の審判）により，特定の行為について代理権が与えられることがある（876 条の 4 第 1 項）。保佐人に代理権を付与する旨の審判は，本人その他の一定の者の請求があれば随時おこなわれ，代理権の追加，取消し，範囲の変更がされる。保佐人など被保佐人以外の者もこの審判を請求することができるが，その場合には，代理権の付与には本人の同意が必要である（876 条の 4 第 2 項）。この審判により代理権が付与される事項に制限はなく，この審判により保佐人が代理権を付与されても，その事項について被保佐人が行為能力に制限を受けることにはならない。

　保佐人は，権限の行使について，他人の財産を管理する者が一般に負う義務の他，成年後見人と同様に，本人の意思を尊重し，その心身の状態と生活の状況に配慮すべき義務を負う（876 条の 5 第 1 項）。

　(d)　**保佐開始の審判の取消し**　　保佐開始の審判は，本人の事理弁識能力がさらに低下した場合と，改善した場合に取り消されることがある。すなわち，被保佐人の事理弁識能力が法定後見制度の保護を要しない程度に達したときは，家庭裁判所は，被保佐人本人その他の者の請求により保佐開始の審判を取り消す（14 条 1 項）。また，本人の事理弁識能力がさらに低下して後見開始の審判がされたときと（19 条 1 項），本人の事理弁識能力が改善して後述の補助開始の審判がされたときは（同条 2 項），家庭裁判所が職権で保佐開始の審判を取り消す。

　保佐開始の審判の取消しにより，本人は被保佐人でなくなり，保佐人の任務は終了する。この取消しによって，それ以前にされた行為の効力は影響を受けない。

⑷　被補助人

(a)　意　義　　家庭裁判所による補助開始の審判を受けた者を，被補助人という。この審判により，被補助人には，保護者として補助人が付される（16条）。

補助開始の審判は，「精神上の障害により事理を弁識する能力が不十分である者について」，本人や配偶者など一定の者が請求したときにされる（15条1項）。この点は，後見開始の審判および保佐開始の審判と同様であるが，次の点においてそれら2つの審判と異なる。

第1に，本人以外の者による請求により補助開始の審判をするには，本人の同意が必要である（15条2項）。補助の対象者は，後見や保佐の対象者に比べて高い事理弁識能力を有する。また，必ずしも行為能力を制限されることにならない。そこで，自己決定を尊重する趣旨から，審判をするために本人の同意を要するものとされている。

第2に，補助開始の審判は，保護者となる補助人に何の権限も付与しない。補助人の権限は，補助開始の審判とは別の，補助人の同意を要する旨の審判（17条1項）または代理権を付与する旨の審判（876条の9第1項）により付与される。そのため，補助開始の審判は，それら権限を付与する審判の少なくとも一方とともにしなければならないこととされている（15条3項）。

事理弁識能力が「不十分」とは，重要な取引や複雑な内容の取引を1人ですることに不安のある状態と説明されている。もっとも，保佐開始の要件である事理弁識能力の「著しい不十分」との区別は明瞭ではない。

(b)　被補助人の行為能力　　被補助人は，補助人に同意権が付与された行為については，補助人の同意を得てしなければならない（17条1項本文）。被補助人がこれに反してした行為は取り消すことができる（同条4項）。被補助人の利益を害するおそれがないにもかかわらず補助人が同意しない場合には，被補助人は補助人の同意に代わる行為の許可を家庭裁判所から得て（同条3項），その行為を自ら確定的に有効にすることができる（同条4項参照）。

(c)　保護者　　被補助人を保護する者として，補助開始の審判において，補助人が選任される（16条）。また，補助人の事務を監督するために，補助監督人が選任されることがある（876条の8第1項。その職務については，同条2項が準

用する 851 条参照）。

　補助人がどのような権限を有するかは，補助開始の審判とは別の審判によって定まる。この審判には，補助人の同意を要する旨の審判（以下，「同意権付与の審判」という）と，補助人に代理権を付与する旨の審判（以下，「代理権付与の審判」という）がある。これら 2 つの審判は，本人その他の者の請求によりされ，本人以外の者による請求の場合には本人の同意を要する点と，随時請求可能である点で共通するが，次の違いがある。

　同意権付与の審判は，補助人に同意権を与えるものである。これにより，請求において選択された特定の行為について，補助人に同意権が与えられ，その行為について被補助人が行為能力を制限されることになる。補助人は，同意権を有する行為について，被補助人がその同意を得ずにした場合には，その行為を取り消し（120 条 1 項），または追認する（122 条）ことができる。同意権付与の対象となる行為は，13 条 1 項に定められた行為の一部にかぎられる（したがって，13 条 1 項柱書ただし書から，日常生活に関する行為は除外される。なお，この除外についても，被保佐人に関して(3)(b)において述べたことが妥当する）。これは，被補助人は被保佐人よりも高い事理弁識能力をもつことから，その行為能力の制限は被保佐人に対する制限と同等以上であるべきではないという理由による。

　代理権付与の審判は，補助人に代理権を与えるものである。これにより，請求において選択された特定の法律行為について，補助人に代理権が与えられる。補助人に代理権が与えられても，それによって被補助人が行為能力に制限を受けることにはならない（したがって，代理権のみ有する補助人に，被補助人が自らした法律行為を取り消したり，追認したりする権限はない）。そのため，付与される代理権の範囲に制約はない。

　補助人は，権限の行使について，他人の財産を管理する者が一般に負う義務の他，成年後見人および保佐人と同様に，本人の意思を尊重し，その心身の状態と生活の状況に配慮すべき義務を負う（876 条の 10 第 1 項による 876 条の 5 第 1 項の準用）。

　(d)　補助開始の審判の取消し　　補助開始の審判についても，その取消しの審判がある。

　補助開始の審判は，本人その他の者の請求に基づいて取り消されることがあ

45

り（18条1項），また，後見開始の審判や保佐開始の審判がされた場合に家庭
裁判所の職権により取り消される（19条）。

　さらに，補助開始の審判は，同意権付与の審判と代理権付与の審判の全部が
取り消されたときも，家庭裁判所の職権により取り消される（18条3項）。補
助人に何の権限もなくなるということは，補助による本人保護がおこなわれな
くなるということだからである。

⑤ 行為能力の制限に反する行為の効果

⑴　行為能力の制限に反する行為がされた場合の法律関係

　⒜　**行為の取消可能——取消しと追認**　　行為能力の制限に反する行為は，
取り消すことができる（ただし，⒞参照）。取り消すことができる行為は，取消
しがされた場合には行為の時に遡って無効になり（121条），追認されると以後
取り消すことができなくなる（122条）。なお，取消可能な行為の扱いについて
は第9章第3節を参照。

　⒝　**相手方の催告権**　　取り消すことができる行為は，ひとまず有効である
が，そのまま有効に存続するか無効になるかがわからないものであり，一般に，
相手方の地位と社会の法律関係を不安定にする。しかも，行為能力の制限に反
する行為が取消可能とされるのは，相手方に非難すべき事情があるからではな
い。そこで，相手方のために，法律関係を早期に確定させるための方法が用意
されている。催告権である。すなわち，相手方は，制限行為能力者側に，1か
月以上の期間を定めて，行為の追認に関し催告することができる。この期間内
に催告に対応する通知が制限行為能力者側から発せられなければ，20条1項
〜4項に従って，追認または取消しが擬制される（一般的にいえば，催告の相手
方が単独で追認することができるときは追認が擬制され，そうでなければ取消しが擬制
される）。

　⒞　**詐術を用いた制限行為能力者の取消権の排除**　　行為能力の制限に反す
る行為は，制限行為能力者が行為能力者であると相手方に誤信させるために詐
術を用い，それにより相手方がそのように誤信してされるに至っていたときは，
取り消すことができない（21条）。

　行為能力の制限の違反を理由とする取消しは，相手方の主観的態様を問わず

に認められ，第三者にも原則として対抗することができる。したがって，制限行為能力者は相当厚く保護されている。ところが，詐術を用いた制限行為能力者にそのような強力な保護を与えることは，適当とはいえない。むしろ，相手方の信頼と取引の安全を保護すべきである。21条の規定は，こういった趣旨による。

　この趣旨から，制限行為能力者が行為能力者であるとの相手方の誤信を強めるために詐術を用いた場合や，行為に必要な同意を得たと信じさせるために詐術を用いた場合（大判大正12・8・2民集2巻577頁参照）にも，21条が適用される。

　詐術とは，相手方の誤信を狙って積極的に虚偽の事実が告げられる場合を典型とするが，それにかぎられない。積極的な術策を用いるに至らない場合や，事実を告げないだけの場合であっても，「他の言動などと相俟って，相手方を誤信させ，または誤信を強めたものと認められるとき」（最判昭和44・2・13民集23巻2号291頁）は，詐術にあたると解されている。

(2) 取消し後の法律関係

　行為が取り消されると，その行為は遡及的に無効になり，その行為から生ずるはずであった権利義務の変動は生じなかったものとされる。すなわち，物権の変動は起こらず，債権債務は生じなかったことになる。

　したがって，取消しの時点で履行されていなかった債務は消滅し，履行の必要がなくなる。行為に基づいて給付されたものがあるときは，その返還が問題になる。無効（取消しによる無効を含む）な行為に基づいて債務の履行として給付を受けた者は，相手方を原状に復させる義務を負う（121条の2第1項）ことが原則である。給付として受け取った物や金額を返還し，物について現物を返還することができないときは価格償還義務を負うのが原則ということである。もっとも，制限行為能力違反を理由とする取消しの場合には，意思無能力を理由とする無効の場合と並んで，この返還義務の範囲について例外が設けられている。すなわち，「その行為によって現に利益を受けている限度において」返還すべきこととされている（121条の2第3項）。これは，返還の負担のために制限行為能力違反を理由とする取消しが実際上困難になることがないようにす

るためである（詳細は，第9章第3節**4**(2)参照）。

> ### Column 3-1　保佐人および同意権を付与された補助人の権限
>
> 　本文に述べたとおり，取消しがされると行為は遡及的に無効になるが，それによって制限行為能力者が不利な結果を現実に免れることになるとはかぎらない。履行の済んだ売買が取り消された場合でいえば，制限行為能力者が売主のときには，制限行為能力者は目的物の所有権を回復するが，不利な結果を現実に免れるためには，目的物の返還を受けること，その売買を原因とする移転登記が抹消されることなどが別途必要である。制限行為能力者が買主のときは，代金として支払った金額の返還を受けることが別途必要になる。
>
> 　目的物や代金の返還，抹消登記手続などに相手方が応じなければ，最終的には，訴えを提起することが必要になる。そのために，弁護士に委任することが通常だろう。これらの行為について，成年後見人は本人を代理することができる（859条1項）。ところが，保佐人は，それらの行為について代理権を付与する旨の審判がされていなければ，本人を代理することができない。同意権を付与された補助人（この　Column　では以下，単に補助人という）も，同様である。これによると，本人が保佐人または補助人の同意を得ずにした行為について，保佐人または補助人が取り消したのに，本人が協力しないためにその行為の結果が現実に除去されない，ということが起こりかねない。
>
> 　制限行為能力者の制度は，判断能力の不十分な者の利益を保護するためにある。保護者に与えられる取消権は，この利益保護の手段として，制限行為能力者本人の意思や意向を問わずに法律関係を形成することを認めないとするためのものである。そうであれば，保佐人や補助人が，行為を取り消すことはできるものの，その行為がされる前の状況を復元すること，つまり制限行為能力者に生じた不利益を現実に除去することを当然にはできないとすることでよいのかには，疑問が残る。こういったことから，保佐人や補助人は取消しの結果を実現するために必要な範囲で代理権を有するとすべきだ，とする学説がある。

6 任 意 後 見

(1)　制度の意義と趣旨

　成年者であって，精神上の障害により事理を弁識する能力が不十分になった者は，法定後見の各類型による保護を受けるのではなく，任意後見制度を利用することもできる。

　任意後見制度は，本人が，事理弁識能力が不十分になったときに後見事務

（生活，療養監護または財産の管理に関する事務）の処理を他人（任意後見人）に委ねることにし，そのために代理権を与える制度である。この制度では，事理弁識能力が不十分になった者を保護するために他人が代わって行為をすることになる。したがって，この制度は，実質的には法定後見制度と同様の趣旨に基づくものである。ただ，誰を任意後見人とするかは本人が決め，任意後見人の権限の範囲は本人と任意後見人になるべき者（任意後見受任者）との間の契約（任意後見契約）によって決められる。また，他人に代理権が与えられても，本人は行為能力に制限を受けない。したがって，任意後見制度は，法定後見制度に代替する機能を果たす，本人の自己決定に基づく制度ということができる。

　任意後見制度のこのような性格と本人の意思のできるかぎりの尊重という成年後見制度全体を貫く基本理念から，任意後見制度による本人保護が機能しているかぎり，法定後見がおこなわれることはない。これに対し，任意後見による本人保護では不十分ということになると，法定後見が開始されるべきことになる。そして，実際に法定後見が開始すると，任意後見は終了する（これは，保護者の権限の重複や抵触など，両制度の併存により複雑な問題が生ずることを避けるためである）。

(2)　任意後見制度の概要

　任意後見制度においては，まず，本人と任意後見受任者との間で任意後見契約が締結される。この契約において，本人の事理弁識能力が不十分になった場合に任意後見人に委ねられる事務と，そのための代理権の範囲が定められる。

　任意後見契約は，本人の事理弁識能力が不十分になり，本人，任意後見受任者等の一定の者（任意後見 4 条 1 項柱書本文参照）の請求により家庭裁判所が任意後見監督人を選任した時に，その効力を生ずる（任意後見 2 条 1 号参照。なお，本人以外の者による請求の場合には，本人の意思の尊重の趣旨から，原則として本人の同意を要する〔任意後見 4 条 3 項本文〕）。任意後見受任者は，これをもって任意後見人となる。

　任意後見契約は，委任契約の一種であり，原則として委任に関する規定が適用される。もっとも，とくに契約発効時に本人の事理弁識能力が不十分となっていることを考慮して，特殊な扱いがされる点もある。すなわち，①任意後見

契約は，特別様式の公正証書によってしなければならない（任意後見3条）。②任意後見契約は登記される（後見登記5条）。③任意後見監督人の選任が契約の効力発生の要件とされている（任意後見2条1号参照）。④受任者たる任意後見人に，法定後見における保護者と同様の身上配慮義務が課される（任意後見6条）。⑤家庭裁判所が，一定の者の請求により，任意後見人を解任することがある（任意後見8条）。⑥効力発生前の解除は，いつでもすることができるが（民651条1項参照），公証人の認証を受けた書面でしなければならない（任意後見9条1項）。効力発生後の契約解除は，正当な事由がある場合にかぎり，家庭裁判所の許可を得てのみ可能である（任意後見9条2項）。

第3節　住所，不在者，失踪宣告

1 住　　所

(1) 住　　所

「各人の生活の本拠」を，住所という（22条）。

住所は，法律上さまざまな意味をもつ。民法上，例えば，不在の標準地（25条），弁済の場所（484条1項），相続開始の場所（883条）として意味をもつ。また，訴訟手続上，裁判管轄の決定の基準となる（民訴4条2項，人訴4条，非訟5条，家事4条等）。

住所については，住所の個数と，住所を定める基準について，伝統的な議論がある。

個数については，各人に1つとする単一説と，複数あってもよいとする複数説がある。かつては単一説が有力だったが，現在では，法律関係ごとに生活の本拠が異なることもありえ，それを認めることに支障はない（例えば，弁済の場所と相続開始の場所が同一人につき違っていても問題はない）として，複数説が一般的である。もっとも，「その人の生活にもっとも関係の深い一般的生活，全生活の中心をもって」住所とすべきであり，「私生活面の住所，事業活動面の住所，政治活動面の住所等を分離して判断すべきものではない」と述べる最高裁判決がある（最判昭和35・3・22民集14巻4号551頁。ただし，公職選挙法上の住所

に関する説示である）。

　住所を定める基準については，その人の定住の意思を尊重する立場（主観説）と，諸般の客観的事実から法規範に照らして判断する立場（客観説）に大別される。もっとも，今では，主観説が唱えられることはほとんどない。例えば，住所を移転させる目的で転出届がされても，生活の本拠が実際に移転していないときには，住所の移転は認められない（最判平成9・8・25判時1616号52頁参照）。

⑵　居　　所

　住所を補充する機能を果たすものに，居所がある。居所とは，人がそこにある程度継続的に居住するが，生活との関係が住所ほど密接でない場所をいう。

　住所の知れない者については，居所が住所とみなされる（23条1項）。また，日本に住所を有しない者については，日本人であると外国人であるとを問わず，原則として，日本における居所が住所とみなされる（同条2項本文）。

⑶　仮　住　所

　契約など法律行為の当事者が，その行為について仮住所を選定したときは，その行為に関しては，その仮住所が住所とみなされる（24条）。

２　不　在　者

⑴　意　　義

　従来の住所または居所を去り，容易に帰ってくる見込みのない者を不在者という。不在者には，その所在が明らかな者と明らかでない者の両方が含まれる。いずれの場合にも，従来の住所または居所における財産の管理が困難になりうるため，その財産の管理に関する規定が民法におかれている。

⑵　不在者の財産の管理

　⒜　財産管理人の選任　　不在者の財産の管理に関する民法の立場は，不在者自身の意思と監督による財産管理がおこなわれている場合には介入せず，そうでないときに介入する，というものである。

　すなわち，不在者の財産の管理人が現にない場合には，家庭裁判所は，利害関係人または検察官の請求により，その財産の管理について必要な処分を命ずることができる（25条1項）。もっとも，その後に不在者が自ら管理人をおいたときは，この命令は取り消されることになる（同条2項）。家庭裁判所が命ずる必要な処分の主なものは，財産管理人の選任である。

　不在者が自ら管理人をおいているときも，その不在者の生死が明らかでないときは，家庭裁判所は，利害関係人または検察官の請求により，管理人を改任することができる（26条）。この場合には，管理人の監督が本人によって実際上おこなわれなくなるため，財産が適切に管理されないおそれがあるからである。

　(b)　財産管理人の権限　　不在者自身が選任した財産管理人は任意代理人であり，その権限は，不在者と管理人との間の委任契約によって定まるのが通常である。この管理人は，不在者が生死不明になった場合には，必要があれば，家庭裁判所の許可を得て，不在者が定めた権限を超える行為をすることができる（28条後段）。

　家庭裁判所が選任した財産管理人は法定代理人であり，選任の審判で別段の定めがされないかぎり，103条に掲げられた行為のみをすることができる。もっとも，必要がある場合には，家庭裁判所の許可を得て，その範囲を超える行為をすることもできる（28条前段）。

3　失 踪 宣 告

(1)　失踪宣告の意義

　不在者に財産管理人がある場合，従来の住所または居所における不在者の財産の維持は図られる。もっとも，不在者の生死が不明であり，しかもその状態が長期に及ぶと，法律関係が確定せず，残存配偶者，推定相続人等に不都合を生ずることがある。これに対処するために，家庭裁判所の審判によって不在者を死亡したものとみなす失踪宣告の制度が設けられている。

　失踪宣告は，利害関係人の請求に基づいて，家庭裁判所の審判によりされるが，不在者の生死が不明になった原因によって次のように区別される。

　まず，生死不明の原因がとくに明らかにされなくても，不在者の生死が7年

間明らかでないとき（生存が確認された最後の時から7年が経過したとき）は，失踪宣告がされる（30条1項。この場合を，普通失踪と呼ぶ）。普通失踪の場合には，失踪宣告をされた者は，その7年が経過した時点で死亡したものとみなされる（31条）。

つぎに，不在者が戦地に臨んだこと，沈没した船舶に乗っていたことその他死亡の原因となるべき危難に遭遇したために生死不明となった場合には，その戦地での戦争が止んだ時，船舶が沈没した時，または危難が去った時から生存が確認されないまま1年が経過したときは，失踪宣告がされる（30条2項。危難失踪または特別失踪と呼ぶ）。この場合には，失踪宣告をされた者は，戦争が止んだ時，船舶が沈没した時，または遭遇した危難の去った時に死亡したものとみなされる（31条）。

失踪宣告がされるには，利害関係人の請求が必要である。近親者の感情を考慮して，検察官は請求権者に含まれていない。利害関係人とは，失踪宣告につき法律上の利害関係を有する者，すなわち，配偶者，推定相続人，受遺者等の，失踪宣告によって失踪者との間の権利義務に変動が生ずることになる者をいう。

(2) 失踪宣告の効果――「死亡したものとみなす」の意味

「死亡したものとみなす」（31条）とは，従来の住所または居所を中心とする法律関係につき，失踪者が死亡した場合と同様の法律効果を認める，ということである。失踪者の権利能力を消滅させるものではない。したがって，失踪者が実際には生存している場合，失踪者について形成された法律関係は，失踪宣告によって影響を受けない。

(3) 失踪宣告の取消し

(a) 失踪宣告の取消しとその基本的効果　　家庭裁判所は，本人または利害関係人から請求があり，①期間の起算点以後のある時点における失踪者の生存（本人が請求する場合は，これに含まれる），または②失踪宣告により死亡したものとみなされる時と異なる時の死亡のいずれかが証明された場合には，失踪宣告を取り消さなければならない（32条1項前段）。

失踪宣告が取り消されたときは，失踪宣告がはじめからされなかったものと

して扱われる。その結果として，失踪宣告を原因とする法律関係の変動は，原則として生じなかったことになる。しかしながら，この原則を貫くと，失踪の宣告後その取消し前に形成された法律関係の当事者に，不測の不利益を及ぼすおそれがある。そこで，2つの例外が認められている。

　(b)　**善意でされた行為の効力の維持**　失踪の宣告後その取消し前に「善意でした行為」は，失踪宣告の取消しによって効力に影響を受けない（32条1項後段）。

　例えば，Aについて失踪宣告がされ，Bが相続により甲土地を取得し，それがBからC，CからDへと転売された後に，Aの失踪宣告が取り消されたとする。この場合，失踪宣告の取消しによってAの相続は開始しなかったことになるから，Aは，所有権に基づいて甲土地の返還をDに請求することができるのが原則である。ところが，BC間の売買か，CD間の売買のいずれかが「善意でした行為」に該当するならば，その売買の効力が維持され（つまり，CまたはDの所有権取得の効果が維持され），Aは甲土地の所有権を失うことになり，Aの上記請求は認められないことになる。

　問題は，「善意でした」とはどのような場合をいうのかである。

　これについては，問題となる行為が売買のような契約であるときには，両当事者が善意であることを要するとする大審院判決があり（大判昭和13・2・7民集17巻59頁），これを支持する学説もある。もっとも，そのように解すべき理由が積極的に明らかにされているとはいえない。学説では，32条1項後段は取引安全を図る趣旨の規定であるから，相手方（上記の例のBC間売買ではC，CD間売買ではD）が善意である場合をいう，とする見解が有力である。

　32条1項後段が身分行為にも適用されるかどうかについては，争いがある。かつては適用を肯定する見解が通説であったが，現在では適用を否定する見解が有力である。

　例えば，Aについて失踪宣告がされ，Aの配偶者であったBがCと再婚した後に，Aが生存しているために失踪宣告が取り消されたとする。この場合に32条1項後段が適用されるならば，BおよびC（またはC）が善意ならばBC間の婚姻の効力が（何ら問題のないものとして）維持されることになり，そのためにAB間の婚姻は復活しないとされるべきことになる。それに対し，B

またはCのいずれか一方（またはC）が悪意ならば，BC間の婚姻の効力に影響を及ぼさないという効果を実現する必要はないことからAB間の婚姻は復活する。そして，BC間の婚姻も742条に該当しないため無効にならないことから，Bにつき重婚状態が生ずることになる（この重婚状態は，AB間の婚姻が離婚等により解消されるか，BC間の婚姻が744条により取り消されるまで，継続する）。

　これに対して，近時の有力説は，身分行為における当事者の意思と現にある事実状態の尊重の必要性から，BまたはCの主観的態様にかかわらず，AB間の婚姻は復活せず，BC間の婚姻のみが有効に残るとすべきであるとしている。

　(c)　**直接取得者の利得返還義務の限定**　　失踪宣告によって財産を得た者（相続人，受遺者，生命保険金の受取人のように，失踪宣告の直接の結果として財産を取得した者。その者からの転得者は含まれない）は，失踪宣告が取り消されると，失踪宣告により取得した財産を返還しなければならない（不当利得返還）。その際，返還の範囲は，「現に利益を受けている限度」（「現受利益」）にかぎられる（32条2項ただし書。なお，「現に利益を受けている限度」については，第9章第3節**4**(2)参照）。

　32条2項ただし書は，受益者の善意または悪意を区別しておらず，その点で703条および704条の特則となっている。しかしながら，通説は，現受利益の返還で足りるのは受益者が善意である場合にかぎられる，とする。これによると，32条2項ただし書は，とくに必要のない規定ということになる。

練 習 問 題

　AがBから1000万円を借り入れ（以下，本件消費貸借契約），Bの債権を担保するために所有する甲土地に抵当権を設定し（以下，本件抵当権設定契約），その旨の抵当権設定登記がされた。それらの契約（以下，本件両契約とする）は，Aが，かつての愛人Cに資金援助をしてくればよりを戻してもよいとそそのかされて結んだものだった。当時，Aは保佐開始の審判を受けており，妻Dが保佐人に選任されていたが（13条2項に基づく同意権の付加はなかったものとする），Dは本件両契約に同意していなかった。

1　本件両契約締結の当時，Aは意思能力を欠く状態にあった。この場合，Dは，本件両契約は無効であるとして，抵当権設定登記の抹消登記手続をBに請求することができるか。

2　Bは，Aの言動を不審に思い，契約締結に先立って，「大きな借金だし，大事な土地を抵当に入れることになる。奥さんと一緒に契約に来てください。」と，Aに要求した。AがCを同道して妻であると紹介したので，Bは，これを信じて本件両契約を結んでいた。

(1)　Dは，本件両契約を取り消すことができるか。

(2)　Dによる取消しが認められるとする。Aは，Dが取消しの意思表示をした時点で，Bから受け取った1000万円全額を使い切っていた。その内訳は，Cに対する贈与金600万円，競馬・パチンコなどの遊興費300万円，Eへの借金返済100万円であった。この場合に，Bは，Aに対してどのような請求をすることができるか。

第 **4** 章

法　人

　この章では，自然人とならぶ権利主体である法人に関する諸々の問題について，総論と対外関係に分けて説明する。その説明に際しては，一般社団法人と一般財団法人を中心に据える。この他，権利能力なき社団の問題も取り上げる。

第 1 節　法 人 総 論

1 法人の意義と存在理由

　法人とは，自然人以外で権利能力を認められるものをいう。わが国では，人の集団と財産が法人の基礎になる。

　法人制度には，法律関係の単純化と財産の分離を明確かつ安定的に実現することができるという，法技術上の存在理由がある。法律関係の単純化と財産の分離を通して，法人制度は，個人の単なる結びつきによるのでは難しい，さまざまな活動や目的の追求を可能にする。

　例えば，事業をするためには，収益事業であれ，公益的な事業であれ，共益的な事業であれ，多くの資金，物，人手等を要することが珍しくない。また，事業が軌道に乗れば，それを長期にわたって継続させることが，事業の担い手にとっても，社会にとっても有益であることが多い。ところが，そういった資

金や物等の調達，事業の長期継続は，個人または個人の単なる結合によっては実現することが難しい。個人の場合，財力その他の能力がかぎられたものであることは明らかである。また，死亡により事業が継続されないことになりかねない。多数人が集まれば，事業に必要な物的および人的資源の調達は容易になる。ところが，その際に各人が独立の権利主体として結合するだけでは，事業による損失を共同で負担しなければならなくなり，事業に参加しようとする者があらわれにくくなる。また，事業のために提供された金銭や物が提供者の財産にとどまるため提供者がその返還を請求する，事業によって得られた財産が各人の共同所有となり，意見の対立のため有効に利用されない，あるいは分割や持分の払戻しが請求される，といったことも起こりかねない。これでは，事業の継続に支障を来たす。さらに，各人の間の法律関係が複雑になり，その調整という非常に面倒な問題も起こる。こういったさまざまな不都合は，事業体と事業に参画する者の法律関係を分離することによって，解消することができる。法人制度は，こういったことを可能にする法技術のなかの，最も主要なものの1つである。

2 法人の分類

　法人には非常に多くの種類がある。それらはさまざまに分類されているが，代表的な分類として次のものがある。

(1)　内国法人と外国法人

　日本の法律に準拠して設立された法人を内国法人，外国の法令に準拠して設立された法人を外国法人という。外国法人は，法律または条約により認許されると，外国人に対するのと同様の制限のもとで，同種の内国法人と同一の権利能力を認められる（35条2項）。

　なお，外国会社（会社2条2号参照）については，会社法817条〜823条に別に規定がおかれている。

(2)　社団法人と財団法人

　人の集団を基礎とする法人を社団法人，財産を基礎とする法人を財団法人と

いう。一般社団法人，株式会社等の会社は，前者の例である。一般財団法人，相続財産法人は，後者の例である。

社団法人には社員があるが，財団法人にはない。社員の有無は，法人の組織，運営，管理などの面に大きな違いを生ずる。

(3) 営利法人と非営利法人

法人は，さまざまな事業をおこない，経済的利益を獲得することが通常である。そういった事業により得た経済的利益を社員に分配すること（これを，「営利」という）を目的とする法人を営利法人，その分配をしない法人を非営利法人という。例えば，株式会社は営利法人である（会社法は，株主は剰余金の配当を受ける権利〔会社 105 条 1 項 1 号〕および残余財産の分配請求権〔会社 105 条 1 項 2 号・504 条・505 条〕を有するとし，それらの権利を株主に全く与えない旨の定款の定めを無効としている〔会社 105 条 2 項〕）。一般社団法人（一般法人 11 条 2 項・35 条 3 項参照），NPO 法人（非営利活動 2 条 2 項 1 号参照）などは，非営利法人である。また，営利の上記の概念規定から当然に，社員のない財団法人は非営利法人でしかありえない。

法人の分類概念としての「営利」と「非営利」は，上記のように，社員への経済的利益の分配の有無により区別され，法人が利益の獲得を目指した活動をするか否かとは関係がない。非営利法人も，収益事業をすることができる。不特定多数人の利益（「公益」）を図るための活動，構成員など特定の者に共通の非経済的利益（「共益」）を図るための活動をするにも，原資が必要である。収益事業は，その原資の獲得に役立ち，公益や構成員共通の利益の実現に資することになりうる。したがって，非営利法人が収益事業を営むことは，決して背理ではない（ただし，当該法人の性格により，収益事業の種類や規模等が制約されることはありうる）。

3 法人本質論

私法の体系は，伝統的に，個人を中心として構成されてきた。そのため，19 世紀から 20 世紀の初頭にかけて，ドイツやフランスにおいて，法人という個人以外の存在への法人格の付与をどの程度認めるべきかという視点に密接に関

連して，法人の本質について盛んに議論された。有名な見解として，法人擬制説（権利主体は本来自然人にかぎられるが，法人は，法がとくに自然人に擬制して権利主体たる資格を認めたものであるとする説），法人否認説（法人擬制説の一種であり，法人の実体は，その基礎になる自然人または財産にすぎないとする説），法人実在説（法人は，1個の社会的実在であり，その実在に法が権利主体性を認めたものであるとする説）がある。

　歴史的には，擬制説と否認説は法人の承認に抑制的な立場から，実在説は積極的な立場から主張されたが，そこに論理的なつながりがあるわけではない。

　擬制説または否認説によるか，実在説によるかによって，いくつかの問題について説明の仕方に違いが生ずる。例えば，擬制説または否認説によるならば，法人と理事は独立の別人格であり，理事は法人を代理し，理事の不法行為についての法人の責任は他人の行為についての責任ということになる（そもそも，法人自体の不法行為は観念されない）。それに対し，実在説によるならば，理事は実在する法人の機関（いわば，手足）であり，理事は法人を代表し，理事の不法行為は法人の不法行為となる（例えば信託41条には，「……法人が行った法令又は信託行為の定めに違反する行為……」と，実在説を前提とするかのような文言がみられる）。もっとも，これらは前提をいずれかに決めた場合に法律構成が異なるというだけのことであり，実質的な違いを生ずるものではない。

　また，一方で，個々の自然人（またはその寄り集まり）から区別されるべき要素が何もないのに，法人格が付与されることは考えられない。他方で，法人格を付与するに足る実体として定まったものがあるわけでもない。法人は，法が自然人以外のものを権利義務の主体とするための技術であり，時々の政策的見地から法人とすることが適当であるとされるものが，法人の基礎たる「実在」にすぎない。

　法人本質論は，国家による法人禁圧が解かれる過程で一定の歴史的役割を果たしたが，法人制度が定着した今日では，その使命を終えたと評することができる。むしろ，目指されるべき社会像は何であり，その実現のために自然人以外にどのようなものを権利主体と認めるのが適当か，その際，自然人と異なるどのような規制が必要か，といったことが直截に論じられるべきである。現在のわが国において，法人本質論には意味がないと一般に説かれる所以である。

4 法人格否認の法理

　法人が，一定の政策的見地から自然人以外のあるものを単一の権利主体とするための技術であるとすると，法人格が全くの形骸にすぎなかったり，脱法目的で濫用されていたりするような場合には，法人格をそのまま認めることは適当ではない。そこで，そういった場合に，法人名義での行為が，その法人のための行為として承認されず，その背後にある個人や別の法人の行為とみられることがある（例えば，最判昭和 44・2・27 民集 23 巻 2 号 511 頁〈 判例 4-1 〉，最判昭和 48・10・26 民集 27 巻 9 号 1240 頁参照）。これを，法人格否認の法理という。

　近年の法人法改革において，法人格の技術的側面が重視され，形式さえ整えれば容易に法人を設立することが可能になった。その反面として，法人格が濫用される危険も高まっており，法人格否認の法理の重要性は増している。

〈 判例 4-1 〉 **最判昭和 44・2・27 民集 23 巻 2 号 511 頁**

【事案】 X が，昭和 36 年 2 月に，所有する本件店舗を賃貸期間を 5 年と定めて Y 会社に賃貸した。Y は株式会社であったが，実体はその代表取締役である A が個人で経営する電気店であり，税金軽減のために設立されたものであった。X も，A の経営する電気店の店舗として使用するために A に賃貸したと考えていた。昭和 41 年 2 月に X が自己の用に供する必要から本件店舗の明渡しを A に求め，A は同年 8 月 19 日までに明け渡す旨の念書を X に差し入れたが，明渡しはされなかった。そこで，X が明渡しを求めて A を訴え，昭和 42 年 3 月 4 日に，A が昭和 43 年 1 月末日かぎりで明け渡すべきものとする裁判上の和解が成立した。ところが，その後に A は，借主は Y 会社であり，A 個人が使用する部分は明け渡すものの，Y 会社が使用する部分は明け渡さないと主張した。そこで，X が，Y 会社を相手に本件店舗の明渡しを求めて訴えを提起した。第 1 審，第 2 審とも X が勝訴。Y 会社が上告した。

【判旨】 上告棄却。「およそ社団法人において法人とその構成員たる社員とが法律上別個の人格であることはいうまでもなく，このことは社員が一人である場合でも同様である。しかし，およそ法人格の付与は社会的に存在する団体についてその価値を評価してなされる立法政策によるものであって，これを権利主体として表現せしめるに値すると認めるときに，法的技術に基づいて行なわれるものなのである。従って，法人格が全くの形骸にすぎない場合，またはそれが法律の適用を回避するために濫用されるが如き場合においては，法人格を認

めることは，法人格なるものの本来の目的に照らして許すべからざるものというべきであり，法人格を否認すべきことが要請される場合を生じるのである。そして，この点に関し，株式会社については，特に次の場合が考慮されなければならないのである。

　思うに，株式会社は準則主義によって容易に設立され得，かつ，いわゆる一人会社すら可能であるため，株式会社形態がいわば単なる藁人形に過ぎず，会社即個人であり，個人即会社であって，その実質が全く個人企業と認められるが如き場合を生じるのであって，このような場合，これと取引する相手方としては，その取引がはたして会社としてなされたか，または個人としてなされたか判然しないことすら多く，相手方の保護を必要とするのである。ここにおいて次のことが認められる。すなわち，このような場合，会社という法的形態の背後に存在する実体たる個人に迫る必要を生じるときは，会社名義でなされた取引であっても，相手方は会社という法人格を否認して恰も法人格のないと同様，その取引をば背後者たる個人の行為であると認めて，その責任を追求することを得，そして，また，個人名義でなされた行為であっても，相手方は敢て商法504条を俟つまでもなく，直ちにその行為を会社の行為であると認め得るのである。けだし，このように解しなければ，個人が株式会社形態を利用することによって，いわれなく相手方の利益が害される虞があるからである」。

5 わが国の法人法の近時の動きとその意味

(1) 近時の動き

わが国では，比較的近時，法人法に大きな改正があった。

営利法人について，平成17年に会社法が制定され，例えば，有限会社制度が廃止され，物的会社と人的会社の区分から株式会社と持分会社（合名会社，合資会社，合同会社）の区分への変更がおこなわれるなど，大きな制度変更がされている。

非営利法人については，平成18年に，いわゆる公益法人制度改革関連三法が制定された。一般社団法人及び一般財団法人に関する法律（以下，「一般法人法」という），公益社団法人及び公益財団法人の認定等に関する法律，一般社団法人及び一般財団法人に関する法律及び公益社団法人及び公益財団法人の認定等に関する法律の施行に伴う関係法律の整備等に関する法律（以下，「整備法」という）である。そして，整備法により，中間法人法が廃止され，また，民法

の公益法人に関する 50 以上の条文が削除された。

> **Column 4-1**　　**法人制度の変遷**
>
> 　わが国の法人制度は，当初，公益法人（公益に関し，営利を目的としない法人）と営利法人の2類型に分けられていた。そして，公益法人は民法により，営利法人は商法により，それぞれ規律されていた。
>
> 　ところが，公益法人と営利法人という二分法では，非公益かつ非営利の団体（中間団体）は法人になることができない。例えば，収益事業をおこなうものの構成員への利益分配をしない団体，業界団体・労働者の団体・同窓会・町内会などの構成員の共通の利益を図ることを目的とする団体は，法人になれない。このことが不都合と認識されるにつれ，例外が拡大されていった。その拡大は，主として2つの方法によりおこなわれた。1つは，公益法人の要件とされる公益性の柔軟な認定であり，もう1つは，一定の目的を有する団体の法人成りを認め，その法人を規制するための個別法の制定である。
>
> 　前者の方法で法人成りを認めることができる範囲は，自ずとかぎられる。後者については，目的をごく限定して法人成りを認める個別立法しかされなかった。このため，その目的ゆえにおよそ法人になることができない団体がある，という状況が続いた。また，前者の方法は，別の歪みを生じた。公益法人は主務官庁の許可により設立され，設立後は主務官庁の監督に服するとされていたが，その許可につき主務官庁に広い裁量が認められたために公益法人となるに相応しくない団体が公益法人になる，公益法人に対してされるべき監督が適正におこなわれない，公益法人が「天下り」の受け皿の役割を担う，公益法人となるに相応しい団体が法人格取得に苦労する，といった裁量行政の弊害とみられる事態の発生である。こういったことから，次第に，非営利法人制度の抜本的改革の必要性が強く説かれるようになっていった。
>
> 　この抜本的改革は，次のように進められた。
>
> 　まず，平成 10 年に特定非営利活動促進法（いわゆる NPO 法）が制定され，同法に掲げられた特定の活動に限定されるものの，公益的活動をおこなう法人について，官庁の意向に左右されずに設立される道が開かれた。
>
> 　ついで，平成 13 年に中間法人法が制定され，社員に共通する利益を目的とする非営利法人の設立が可能になった。ここでの社員に共通する利益には限定がなかったので，これにより，ある種の団体はその目的のゆえに法人になれないという法制上の隙間が実質的に埋められた。
>
> 　そして，平成 18 年に公益法人制度改革関連三法が制定された。一般法人法が非営利であること以外に目的の限定を付さずに法人の設立を認め，これにより法人の目的の限定による法制上の隙間の存在という問題は，名実ともに解消

された。また，公益法人制度が，個別官庁の裁量的判断の影響を受けないように改められた。すなわち，一般社団法人または一般財団法人が行政庁（内閣総理大臣または都道府県知事）の公益認定を受けて公益法人になり，以後その行政庁の監督に服するとされることになった。

(2) 近時の動きの意味

公益法人制度改革関連三法の制定には，次の意味が認められる。

(a) 法人法の構造の明確化
第1に，これにより法人法の構造が明確になった。

以前は，法人は大きく営利法人，公益法人，その他の法人（公益法人以外の非営利法人）の3つに分類され，それぞれに関する規律は，公益法人に関しては民法に，営利法人に関しては商法に，その他の法人に関しては個別法に，それぞれおかれていた。その他に，法人に関する通則規定が民法におかれていた。法人法は，民法の通則規定を前提に，各法人類型に固有の規定がそれぞれの法律に定められる，という構造となっていたのである。公益法人に関する民法の規定は，決して法人に関する通則規定ではなく，公益法人という一法人類型に関する各則規定にすぎなかったが，民法という私法の一般法のなかにおかれていたために，その性格があいまいになっていた。このあいまいさが，公益法人制度改革関連三法により払拭された。

(b) 一般的な非営利法人類型の創設と，法人法の構造の簡素化
第2に，一般社団法人，一般財団法人という，法人の目的による限定がない，その意味で一般的な非営利法人類型が創設された（ただし，法制上，一般法人法は，あくまで一般社団法人および一般財団法人に関する個別法であり，非営利法人に関する一般法と位置づけられているわけではない）。

以前の法人法は，営利法人，公益法人，公益法人以外の非営利法人という三本立てになっており，営利法人については営利（構成員への利益分配）以外の目的限定はなかったが，営利を目的としない法人については，必ず，非営利以外に実現を目指すべき目的に一般的限定があった（例えば，公益法人については公益に関すること，中間法人法による中間法人については社員に共通する利益を図ること，NPO法人については特定非営利活動をおこなうことを主たる目的とすること，など）。

　それに対して，一般法人法は，非営利であること以外に法人の目的を制約されない一般社団法人または一般財団法人という類型を創設した。これにより，わが国の法人は，構成員に対し利益分配をするかどうかという基準によって，営利法人と非営利法人に二分することができる構造になった。

　一般法人法は，非営利法人に関する一般法ではない。しかしながら，一般社団法人と一般財団法人には非営利であること以外に目的の限定がないため，理論的には，他の個別法によって設立可能なものも含めて，あらゆる非営利法人が一般社団法人または一般財団法人として設立されうる。したがって，一般法人法の規定には，特別の考慮がなければ非営利法人一般に妥当してよいことが定められている，ともいえるはずである。そこで，以下の説明では，一般法人法を中心に据えることとする。

Column 4-2　非営利法人法の将来

　公益法人制度改革関連三法により，長年の懸案であった公益法人と非営利法人制度の合理化に，一応の区切りがつけられた。しかしながら，それは，非営利法人制度，あるいはより大きく法人制度の安定を意味するものではおそらくない，と思われる。

　一般論として，法人制度が社会のニーズの実現に資するための法技術の1つにすぎない以上，法人制度は社会のニーズの変化に応じて変わらざるをえない。各論的にも，残された課題がある。

　例えば，公益法人制度改革関連三法により中間法人法は廃止されたが，NPO法は廃止されなかった。この点について，新たな公益法人制度における公益認定手続はNPO法人の設立認証に比べて煩雑であり，また，公益認定基準が比較的厳格であるため，公益目的のNPO法人は存続させる意味があると説かれている。しかしながら，これではNPO法人に一種の特権的地位を認めることになり，そのような扱いをすることの当否が問題になる。

　次に，一般法人法は，その対象となる法人に非営利以外の目的限定をしていないため，収益事業を手広く展開するために一般社団法人が設立されることもありうる。そして，種々の法規制を要するのはそのような法人であることから，一般法人法の規律は，そのような法人を念頭において，会社法の規律を相当程度参照した詳細なものとなっている。そのため，一方で，非営利法人たる一般社団法人と営利法人たる会社とは，構成員に利益分配をするかどうかの点で異なるだけであり，その組織や活動の実態にそれほど違いはないと捉えることも可能になっている。このことからは，営利法人と非営利法人という区分を法人

法制の主軸に据えることが果たして適切であるのかが，問題になる。他方で，小規模な非営利団体が法人になり，活動しようとする場合に，事実上以前よりもハードルが高くなった面がある。会社法は小規模な会社に関する法規制を合理化したということができるが，それとの対比において，一般法人法によって小規模非営利団体にとって法人化および法人の管理運営面でのハードルが従前よりも事実上高くされたことの当否が問題になる。

6 法人の設立

(1) 法人法定主義

法人は，民法その他の法律の規定に従ってのみ成立する（33条1項）。このように法人の成立を法律にかからせる立法主義を，法人法定主義という。

法人の成立がどのようにして認められるかは，さまざまである。主なものとして，法人の成立のために特別の立法による特許が必要であるとする特許主義（例えば，日本銀行〔日銀6条〕），法定の要件を備えて主務官庁の認可または認証を得ることが必要であるとする認可主義または認証主義，法定の要件を充足することにより成立が認められる準則主義，法律上当然に法人とされる当然設立主義（例えば，相続財産法人〔民951条〕）などがある。

営利法人については，以前から，準則主義が採用されていた。

かつての民法上の公益法人については，主務官庁の裁量的判断による許可を要する許可主義がとられていた。それに対して，NPO法人については認証主義が採用され（非営利活動10条以下参照），一般社団法人および一般財団法人については準則主義が採用されている（一般法人22条・163条参照）。

(2) 一般社団法人の設立手続の概要

一般社団法人の設立には，定款の作成と，主たる事務所の所在地における設立の登記が必要である。一般社団法人も活動するためには財産が必要となるが，保有すべき財産額に関する規制はない。

(a) **定款の作成** 定款とは，法人の基本的規則またはその内容を記載した書面をいう。

設立時の定款は，設立時社員が共同して作成しなければならず（一般法人10

条1項)，公証人の認証を受けなければ効力を生じない（一般法人13条)。「共同して」ということから，一般社団法人の設立には少なくとも2人の設立時社員が必要になる。

　定款には，法人の目的，名称，主たる事務所の所在地，設立時社員の氏名または名称および住所，社員の資格の得喪に関する規定，公告方法，事業年度を必ず記載しなければならない（一般法人11条1項)。これらを，必要的記載事項という。定款の記載事項には，この他に，相対的記載事項（一般法人法の規定により定款に定めがなければ効力を生じないとされる事項。例えば，社員の経費支払義務〔一般法人27条)，理事会，監事または会計監査人の設置〔一般法人60条2項〕）と，任意的記載事項（必要的記載事項および相対的記載事項以外の事項であり，一般法人法の規定に違反しない事項）がある（一般法人12条)。

　一般社団法人においては，定款に「社員に剰余金又は残余財産の分配を受ける権利を与える旨」を定めても，その定めは効力を有しない（一般法人11条2項)。一般社団法人が非営利法人に位置づけられる所以である。

　(b)　設立時理事等の選任　　一般社団法人を設立するためには，設立時理事の選任が必要である（一般法人15条1項・17条)。理事会設置一般社団法人においては，3人以上の選任が必要であり（一般法人16条1項)，そのなかから過半数で，設立時代表理事が選任される（一般法人21条1項・3項)。

　その他，設立時監事，設立時会計監査人を選任することができ，法人類型によっては選任しなければならない（一般法人15条2項・17条)。

　設立時理事および設立時監事は，その選任後遅滞なく，当該法人の設立の手続が法令または定款に違反していないことを調査しなければならない（一般法人20条1項)。これは，準則主義による法人設立の適正を担保するためである。

　(c)　設立の登記　　設立の登記がされると，一般社団法人が成立する（一般法人22条)。この登記は，一般社団法人を代表すべき者（設立時〔代表〕理事）が申請する（一般法人318条1項)。

(3)　一般財団法人の設立手続の概要

　一般財団法人の設立には，定款の作成と定款に記載された財産の拠出，主たる事務所の所在地における設立の登記が必要である。

(a) **定款の作成**　定款は，原則として設立者が作成する（一般法人152条1項）。もっとも，設立者は遺言において一般財団法人の設立の意思を表示することができ，この場合には，遺言執行者が定款を作成する（同条2項）。いずれの場合においても，一般財団法人の定款は，公証人による認証を受けなければ効力を生じない（一般法人155条）。

定款の記載事項は，一般社団法人においてとおおむね同様である。もっとも，社員の有無とそれに由来する機関構成の違いを反映して，一部異なるところがある（一般法人153条参照）。

(b) **財産の拠出**　設立者は，公証人による定款の認証後遅滞なく，定款に記載された財産を拠出しなければならない（一般法人157条1項）。これは，財産を基礎にする法人であるという一般財団法人の性格に由来するものである。その額は300万円を下回ってはならない（一般法人153条2項参照）。また，一般財団法人は，設立後もこの金額を純資産額として保持すべきものとされている（一般法人202条2項参照）。

拠出された財産は，生前処分のときは法人成立の時に一般財団法人に帰属する（一般法人164条1項）。遺言で拠出されたときは，遺言の効力発生時に一般財団法人に帰属したものとみなされる（同条2項）。後者は，拠出された財産が相続人に帰属することを防ぐためである。

また，一般財団法人の成立後は，財産の拠出について錯誤，詐欺または強迫を理由とする取消しは認められない（一般法人165条）。これは，法人成立後は法人の財産につき利害関係を有する者が多数にのぼりうるため，法人の財産を安定させる趣旨によるものと解される。

(c) **設立時評議員，設立時理事等の選任**　一般財団法人の設立行為においては，設立時評議員，設立時理事，設立時監事を選任しなければならない（一般法人153条1項6号・159条1項）。また，会計監査人設置一般財団法人を設立しようとする場合には，設立時会計監査人の選任も必要となる（一般法人153条1項7号・159条2項）。

設立時評議員と設立時理事はいずれも3人以上でなければならず（一般法人160条1項），設立時理事のなかから過半数で設立時代表理事を選定しなければならない（一般法人162条1項・3項）。

　設立時理事および設立時監事は，選任後遅滞なく，設立手続の調査をしなければならない（一般法人 161 条 1 項）。この調査は一般社団法人の場合とほぼ同様であるが，調査事項に財産拠出の履行の完了が加わる（同項 1 号）。

　(d)　**設立の登記**　設立の登記がされると，一般財団法人が成立する（一般法人 163 条）。この登記は，設立時代表理事が申請する（一般法人 318 条 1 項）。

7 法人の組織

(1)　総　　論

　法人が活動するためには，機関が必要である。機関となるのは，自然人と，自然人からなる組織体である。

　すべての法人において，基本的意思の決定機関，業務執行機関が必要である。

　法人の適正な運営のためには，業務執行や会計を監査する機関の設置が望ましい。ただ，それらの設置はとくに規模の小さな法人にとっては重い負担となることがある。そのため，すべての法人における必置の機関とはされていない。

(2)　一般社団法人の組織

　一般社団法人は社員のある法人であり，その基本的意思は究極的には社員の意思に基づいて定められるべきものである。そのため，一般社団法人には必ず社員総会が設置される。また，業務執行機関として，理事が必ずおかれる。この他に，一般社団法人は，定款の定めにより，理事会，監事，会計監査人をおくことができる（一般法人 35 条・60 条）。

　一般社団法人には規模，目的などにおいて多種多様なものがありうるため，法定の必置の機関は最小限にとどめ，機関設計につき各法人の自治を広く認めるという原則的立場がとられている。

　もっとも，理事会または会計監査人をおく場合には，監事を必ずおかなければならないとされている（一般法人 61 条）。理事会が設置される一般社団法人（理事会設置一般社団法人）においては，社員総会の決議事項が法定のものと定款所定のものに限定され（一般法人 35 条 2 項），法人運営への社員の関与が希薄になる。そこで，これを補って業務執行を監督する機関として，監事が必置とされている。会計監査人が設置される一般社団法人（会計監査人設置一般社団法

人）においては，会計監査人の独立性を確保するために，その選任および解任ならびに再任しないことに関する議案についての内容決定権が監事に付与されている（一般法人73条1項）。そのため，監事が必置とされている。

理事会や会計監査人を設置する一般社団法人は，業務範囲や会計規模の大きなものであることが多い（最終事業年度の負債総額200億円以上の一般社団法人〔大規模一般社団法人〕では，会計監査人が必置とされている。一般法人2条2号・62条）。そのような法人では，日常の機動的運営を確保するために意思決定過程の合理化が図られて，業務執行機関に大きな権限が与えられる一方で，適正な法人運営を確保する観点から，業務および会計についての監督機関が必ずおかれるべきものとされている。

以上より，一般社団法人の機関設計としては，次の5通りが認められていることになる。①社員総会・理事，②社員総会・理事・監事，③社員総会・理事・監事・会計監査人，④社員総会・理事・理事会・監事，⑤社員総会・理事・理事会・監事・会計監査人，である。

(a) **社員総会** 社員総会は，社員全員からなる，一般社団法人の根本的意思を決定する機関である。もっとも，その権限は，理事会設置の有無により異なる。

理事会が設置されていない一般社団法人（理事会非設置一般社団法人）においては，社員総会は，一切の事項について決議することのできる（一般法人35条1項），最高万能の意思決定機関である。

これに対し，理事会が設置されている一般社団法人（理事会設置一般社団法人）においては，一般法人法の定める事項と定款に定められた事項についてのみ，決議することができる（一般法人35条2項）。この種の法人は，社員が多数にのぼることが通常である。そのため，社員総会の決議事項を広範に認めると，法人運営上必要となる意思決定の機動性を欠くおそれがある。そこで，総会の決定権限を限定し，理事会に決定権限を広く認めて，意思決定過程の合理化が図られている。もっとも，定款の変更（一般法人146条），理事，監事または会計監査人の選任（一般法人63条1項）および解任（一般法人70条1項），理事の競業または利益相反取引の承認（一般法人84条1項），役員の責任の免除（一般法人112条・113条1項），計算書類の承認（一般法人126条2項），事業の全部譲

渡（一般法人 147 条），解散（一般法人 148 条 3 号），合併の承認（一般法人 247 条・251 条 1 項・257 条）などは社員総会の決議事項とされている。したがって，理事会設置一般社団法人においても，社員総会は法人の組織，管理および運営に関する根本的な意思決定機関と位置づけることができる。

なお，社員総会といえども，社員に剰余金を分配する旨の決議をすることはできない（一般法人 35 条 3 項）。この決議は，一般社団法人の非営利性に反するからである。

(b) **理事，理事会** 一般社団法人の業務は，原則として，理事がおこなう。もっとも，理事による業務執行のあり方についても，理事会設置の有無により異なる。

理事会非設置一般社団法人においては，定款に別段の定めがないかぎり，理事が業務執行にかかる意思を決定し，かつ，業務を執行する（一般法人 76 条 1 項）。理事は，1 人以上であれば何人でもよい。2 人以上選任されたときは，業務執行については，定款に別段の定めがある場合を除き，理事の過半数により決定する（同条 2 項）。

理事は，原則として，一般社団法人を代表する（一般法人 77 条 1 項本文）。理事が複数あるときは，各自が代表権を有する（同条 2 項）。もっとも，法人は，社員総会の決議等によって法人を代表する理事（代表理事）を理事のなかから定めることができる（同条 1 項ただし書・3 項）。代表理事が選任された場合には，その代表理事だけが法人を代表し（同条 4 項），他の理事は代表権を有しない。

理事会設置一般社団法人では，理事は 3 人以上でなければならず（一般法人 65 条 3 項），すべての理事によって理事会が構成される（一般法人 90 条 1 項）。理事会は，法人の業務執行の決定，理事の職務の執行の監督，代表理事の選定および解職をおこなう（同条 2 項）。

理事会設置一般社団法人では代表理事が必ず選任され（90 条 3 項），その代表理事が，法人の業務を執行し（一般法人 91 条 1 項 1 号），また，法人を代表する（一般法人 77 条 4 項）。この他に，代表理事以外の理事が，理事会の決議によって業務を執行する理事として選定されることがある。この場合には，その理事（業務執行理事）も，法人の業務を執行する（一般法人 91 条 1 項 2 号）。

これ以外の理事の権限は，理事会における議決権の行使等を通した法人の業

務執行の意思決定への参画と，代表理事等の業務執行の監督となる。

(c) **監事，会計監査人**　監事がおかれた場合，監事は，理事の職務の執行を監査する権限と会計監査権限を有する（一般法人 99 条 1 項・124 条 1 項）。

会計監査人がおかれた場合，会計監査人は，会計監査権限を有する（一般法人 107 条 1 項・124 条 2 項 1 号）。

(3) 一般財団法人の組織

一般財団法人には，社員がない（したがって，社員総会がない）。そのため，とくに法人の意思決定と理事の業務執行の監督の仕組みが，一般社団法人と相当異なったものになっている。

一般財団法人は，評議員，評議員会，理事，理事会および監事を必ずおかなければならない（一般法人 170 条 1 項）。また，大規模一般財団法人（最終事業年度の負債総額が 200 億円以上の一般財団法人。一般法人 2 条 3 号）については，会計監査人も必置とされている（一般法人 171 条）。

したがって，一般財団法人の機関設計としては，①評議員・評議員会・理事・理事会・監事，②評議員・評議員会・理事・理事会・監事・会計監査人という 2 通りが可能である。機関設計についての自由度がこのように一般社団法人と比べて低いのは，一般財団法人においては法人の適正な管理・運営に向けた社員による意思決定や監督を期待することができないからである。

(a) **評議員，評議員会**　財団法人の設立に際して，根本規則である定款が作成される。しかしながら，法人にとって必要となる意思決定を定款において全部しておくことは不可能である。そこで，そういった意思決定をおこなう機関が必要となる。この機関は，一般社団法人においては社員総会である。社員のない一般財団法人においてこの役割を担うのが，評議員および評議員会である。

評議員は 3 人以上おかれ（一般法人 173 条 3 項），その全員により評議員会が組織される（一般法人 178 条 1 項）。

評議員会は，一般法人法に規定された事項と定款で定められた事項につき，決議することができる（一般法人 178 条 2 項）。法定の事項としては，例えば，理事，監事または会計監査人の選任（一般法人 177 条〔63 条準用〕）および解任

（一般法人 176 条），計算書類の承認（一般法人 199 条〔126 条 2 項準用〕），定款の変更（一般法人 200 条），事業の全部譲渡（一般法人 201 条），合併の承認（一般法人 247 条・251 条 1 項・257 条）などがある。

このように評議員会は，理事会設置一般社団法人における社員総会に近い権限を有する。しかしながら，評議員会は，社員総会と同じ性格の機関というわけではない。

法人の根本的意思は，一般社団法人の場合，理事会設置一般社団法人であっても，社員総会により決定される。これに対して，一般財団法人においては，法人の根本的意思は設立者によって（定款において）定められる。評議員会は，設立者によって定められたこの意思を実現するための機関である（法人と評議員の関係は委任の規定に従うとする一般法人 172 条 1 項も参照）。そのため，評議員会は，変更を認める定款の定めがなければ，法人の目的に関する定款の定めを変更することができない（一般法人 200 条 1 項・2 項）。また，法人の解散を決議することもできない。

(b) **理事，理事会** 一般財団法人においては，理事は 3 人以上でなければならず（一般法人 177 条〔65 条 3 項準用〕），また，その全員からなる理事会が必ず設置される（一般法人 170 条 1 項・197 条〔90 条 1 項準用〕）。

理事の権限，理事会の権限とも，理事会設置一般社団法人の理事または理事会の権限と同様である。すなわち，理事会により理事のなかから代表理事が選任され，その代表理事が法人の業務に関する一切の行為につき法人を代表する（一般法人 197 条〔77 条 4 項準用〕）。また，代表理事と（選任された場合は）業務執行理事が，理事会による業務執行の決定に基づいて法人の業務を執行する（一般法人 197 条〔91 条準用〕）。他の理事は，業務執行についての理事会決定に参画し，また，代表理事等の業務執行を監督することになる。

(c) **監事，会計監査人** 一般財団法人における監事または会計監査人の権限は，一般社団法人における監事または会計監査人の権限と同様である（一般法人 197 条〔99 条〜110 条準用（104 条 2 項を除く）〕）。なお，すでに述べたとおり，一般財団法人において，監事は必置の機関である。

8 法人の公示と情報開示

法人は，自然人と同じく，権利能力を有する。つまり，権利義務の主体になり，取引をおこなうことができる。ところが，法人は観念的存在であるため，外部の者にとっては，何か手がかりになるものがなければその存在や目的，財産状況などを知ることが難しい。これでは，法人との取引を安心しておこなうことができない。ひいては，法人が取引社会において十分に活動することもできなくなる。そこで，法人については，その存在と目的等の基本的内容を公示させるために法人登記制度が設けられ，また，名称に関する規制や重要な情報を開示させるための制度が整えられている。

(1) 法人の登記

一般社団法人，一般財団法人，会社，NPO法人などほとんどの法人が，設立の登記をしてはじめて，成立する（例えば，一般法人22条・163条，会社49条・579条，非営利活動13条1項）。設立の登記には，一般に，法人の目的，名称，主たる事務所および従たる事務所の所在場所，理事または代表理事の氏名および住所など機関に関する事柄，（法人により）資産に関する事柄など，法人に関する基本的な重要事項が必ず記載されるべきものとされている（例えば，一般法人301条2項・302条2項，会社911条3項・912条～914条，組合等登記令2条2項）。法人成立後も，登記事項に変更があったときは変更の登記をしなければならず（例えば，一般法人303条，会社915条，組合等登記令3条1項），主たる事務所を他の登記所の管轄区域内に移転したときは旧所在地において移転の登記をし，新所在地において設立の登記の登記事項を登記しなければならない（例えば，一般法人304条，会社916条，組合等登記令4条）など，さまざまな種類の登記が義務づけられている。そして，法律の規定により登記すべき事項は登記をしなければ善意の第三者に対抗することができないとされ（例えば，一般法人299条1項前段，会社908条1項前段，非営利活動7条2項），また，故意または過失によって不実の事項を登記した者は，その事項が不実であることを善意の第三者に対抗することができないとされることもある（例えば，一般法人299条2項，会社908条2項）。

(2)　名 称 規 制

　法人の名称について，名称中に当該法人の類型を示す文字を使用すること，他の類型の法人または他の法人であると誤認されるおそれのある文字を使用してはならないとされることが多い（例えば，一般法人5条〜7条，公益法人9条3項〜5項，会社6条〜8条，非営利活動4条）。また，法人がその名称の使用を他人に許した場合には，その他人のした取引によって生じた債務について，法人は取引相手に対してその他人と連帯して責任を負う旨が定められることもある（例えば，一般法人8条，会社9条）。

(3)　重要な情報の開示

　法人は，一般に，根本規則たる定款その他の基本約款を作成して，これを事務所に備えおいて閲覧等に供さなければならないとされている（例えば，一般法人10条・14条・152条・156条，会社26条・31条）。ここには，法人に重要な事項を開示させるという側面が認められる。また，法人はさまざまな書類の作成，保存，備置き，閲覧その他の開示を義務づけられることが多い。社員総会の議事録（例えば，一般法人57条，会社318条），理事会，評議員会，取締役会等の議事録（例えば，一般法人95条・193条，会社371条），会計帳簿や計算書類（例えば，一般法人120条以下・199条，会社432条・433条・435条・442条・617条・618条，非営利活動28条），財産目録（例えば，公益法人21条，非営利活動14条），役員等の名簿（例えば，公益法人21条，非営利活動28条），社員のある法人について社員名簿（例えば，一般法人31条・32条，会社121条・125条，非営利活動28条）などが，その例である。

9　法人の消滅

　自然人が死亡により権利能力を失うのと同じように，法人は消滅により権利能力を失う。権利能力を失うと，その主体に帰属していた権利義務関係をどのように処理するかが問題になる。

　自然人については，死亡の時までに法律関係をすべて清算させることは不可能である。そのため，相続制度が用意されている。これに対して，法人については，既存の法律関係をすべて清算させたうえで消滅させることも可能である。

そこで，法人は，一般に，一定の事由がある場合に解散して，清算の手続に入る。そして，清算の結了によって消滅する，とされている。一般社団法人および一般財団法人を例にとれば，次のとおりである。

(1) 法人の解散

　一般社団法人は，次の事由により解散する。すなわち，定款で定めた存続期間の満了，定款で定めた解散事由の発生，社員総会の解散決議，社員が欠けたこと，合併（当該一般社団法人が消滅する場合），破産手続開始の決定，解散を命ずる裁判である（一般法人 148 条）。また，一般財団法人は，定款で定めた存続期間の満了，定款で定めた解散事由の発生，合併（当該一般財団法人が消滅する場合），破産手続開始の決定，解散を命ずる裁判といった一般社団法人と共通の事由の他，法人の目的である事業の不能，2 期連続して貸借対照表上の純資産額が 300 万円未満となったことにより解散する（一般法人 202 条）。

(2) 法人の清算

　一般社団法人，一般財団法人ともに，解散すると，本来の業務をやめ，清算の手続に入る。清算段階に入った法人は，清算法人と呼ばれ，「清算の目的の範囲内において，清算が結了するまではなお存続するものとみな」される（一般法人 207 条）。

　清算の手続においておこなわれるのは，一般に，現務の結了，債権の取立てと債務の弁済，残余財産の引渡しである。清算法人においてこれらの業務を執行し，清算法人を代表するのは，清算人である（一般法人 213 条・214 条）。法人の解散により，それまでの理事は職務権限を失う。もっとも，清算人には，理事がなることが原則である（一般法人 209 条 1 項 1 号）。

　清算が結了すると，法人は消滅する。

第2節　法人の対外関係

1 序　　論

　法人は，自然人と並ぶ権利主体であり，権利を取得し，義務を負う。ただ，自然人と全く同様というわけではない。例えば，自然人においては，（外国人の例外を別とすれば）権利能力につき特段の制限はない。それに対し，法人の場合には，権利能力に種々の制限がある。また，自然人は，行為能力の制限を受けないかぎり，自らの行為によって権利を取得し，義務を負うことができる。それに対し，法人の場合には，他人の行為を介してしか，権利を取得し，義務を負うことができない。

2 法人の権利能力

　法人は，権利能力を有する。ただ，法人の権利能力には，自然人にはない制限がある。その制限に反する法律行為がされた場合，その法律行為は無効である。

(1) **性質による制限**

　法人には，その性質上，身分上の権利義務や肉体の存在を前提とする権利義務は帰属しえない。婚姻や養子縁組の当事者となること，相続人となることが前者の代表例であり，生命や身体の自由を基礎とする権利，雇用契約上の被用者としての地位が後者の代表例である。

(2) **法令による制限**

　権利能力は法によって認められるものであるため，法令によって制限されることがある。これは自然人についても同様であり，例えば，民法3条2項は，外国人の権利能力の法令による制限可能性を認めている。法人については，民法34条が，「法人は，法令の規定に従い，……権利を有し，義務を負う」としており，法令による権利能力の制限が当然に予定されている。

　法令による法人の権利能力の制限の例として，清算法人の権利能力が清算の目的の範囲内でのみ認められること（一般法人207条，会社476条），法人は一般社団法人または一般財団法人の役員になることができないこと（一般法人65条1項1号・177条），株式会社の取締役になることができないこと（会社331条1項1号）などがある。自然人についても，例えば，未成年者は，現在は婚姻適齢（男は18歳，女は16歳。731条）に達しなければ，2022年4月1日以降は（4条および731条の改正により）そもそも，婚姻することができない，信託の受託者になることができない（信託7条）などとされている。しかしながら，これは，ある自然人について，婚姻の当事者や受託者となる法的資格をそもそも有しないとするものではなく，その有する資格を，ある種の状態にある間（ここでは，成年に達するまでの間）制約するものにすぎない。その状態が解消されたとき（ここでは，成年に達したとき）は，その制約は当然になくなる。これに対して，法人についての上記の制限は，解かれることがなく，法人におよそ帰属しえない法的地位を認めるものであるため，権利能力に対する制限となる。

(3)　目的による制限

　民法34条は，法令による制限の他に，「法人は，……定款その他の基本約款で定められた目的の範囲内において，権利を有し，義務を負う」としている。

　法人は，基本約款において，その目的を定めている（目的は，定款その他の基本約款の必要的記載事項とされている。例えば，一般法人11条1項1号・153条1項1号，会社27条1号・576条1項1号）。例えば，トヨタ自動車株式会社は，その定款の2条において，「当会社は，次の事業を営むことを目的とする」とし，「(1)自動車，産業車両，船舶，航空機，その他の輸送用機器および宇宙機器ならびにその部分品の製造・販売・賃貸・修理」に始まり，(18)まで具体的な業務を挙げたうえで，「(19)前各号に付帯関連するいっさいの業務」を挙げている。日本弁護士連合会は，その会則の3条において，「本会は，弁護士及び弁護士法人の使命及び職務に鑑み，その品位を保持し，弁護士及び弁護士法人の事務の改善進歩を図るため，弁護士，弁護士法人及び弁護士会の指導，連絡及び監督に関する事務を行うことを目的とする」としている（これは，日本弁護士連合会の法人としての根拠法である弁護士法45条2項の定める目的のとおりである）。

　民法34条によるならば，法人は，それぞれの基本約款において定める目的の範囲内でしか，権利を取得し義務を負うことができない。すなわち，権利能力を有しない。そのため，基本約款に定める目的の範囲に属しない法律行為が法人のためにされた場合，その法律行為は無効となる。判例は，実際，このように解する立場である。それに対し，学説では，34条が法人の目的によって制限しようとしているのは何であるのかについて，議論がある。そこで，法人の目的による制限に関する問題は，項目を改めて取り上げることにする。

③ 基本約款上の法人の目的による制限

(1)　制限されるもの

　基本約款に定められた法人の目的によって制限されるものは何であるかについて，主な見解として次のものがある。すなわち，法人の権利能力であるとする見解（権利能力制限説），法人の行為能力であるとする見解（行為能力制限説），法人の代表機関の代表権であるとする見解（代表権制限説）である。

　(a)　**権利能力制限説**　　　34条の文言からは，権利能力の制限と解することが素直である。判例も，権利能力の制限であるとする（例えば，最大判昭和45・6・24民集24巻6号625頁〈判例 4-2〉，最判平成8・3・19民集50巻3号615頁〈判例 4-3〉）。権利能力制限説は，法人は一定の目的を実現するために権利主体性を認められるものであるから，権利義務の帰属もその範囲で認められればそれでよい，という考えによるものである。権利能力制限説による場合，制限に反してされた法律行為は無効であり，追完の余地もない。

　権利能力制限説に対しては，①不法行為や債務不履行をすることを目的（の1つ）とする法人はおよそありえないため，法人が不法行為責任や債務不履行責任を負うことの説明に窮する，②目的の範囲に属しない行為の効果がおよそ法人に帰属しえないとすることは，相手方の信頼を不当に害し，取引安全を脅かすおそれがあるため適当ではない，といった批判がある。

　(b)　**行為能力制限説**　　　権利能力制限説に対する上述の批判を前提として，法人の目的による制限は法人が法律行為をする資格，すなわち行為能力を制限するものと解すべきであるとする学説がある。この見解においては，目的範囲外の行為も追認によって有効になりうるとされる（ただし，一応有効であるもの

の取消可能な行為が追認されうるのか，当初無効の行為が追認により有効になりうるのかは，必ずしもはっきりしない）。

　しかしながら，これによる場合には，基本約款の目的を変更することなく，法人のその時々の決定により目的範囲外の行為を実質的に有効にすることができることになる。これでは，基本約款に法人の目的を定める意味が失われることになりかねない。

　また，法人に追認権を認めると，法人は有利な行為だけを追認して利益を得，不利な行為は追認せずに不利益を免れることができるようになる。これは，（行為能力の制限ということからは当然ではあるが）法人に制限行為能力者と同様の選択権を認めることを意味する。たしかに，目的の範囲による制限には，法人の利益とその構成員をはじめとする利害関係者の利益を保護する意味もある。しかしながら，そのような選択権を認めることは，法人が自律とそれに対する厳しい責任を求められてよい存在であることを考えると，適切とはいえない。

　(c)　**代表権（代表機関の代理権）制限説**　　法人について，行為能力という概念は法律上存在しない。そのためもあって，行為能力制限説による場合，目的外行為の効力についても不安定にならざるをえない。ただ，法人が権利能力を有しながら，ある行為をすることができないとされることは，次のように捉えることができる。すなわち，法人の取引は理事など代表機関の代理によっておこなわれる。そのため，法人がすることができない行為とは，理事などの代表機関が代理することができない行為である，と捉えることである。こう考えれば，法人の目的は法人の代表機関の代理権を限界づけるものということになる。

　この見解によれば，目的範囲外の行為は無権代理行為となる。とすれば，本人たる法人はこれを追認することができ，あるいは，目的範囲内の行為であると無過失で信じた相手方との関係では表見代理が成立することになりそうである。

　しかしながら，法人に追認権または追認拒絶権を認めると，行為能力制限説について述べたことと同じ問題を生ずることになる。このことを考慮してか，代表権制限説によりつつ，法人の目的による理事の代理権の制限は基本約款により定まる客観的制限であることから，社員総会の通常決議で追認することができない制限であり，定款等の基本約款の変更に必要な特別多数決によっての

み追認可能とすべきである，とする見解がある。もっとも，これによっても，法人に有利な取引のみを引き受け，不利な取引の効果を拒むことを認めることになる不当性は解消されない。

　取引相手の信頼保護のための表見代理の成立にも，次の2点の疑問がある。第1に，目的による制限は34条に由来する，すべての法人に存在する客観的制限である。そのような制限を知らない者は信頼保護に値しないことになるのではないか，という疑問である。第2に，目的の範囲による制限には，法人とその構成員をはじめとする利害関係者を保護する趣旨がある。この趣旨から無効とされるべきときは，取引相手の利益を害することになろうとも，その取引は無効とすべきではないか，という疑問である。

(2)　「目的の範囲」の判断

　基本約款上の目的によって制限されるものが何であっても，ある行為が目的の範囲に属しないとされるならば，その行為の効果は当然には法人に帰属しない。この場合，相手方は信頼を害されることがある。また，法人にとっても，とくに不利益にならないなど，目的範囲外とされることを除けば実質的に問題のない行為を制限されるとすれば，行為の自由を合理的な理由なしに過度に制約されることになる。こういったことは，決して好ましいことではない。そうであれば，ある行為が「目的の範囲」に属するかどうかの判断は安定的にされるべきであり，また，「目的の範囲」はあまり狭く解されるべきではない。

　(a)　**一般的判断基準**　　判例は，ある行為が法人の目的の範囲に属するかどうかについて，次のような一般的判断基準を立てている。すなわち，①目的の範囲内の行為とは，基本約款に明示された目的に該当する行為にかぎられない。その目的を遂行するために直接または間接に必要な行為一切を含む（大判大正元・12・25民録18輯1078頁，最判昭27・2・15民集6巻2号77頁）。②ある行為が法人の目的を遂行するために必要であるかどうかは，その行為が目的の遂行のために現実に必要であったかどうかを問わない。行為の客観的な性質にそくして抽象的に判断されるべきである（前掲最判昭27・2・15，最判昭30・11・29民集9巻12号1886頁，最判昭44・4・3民集23巻4号737頁）。

　(b)　**会社の場合**　　判例は，ある行為が法人の目的の範囲に属するかどうか

について，上記の判断基準を法人全般に妥当するものとしている。もっとも，具体的な判断においては，法人の類型により異なる態度を示している。

　会社について，判例は，目的の範囲による行為の制限を実際上認めないという態度をとっている。

　すなわち，上記の一般的判断基準①から，基本約款に定められた目的を遂行するために直接または間接に必要な行為は目的の範囲に属するとされる。そして，この直接または間接の必要性に関して，会社については，ⓐ目的を遂行するために通常役立つ行為（例えば，取引先の債務の物上保証や取引先への資金援助。前掲大判大正元・12・25，最判昭和33・3・28民集12巻4号648頁），ⓑ会社を維持することに通常役立つ行為（例えば，収益事業全般。大判昭和6・12・17新聞3364号17頁，最判昭和30・3・22裁時56号17頁），ⓒ会社に社会通念上期待される行為（例えば，政治献金を含む各種の寄付。最大判昭和45・6・24民集24巻6号625頁〈判例 4-2〉）などは，この必要性を満たすとされている。

　そして，ⓐⓑⓒは，いずれも，現実にどうであったかという観点で判断されるものではない。一般的判断基準②のとおり，行為の客観的性質にそくして抽象的に判断される。そうすると，会社にとっては，ある行為がそれ自体としては経済的にマイナスでしかなくても，動機や波及効果を考慮すれば，ほぼあらゆる行為が目的の遂行に間接的に役立つか，会社の維持に役立つか，社会的に会社に期待される活動に含まれる。その結果として，会社については，34条による制限は有名無実となっている。

　会社も，目的とする事業を特定して，定款に挙げている。ただ，会社の究極の存在目的は事業活動によって経済的利益を上げてそれを構成員に分配することにあり，定款に定められた目的事業はその手段にすぎないとみることができる。また，会社は，定款において定める目的事業を所定の手続を経て変更することができ，その変更をすることができる範囲（すなわち，目的とすることができる事業の範囲）に特段の制限はない（公序良俗に反する事業を目的とすることができないなど，すべての法人に対する一般的制約はもちろん別である）。そうであれば，どのようにして経済的利益を上げるかは，一般に，各会社に自由に判断させてよい。そして，会社の構成員は，経済的利益を上げるためにどのように活動するかを代表機関等に委ねており，その代表機関等の判断が現実には適切でなかったこ

との不利益を負担すべき立場にある。このようにみれば，会社について 34 条の目的による制限を実質的に認めない判例は，基本的に支持されてよい。

　なお，ある行為が法人の目的の範囲に属するとされてその有効性を否定されないことと，その行為が法人との関係でも正当と評価されることは別であることに，注意を要する。例えば，取引先への融資は，目的を遂行するために通常役立つ行為として目的の範囲に属するとされる。しかしながら，融資がほぼ回収できないことを知りながらされたものであったときには，その融資にかかわった役員等は，善管注意義務や忠実義務の違反を理由として法人に対して損害賠償責任を負わされることがある（例えば，会社 330 条・355 条・423 条参照）。

◁判例 4-2▷　最大判昭和 45・6・24 民集 24 巻 6 号 625 頁

【事案】A 会社（製鉄会社）の代表取締役 Y が，会社を代表して自由民主党に政治資金として 350 万円を寄付した。これに対して，株主 X が，この寄付はA 会社の定款に定められた目的の範囲外の行為であるため定款に違反する行為であり，取締役の忠実義務に違反する行為でもあるとして，Y に対し，本件寄付によって A 会社が被った損害を A 会社に賠償するよう求める代表訴訟を提起した。第 1 審では X の請求が認容されたが，第 2 審は請求を棄却。X が上告した。

【判旨】上告棄却。「会社は定款に定められた目的の範囲内において権利能力を有するわけであるが，目的の範囲内の行為とは，定款に明示された目的自体に限局されるものではなく，その目的を遂行するうえに直接または間接に必要な行為であれば，すべてこれに包含されるものと解するのを相当とする。そして必要なりや否やは，当該行為が目的遂行上現実に必要であったかどうかをもってこれを決すべきではなく，行為の客観的な性質に即し，抽象的に判断されなければならないのである……。

　ところで，会社は，一定の営利事業を営むことを本来の目的とするものであるから，会社の活動の重点が，定款所定の目的を遂行するうえに直接必要な行為に存することはいうまでもないところである。しかし，会社は，他面において，自然人とひとしく，国家，地方公共団体，地域社会その他（以下社会等という。）の構成単位たる社会的実在なのであるから，それとしての社会的作用を負担せざるを得ないのであって，ある行為が一見定款所定の目的とかかわりがないものであるとしても，会社に，社会通念上，期待ないし要請されるものであるかぎり，その期待ないし要請にこたえることは，会社の当然になしうるところであるといわなければならない。そしてまた，会社にとっても，一般に，

かかる社会的作用に属する活動をすることは，無益無用のことではなく，企業体としての円滑な発展を図るうえに相当の価値と効果を認めることもできるのであるから，その意味において，これらの行為もまた，間接ではあっても，目的遂行のうえに必要なものであるとするを妨げない。災害救援資金の寄附，地域社会への財産上の奉仕，各種福祉事業への資金面での協力などはまさにその適例であろう。会社が，その社会的役割を果たすために相当な程度のかかる出捐をすることは，社会通念上，会社としてむしろ当然のことに属するわけであるから，毫も，株主その他の会社の構成員の予測に反するものではなく，したがって，これらの行為が会社の権利能力の範囲内にあると解しても，なんら株主等の利益を害するおそれはないのである。

　以上の理は，会社が政党に政治資金を寄附する場合においても同様である。憲法は政党について規定するところがなく，これに特別の地位を与えてはいないのであるが，憲法の定める議会制民主主義は政党を無視しては到底その円滑な運用を期待することはできないのであるから，憲法は，政党の存在を当然に予定しているものというべきであり，政党は議会制民主主義を支える不可欠の要素なのである。そして同時に，政党は国民の政治意思を形成する最も有力な媒体であるから，政党のあり方いかんは，国民としての重大な関心事でなければならない。したがって，その健全な発展に協力することは，会社に対しても，社会的実在としての当然の行為として期待されるところであり，協力の一態様として政治資金の寄附についても例外ではないのである。論旨のいうごとく，会社の構成員が政治的信条を同じくするものでないとしても，会社による政治資金の寄附が，特定の構成員の利益を図りまたその政治的志向を満足させるためでなく，社会の一構成単位たる立場にある会社に対し期待ないし要請されるかぎりにおいてなされるものである以上，会社にそのような政治資金の寄附をする能力がないとはいえないのである。…要するに，会社による政治資金の寄附は，客観的，抽象的に観察して，会社の社会的役割を果たすためになされたものと認められるかぎりにおいては，会社の定款所定の目的の範囲内の行為であるとするに妨げないのである」。

　(c)　会社以外の法人の場合　　会社以外の法人については，34条の法人の目的による活動制限が実際に認められることがある。

　会社以外の法人についても，ある行為が目的の範囲に属するかどうかについての一般的判断基準は，(a)に述べたとおりである（最判昭和44・4・3民集23巻4号737頁，最判昭和45・7・2民集24巻7号731頁）。ただ，その基準が実際に適用される際に，種々の事情が実質的に考慮されることがある。

　その際にとくに重視されている事情として，各法人の設立根拠法から明らかになる法人の特性がある。

　例えば，法人のなかには，設立根拠法において目的とすることのできる事業が限定されているものがある（農業協同組合〔農協10条〕，学校法人〔私学3条・26条1項〕，医療法人〔医療42条〕，日本弁護士連合会〔弁護45条〕，弁護士会〔弁護31条〕，弁護士法人〔弁護32条の2第1項〕など，その例は決して少なくない）。こういった法人は，法律に定められた目的を遂行するためにこそ法人として存在することを認められているとみることもできる。そうみるのであれば，目的とすることのできる事業と無縁の行為を法人に認める必要はなく，また，そういった行為は法人格付与の趣旨に反するとみることさえできる。

　また，法人のなかには，構成員の加入や脱退の自由が法により実質的に制約されているものもある（例えば，弁護士は，弁護士としての業務をおこなうためには日本弁護士連合会，弁護士会に加入していなければならない〔弁護8条・9条・36条・36条の2参照〕。また，司法書士，公認会計士，行政書士も，若干の違いはあるものの，ほぼ同様の定めとなっている）。こういった法人において，その法人が目的とする事業に無縁の行為も有効とされるならば，構成員の思想・信条の自由，自己決定権を著しく害することになりかねない。

　こういった法人についても，基本約款に目的として明示された事業の他，その目的を遂行するために直接または間接に必要な行為をすることができる。しかしながら，その必要性は実質的に判断されることがある。例えば，最高裁判決として，定款において（農協10条に従い）「組合員の事業または生活に必要な資金の貸付」を目的事業に掲げる農業協同組合がした員外貸付（組合員以外の者に対する金銭の貸付）を目的範囲外の行為であり無効とであるとしたもの（最判昭和41・4・26民集20巻4号849頁），ある税理士会が税理士法を有利に改正するための工作資金として特定の政治団体に献金する目的でした特別会費徴収決議を目的範囲外であるとして無効としたものがある（最判平成8・3・19民集50巻3号615頁　◆判例 4-3　◆）。

> ◆判例 4-3　◆ **最判平成8・3・19民集50巻3号615頁**
> 【事案】Y税理士会が，昭和53年の定期総会において，税理士法改正運動のための特別資金とするため会員から特別会費として5000円を徴収し，その使

途は政治資金規正法上の政治団体である A 税政への寄付とする旨の本件決議を した。ところが，Y 税理士会の会員である税理士 X は，本件決議に反対しており，本件決議に基づく特別会費を納入しなかった。Y 税理士会は，会費滞納者を役員の選挙権および被選挙権の欠格者とする旨の同会の役員選任規則に基づいて，隔年におこなわれる役員選挙を，昭和54年度から平成3年度まで，X を選挙人名簿に登載しないまま実施した。そこで，X が，昭和53年総会における本件決議は無効であり，Y が役員選挙における X の選挙権および被選挙権を停止したことは不法行為であるとして，Y に対して，①同決議に基づく特別会費の納入義務がないことの確認と，②損害賠償として慰謝料の支払等を求める訴えを提起した。第1審は①の請求を認め，②の請求の一部（150万円とその遅延損害金）を認めたが，第2審は X の請求を全部棄却した。X が上告した。

【判旨】 ①の請求につき Y 税理士会の控訴を棄却（自判），②の請求につき破棄差戻し。

「税理士会が政党など規正法上の政治団体に金員の寄付をすることは，たとい税理士に係る法令の制定改廃に関する政治的要求を実現するためのものであっても，〔税理士〕法49条2項で定められた税理士会の目的の範囲外の行為であり，右寄付をするために会員から特別会費を徴収する旨の決議は無効であると解すべきである」。

「税理士会は，会社とはその法的性格を異にする法人であって，その目的の範囲については会社と同一に論ずることはできない」。

「税理士会は，税理士の使命及び職責にかんがみ，税理士の義務の遵守及び税理士業務の改善進歩に資するため，会員の指導，連絡及び監督に関する事務を行うことを目的として，法が，あらかじめ，税理士にその設立を義務付け，その結果設立されたもので，その決議や役員の行為が法令や会則に反したりすることがないように，大蔵大臣の……監督に服する法人である。また，税理士会は，強制加入団体であって，その会員には，実質的には脱退の自由が保障されていない」。

「税理士会は，以上のように，会社とはその法的性格を異にする法人であり，その目的の範囲についても，これを会社のように広範なものと解するならば，法の要請する公的な目的の達成を阻害して法の趣旨を没却する結果となることが明らかである」。

「そして，税理士会が前記のとおり強制加入の団体であり，その会員である税理士に実質的には脱退の自由が保障されていないことからすると，その目的の範囲を判断するに当たっては，会員の思想・信条の自由との関係で，次のよ

うな考慮が必要である。

　税理士会は，法人として，法及び会則所定の方式による多数決原理により決定された団体の意思に基づいて活動し，その構成員である会員は，これに従い協力する義務を負い，その一つとして会則に従って税理士会の経済的基礎を成す会費を納入する義務を負う。しかし，法が税理士会を強制加入の法人としている以上，その構成員である会員には，様々な思想・信条及び主義・主張を有する者が存在することが当然に予定されている。したがって，税理士会が右の方式により決定した意思に基づいてする活動にも，そのために会員に要請される協力義務にも，おのずから限界がある。

　特に，政党など規正法上の政治団体に対して金員の寄付をするかどうかは，選挙における投票の自由と表裏を成すものとして，会員各人が市民としての個人的な政治的思想，見解，判断等に基づいて自主的に決定すべき事柄であるというべきである」。

　「そうすると，前記のような公的な性格を有する税理士会が，このような事柄を多数決原理によって団体の意思として決定し，構成員にその協力を義務付けることはできないというべきであり……税理士会がそのような活動をすることは，法の全く予定していないところである。税理士会が政党など規正法上の政治団体に対して金員の寄付をすることは，たとい税理士に係る法令の制定改廃に関する要求を実現するためであっても，法49条2項所定の税理士会の目的の範囲外の行為といわざるを得ない」。

(3)　目的範囲外の行為の効力

　上述のように，ある行為が法人の目的の範囲に属するかどうかについての一般的判断基準の適用に関し，判例は，法人の類型により異なった態度を示してきた。これについて，判例は営利法人と非営利法人とで異なった態度を示しているとされることがある（本書初版も同様であった）。

　しかしながら，員外貸付けが目的の範囲に属しないとされることがありうる農業協同組合は，構成員たる組合員に対し剰余金の分配をする法人であり（農協5条・7条3項参照），構成員に対し剰余金の分配をすることを目的としない法人を非営利法人というならば，非営利法人にあたらない（これは，消費生活協同組合，漁業協同組合，森林組合等の他の協同組合についても同じである）。したがって，判例は目的の範囲に関する判断につき営利法人と非営利法人とで区別しているという整理は，厳密にいえば適当とはいえない。

　ところで，農業協同組合は，「農業者の協同組織の発達を促進することにより，農業生産力の増進及び農業者の経済的社会的地位の向上を図り，もつて国民経済の発展に寄与することを目的」（農協1条）として，農業協同組合法に基づいて法人格を付与される。これによると，会社は経済的利益を追求するためのものというほかにその目的について法律上または制度上特段の制約を受けず，したがってその経済的利益の追求の手段を自由に定めることができるのに対し，農業協同組合は，組合および組合員の利益を追求することは許されるが，その追求の手段は農業協同組合法が農業協同組合に法人格を付与する趣旨に反するものであってはならないとされているとみることができる。したがって，会社と農業協同組合とでは，一定の目的に従った活動をすることが法人格付与の根拠となっているかどうか（法律が定める目的を実現するために事業をするのでなければ当該類型の法人となることが認められないか〔農業協同組合〕，そのような限定なく当該類型の法人となることが認められるか〔会社〕）において異なっており，このことが，定款に定められた目的の範囲の解釈に違いを生じさせると考えることもできそうである。

　このように考える場合には，営利法人であっても経済的利益の獲得以外の一定の目的の追求が法人格付与の根拠となっているものにおいては，農業協同組合その他の協同組合に限らず，基本約款に定められた目的遂行上の必要性は，その法人格付与の根拠となっている目的に照らして実質的に判断されるべきことになる。また，非営利法人であっても，一般社団法人または一般財団法人のように，一定の目的の追求が法人格付与の根拠とされていないものについては，基本約款に定められた目的遂行上の必要性は会社の場合と同様に判断されてよいことになる。

　もっとも，例えば農業協同組合（など各種協同組合）が経済社会において現実に果たしている役割，農業協同組合が経済社会において置かれている競争環境を考えれば，権利を取得し義務を負うことができる範囲について，農業協同組合と会社とで異なる扱いをすることに合理性があるかに疑問がある。同じことは，非営利法人につき，その目的が法律によって制限されている医療法人や社会福祉法人などと，目的に関する法律上の制限がない一般法人との間に，区別を設けることにも妥当する。そうであれば，従来法人の目的の範囲外とされて

きた場合について，当該行為を民法 34 条に反し無効とするのではなく（公序良俗に反するとして無効とすることはありうる。そして，強制加入団体等において，構成員の思想・信条の自由，自己決定権を著しく害することになる行為は，公序良俗に反することになる），代表者による代理権の濫用としての処理や代表者の責任の追及にとどめることが適当ではないかと思われる。

4 代表者による法人の代理

法人は権利を有し義務を負うことができるが，現実に権利を取得し，義務を負担することになる行為を自らすることができるわけではない。そこで，法人には，その事実行為，法律行為，訴訟行為のすべてを担う機関がおかれる。一般社団法人または一般財団法人においては（代表）理事，株式会社においては（代表）取締役がこれにあたる。

代表者が法人のための法律行為をする場合に，通常の代理なのか，それと異なる代表なのかについて，若干の議論がある。ただ，通常の代理と異なる代表と捉える立場においても，各種の問題の実際の処理については（特別の規定がある場合を別として）代理と同様とされる。したがって，代理か代表かにこだわる必要はない。

(1) 代表者の代理権の範囲の原則──包括代理権

法人の代表者は，法人の事務一切につき権限を有することが原則である（例えば，一般法人 77 条 1 項および 4 項・197 条〔77 条 4 項準用〕，会社 349 条 1 項および 4 項・599 条 1 項および 4 項）。

もっとも，代表者の代理権が制限されることもある。その主なものとして，基本約款や総会決議等により法人内部で加えられる制限，委任権限の制限，利益相反事項の代理の禁止その他の法令による制限などがある。

(2) 代表者の代理権について法人内部で加えられる制限

(a) **法人内部での制限**　　法人は，基本約款の定めや社員総会の決議によって，代表者の代理権に制限を加えることができる。ある種の行為や特定の行為をするには理事会の決議を要するとすることが，その例である。こういった制

限が許されるのは，法人と代表者の関係は委任の一種であり，法人には団体自治が認められているからである。

　制限された行為について，代表者は代理権を有しない。したがって，代表者が制限に反して法人のためにした行為は，無権代理行為となる。

　(b)　第三者の保護　　無権代理行為については，一般に，その相手方となった者の保護が問題になる。無権代理行為一般については，民法 109 条・110条・112 条の規定が，善意・無過失の相手方との関係で本人の表見代理責任を認めている（これらの規定については，第 8 章第 4 節を参照）。これに対し，法人内部の制限に反する代表者の行為については，多くの法人について，法人が代表者の包括代理権に加えた制限は善意の第三者に対抗することができないとされている（例えば，一般法人 77 条 5 項・197 条〔77 条 5 項準用〕，会社 349 条 5 項・599条 5 項）。ここでは，過失の存否を問わない点で無権代理行為一般の場合に比べて，また，善意が制限を知らないことと解されている点で民法 110 条の表見代理に比べて，相手方が厚く保護されている。代表者の包括代理権は法定の原則であり，法人の円滑な活動の促進に資するものであるため，この原則に対する信頼を厚く保護するのが適切であるという考えによるものと思われる（これに対し，例えば NPO 法人の理事に関しては，定款による代表権の制限〔非営利活動 16条ただし書参照〕について第三者に対抗することができない旨の規定はない）。

　代表者の包括代理権に対する特別の信頼保護を定める一般法人法 77 条 5 項等は，民法 110 条および 112 条の適用を排除するものではない（最判昭和 60・11・29 民集 39 巻 7 号 1760 頁）。例えば，契約の当時，その契約を代表者たる理事がするには理事会の決議を要するものとする定款の定めがあることを相手方が知っていた場合において，理事が理事会の議決書を偽造するなどしたために相手方が理事会決議の存在を無過失で信じたときには，民法 110 条の適用により相手方が保護されうる。一般法人法 77 条 5 項等は代表者の包括代理権に対する信頼をとくに保護する規定であるのに対し，民法 110 条および 112 条は特定の行為についての代理権の存在を信じた相手方を保護する規定であって，保護の対象となる信頼が異なっている。そのため，前者が後者を排斥するとみる必要はないからである（以上については，第 8 章第 4 節 **3** (1)(c)も参照）。

⑶　**法令による制限**

⒜　**委任権限の制限**　　法人の代表者は，包括代理権を有する。ここには，他人に法人のための代理を委ねる権限も含まれている。もっとも，この権限については，法人によっては法律により制限されることがある。

例えば，NPO 法人については，「理事は，定款又は社員総会の決議によって禁止されていないときに限り，特定の行為の代理を他人に委任することができる」とされている（非営利活動 17 条の 2。他に，学校法人についても同様の定めがある）。そのため，これに反してされた委任は無権代理行為であり，したがって，その委任の相手方が法人の代理人としてした行為も無権代理行為となる。

これに対して，一般社団法人，一般財団法人，株式会社，持分会社などについては，この種の制限は法定されていない。これらの法人においては，代表者は委任についても原則として制限のない代理権を有し，それが不都合ならば法人は定款等により代理権をとくに制限すべきである，ということと解される（もっとも，代表者が職務を他人に「丸投げ」する場合など，委任が代表者の法人に対する善管注意義務違反になることがありうると考えられる）。

委任に関する法律上の規制のこういった違いは，法人の性格の違いに由来すると考えられる。NPO 法人等については，法人の事業内容がそれほど広範囲に及ばないのが通常であることから，法人の利益の後見的保護が優先されているのに対し，一般社団法人等については，その活動が広範囲に及びうることから，法人の意思決定の自由を阻害しないことが重んじられていると解される。

⒝　**利益相反取引にかかる代理権の制限**　　法人の代表者は，一般に，①自己または第三者のためにする法人との取引（例えば，代表者自身または代表者が代理する第三者と法人との間の売買や貸借），②法人が当該代表者以外の者との間でする法人と理事との利益が相反する取引（例えば，代表者の債務の法人による保証）についても，代理権を法律上制限されている（例えば，一般法人 84 条 1 項 2 号・3 号・197 条〔84 条 1 項準用〕，会社 356 条 1 項 2 号・3 号・595 条 1 項は，代表者は社員総会，理事会等の承認を得て行為しなければならないとしている）。これは，代表者が自己または第三者の利益を図るために法人の利益をないがしろにすることを防ぐ趣旨によるものである。

この制限に反して代表者がした行為は，無権代理行為になるとするのが一般

的である（なお，株式会社の取締役が会社356条1項に反してした行為について，判例は，会社と取締役との間では無効であるが，その無効は善意の第三者に対抗することができず，しかも，この場合には第三者の悪意の立証責任が会社にあるとしている。最大判昭和46・10・13民集25巻7号900頁）。

(c) **その他の制限**　法人の代表者が，法令によって，ある事項については代理権を有しないとされることもある。例えば，地方自治体においては，地方自治法170条により現金の出納および保管については会計管理者に権限が与えられており，代表者たる市区町村長にはその権限がない。そのため，例えば市長が，1人で市を代理して，書面によらずに消費貸借契約を成立させることはできない。消費貸借契約は，書面でする場合は別として（民587条の2第1項），その成立に金銭の授受が必要であるが（民587条），その金銭を受領する権限が市長にはないからである。そうであるにもかかわらず，市長が金銭を受け取って市のための消費貸借契約を書面によらずに締結したときには，その契約は無権代理行為であり，市に効果帰属しない（もっとも，市区町村長が地方自治体のために金銭を借り入れる場合，そのための契約は必ず書面でされるはずであるから，このようなことが現実に問題となることは民法に587条の2が設けられた今ではほとんど考えられない）。

この場合，市の表見代理責任が成立することも，あまり考えられない。まず，この代理権の制限は法令によるものであり，市による内部的制限ではない。したがって，善意の第三者にも対抗することができる。次に，個別の代理権の存在に対する信頼が民法110条の適用または類推適用により保護されることはありうるが（大判昭和16・2・28民集20巻264頁，最判昭和34・7・14民集13巻7号960頁），代理権が法令によって制限されているだけに，その信頼に正当な理由があるとされることはあまり考えられない（およそありえないわけではない。最判昭和39・7・7民集18巻6号1016頁は，ある町の町長が条例により議会の議決を要するとされている町財産の売却をその議決なしにした場合について，相手方が議会の議決ありと信じたことにつき正当な理由があったとして民法110条の類推適用を認めた原審判決を支持している）。

5 法人の不法行為責任

　法人の権利能力がその目的の範囲で画されるとすれば，不法行為が法人の目的範囲内の行為とされることはありえないとして，法人は不法行為責任を負うことがないことにもなりそうである。しかしながら，そのような結果はおよそ適切ではなく，実際にもとられていない。

　法人が不法行為責任を負う場合には，大きく分けて2つある。1つは，法人が代表者や被用者など他人の不法行為について責任を負う場合である。もう1つは，法人が他人の行為を介さず直接に責任を負う場合である。

(1)　代表者の不法行為による法人の責任

　(a)　**責任の基礎**　　法人は，その代表者が職務をおこなうについてした不法行為の責任を負う。この場合には，他人の不法行為について責任を負うことになる。その責任の根拠は，一般に，他人を用いて利益を収めている者は，その利用に由来する不利益を負担すべきであるという考え方（報償責任），あるいは，他人の利用は社会に危険発生源を増大させることになるため，その利用に由来する不利益を負担すべきであるという考え方（危険責任）にある，とされている。

　(b)　**責任の要件**　　法人については，表現はさまざまであるものの，一般に，法人は理事その他の代表者がその職務をおこなうについて第三者に加えた損害を賠償する責任を負う旨が定められている（例えば，一般法人78条・197条〔78条準用〕，会社350条・600条）。

　この責任の要件は，次のとおりである。

　第1に，理事その他の「代表者」が加害行為をしたことを要する。法人の任意代理人や被用者の加害行為は対象にならない。後者については，民法715条の問題となる。一般法人法78条等と民法715条の違いは，後者では法人に免責立証が認められているのに対し，前者については認められていない，という点にある。この違いは，法人と代表者の間の関係と，法人と任意代理人または被用者の間の関係の，密接度の違いを反映している，とみることが一応可能である。もっとも，裁判において，民法715条の免責立証が認められることはま

93

ずない。そのため，一般法人法78条等による法人の責任と民法715条による法人の責任に，実質的な違いはないのが現状である。

第2に，代表者が「職務を行うについて」加えた損害であることを要する。

損害が「職務を行うについて」加えられたものかどうかは，加害行為の外形からみて代表者の職務に属すると認められるかどうかにより判断するとされている（外形理論という。大判昭和15・2・27民集19巻441頁，最判昭和50・7・14民集29巻6号1012頁）。行為者の主観を問わず，行為の外形からの客観的判断をすることに意味がある。もっとも，実際の判断は必ずしも容易ではない。

第3に，代表者等の加害行為が一般的不法行為の成立要件（709条の定める要件）を満たすことが必要である。

以上の要件がすべて満たされる場合であっても，代表者が法人のためにする取引行為によって相手方に損害が生じた場合（取引的不法行為の場合）には，相手方が，その行為が職務に属しないことを知っていたか，重大な過失により知らなかったときは，法人は損害賠償責任を負わない（前掲最判昭和50・7・14）。「職務を行うについて」の要件につき外形理論がとられているのは，相手方の信頼を保護するためである。職務に属しないことを知り，または重大な過失によって知らなかった相手方は，この信頼保護に値しない。そこで，法人の賠償責任が否定されている。

(c) **代表者の第三者に対する責任**　一般法人法78条等による法人の損害賠償責任の要件が満たされる場合には，代表者について民法709条による損害賠償責任の要件が満たされていることになる。そこで，被害者は，代表者に対して損害賠償を請求することもできる（この場合の法人の責任と代表者の責任は，不真正連帯の関係にあるとされる）。

一般社団法人，一般財団法人，株式会社，持分会社などいくつかの法人については，理事，監事その他の役員等にその職務をおこなうについて悪意または重大な過失があったときは，その役員はこれによって第三者に生じた損害を賠償する責任を負う旨の規定がおかれている（一般法人117条1項・197条〔117条1項準用〕，会社429条1項・597条）。これは，役員等の法人に対する任務懈怠により第三者に損害が生じた場合に，役員等に任務懈怠につき故意または重大な過失があれば，第三者との関係での故意または過失を問うことなく，役員等の

賠償責任を認めることとする規定である。民法 709 条の適用を排除して役員等
の不法行為責任を軽減する趣旨ではない。

⑵　「法人の不法行為」による責任

　法人が，他人の行為を介さずに直接不法行為責任を負うこともある。法人が
土地所有者として土地工作物責任（717 条 1 項）を負う場合や，製造者として製
造物責任を負う場合（製造物 3 条）はその例である。この他に，公害事件等の
ように，法人の違法な活動から被害が生じたことは明らかであるが，法人の組
織内の誰にどのような故意または過失による行為があったのかを特定すること
が難しい場合に，代表機関等の法人の組織内の他人の行為を介さず，法人その
ものを加害行為者とみる考え方が有力に主張されている。

第 3 節　権利能力なき社団

1 権利能力なき社団とは

　社会には，無数といってよいほどの団体がある。それらの団体の一部は法人
になっているが，多くはそうではない。

　民法には，団体に関する規定として，法人に関する規定の他に，組合に関す
る規定がある。組合は，当事者が出資をして共同の事業を営むことを合意する
ことによって成立する団体である（667 条 1 項参照）。民法は，基本的に，組合
を組合員の個人的な結合体と捉えており，団体としての独立性をあまり認めて
いない。例えば，組合財産は組合員の共有に属するとされ（668 条），組合員は
組合財産に対して持分を有する（676 条参照）。組合員である間はこの持分の処
分について後述のような制約があるが，脱退すれば持分の払戻しを受けられる
（681 条参照）。また，組合員は，組合債務につき個人財産で一定の責任を負う
（674 条・675 条 2 項参照）。もっとも，組合の存続とそのための組合財産の確保
に対する配慮として，組合員は持分の処分を組合および組合と取引した第三者
に対抗することができない，組合財産である債権について，その持分について
の権利を単独で行使することができない，あるいは，清算前に組合財産の分割

を請求することができないとされている（676条）。また，組合員の債権者は，組合財産についてその権利を行使することができないとされている（677条）。

　法人でない団体の法律関係を，組合として，または組合に準ずるものとして，こういった規定により処理することが適切でない場合もある。例えば，法人になっていない，それなりに規模の大きな同窓会を考えてみよう。そういった同窓会において，各会員は，同窓会のための財産につき個人的権利を有するだろうか。あるいは，同窓会のための取引によって債権を取得した者は，各会員の個人財産にもかかっていけるだろうか。同窓会員，債権者，社会全般のいずれの観念においても，これらは否定されるだろう。同窓会の財産は，各会員から独立したものであって，各会員はそれに対して個人的な権利を有しない。会員は，会員である間，規約などによって認められる施設利用権等を有するにすぎない。会員は規約等によって定められた会費支払の義務は負うが，同窓会の債務については同窓会の財産だけが引当てとなり，各会員が（契約によってとくに引き受けた場合は別として）個人財産により責任を負うことはない。こう考えられていると思われる。これは，団体の法律関係と構成員個人の法律関係を切り離すということであり，法人の法律関係とほぼ同様に扱うということである。

　同じことは，小規模な団体についても妥当することがある。例えば，各種の同好会のなかには，会員が入れ替わっても存続することが予定されており，かつ，その活動が会員から独立した会計によって営まれているものもある。そういった同好会においては，会員数がそれほど多くなく，会計規模もあまり大きくなくても，会員は会の財産に個人的権利をもたない，会費や経費の支払義務は負うが，会のための取引による個々の債務について（契約によって引き受けたとされないかぎり）個人財産で責任を負わない，という処理が，会員，債権者，社会全般のいずれにおいても受け入れられていることがある。

　このようにみれば，社会において「団体」と呼ばれる人の集合体には，その法律関係の処理に焦点をあてれば，次の4つのものがあることになる。すなわち，法人，組合，複数人の単なる集合，組合として扱われず法人に類似の扱いを受ける団体である。この最後のものを，権利能力なき社団と呼んでいる。

| Column 4-3 | 権利能力なき社団論の意義の変化 |

　権利能力なき社団に関する法理は，かつて盛んに論じられ，実際にも大きな

意味をもっていた。法人法制にあった隙間のために，公益を目的としない非営利の団体の多くが法律上法人になれなかったからである。また，非営利の法人が公益法人になろうとする場合も，主務官庁の設立許可はある程度の期間の活動実績がなければ与えられないことが通例であった。そのため，その間は，法人設立後と同様の活動が，法人格のない状態でされるほかなかった。こういった事情のために，権利能力なき社団の法理が盛んに論じられた。そして，その議論においては，いわば法の不備に由来する不公平をどのように是正するかに，力点がおかれた。

　ところが，中間法人法により実質的に，一般法人法により名実ともに，法人法制の隙間は埋められた。また，平成18年の法人法改革において，一般社団法人または一般財団法人は準則主義に基づいて設立されることとなり，先行活動実績がなくても現実に法人を設立することができることとなった。さらに，一般社団法人または一般財団法人について，その設立中の法律関係にかかる規定が整備された。このため，権利能力なき社団の法理をめぐる従来の議論の前提の多くが失われた，といっても過言ではない。

　しかしながら，それは，権利能力なき社団の法理とそれをめぐる議論が不要になったことを意味するものではない。法人法制が整備されたといっても，それは，法人になる団体についての法規定の充実を意味するだけである。社会に存在する団体がすべて法人になろうとするわけではなく，また，法人になるべきであるとすることもできない。本文に述べたとおり，法人でない団体について，組合の規定は適用されず，個人の単なる集まりという扱いも受けない場合を認める必要は，今後も変わらずにある。したがって，どのような団体について，どのような扱いをするべきかを明らかにすることは，なお不可欠である。ただし，その際，議論の前提が以前と大きく異なるに至ったことに留意する必要がある。

② 権利能力なき社団の要件

　権利能力なき社団については，どのような団体について，どのような効果を認めることが適当であるかが問題になる。従来の判例は，社団法人に類似する実体があると認められる団体について，社団法人とほぼ同様の法律関係を認める，というものであったということができる。そして，権利能力なき社団に関する判例は，　Column 4-3　に述べた法人法に隙間があった当時に形成されたため，社団法人に類似する実体としては，一般に，人的規模と財産的規模の両面に

おいてそれなりに大きい，比較的かっちりした組織を有する団体がモデルとされていたということができる。また，効果についても，ごくわずかな例外を除いて，社員の有限責任が認められる法人と同様の扱いとなるようにされてきた。

判例においては，権利能力なき社団の要件として次のものが明示されてきた。①団体としての組織を備えていること，②多数決の原則がおこなわれていること，③構成員の変更にもかかわらず，団体そのものが存続すること，④組織によって代表の方法，総会の運営，財産の管理その他団体としての主要な点が確定していること，である（最判昭和39・10・15民集18巻8号1671頁，最判平成6・5・31民集48巻4号1065頁等）。

もっとも，学説において次のような指摘がある。すなわち，これらの要件のうち，①は④に吸収される。②は実際には要求されないことがある（例えば，最判昭和49・9・30民集28巻6号1382頁は，②に該当する事情を認定せずにある団体を権利能力なき社団と認めている）。③も，この要件に触れずに，あるいはこの要件が欠けているにもかかわらず，権利能力なき社団であると認定した最高裁判決がある（最判昭和42・10・19民集21巻8号2078頁，最判昭和55・2・8民集34巻2号138頁）。したがって，実際に重要なのは④だけである。ただ，権利能力なき社団であるとの認定がされた事例では，これ以外に，他の財産と区別され団体固有のものと認められる財産の存在が認定されている，という指摘である。この指摘は正当であると思われる。

3 権利能力なき社団の効果

団体が権利能力なき社団と認められた場合，従来の判例では，例えば次のような効果が認められてきた。

(1) 組織に関する事項

団体の組織に関する事項について，法人の組織に関する規定の類推適用が認められることがある（例えば，前掲最判昭和55・2・8は，平成18年民法改正前の56条を類推して，地方裁判所による仮理事の選任を認めた）。

(2) 財産の帰属形態

　団体の財産は，構成員全員に総有的に帰属するとされる（最判昭和 32・11・14 民集 11 巻 12 号 1943 頁，最判昭和 47・6・2 民集 26 巻 5 号 957 頁等。以下，「総有構成」と呼ぶ）。これは，団体の財産は総構成員が共同で所有するとしつつ，各構成員はその財産について持分をもたず，構成員であるかぎりにおいて団体の定めに従って財産を使用または収益することができるにとどまる，とするものである。総有構成は，法人格がないために財産の帰属先となることが法律上できない権利能力なき社団について，団体が存続する間，実質的に団体が財産を保有するのと同様の状態としようとするものである。

　総有構成を前提として，次の(3)〜(5)のような具体的効果がいくつか導かれている。

(3) 団体財産に対する構成員の権利

　構成員には，団体財産につき持分がない。そのため，構成員は，脱退による払戻請求権，団体財産の分割請求権，解散時の残余財産分配請求権など，持分を前提として認められる権利も有しない（例えば，前掲最判昭和 32・11・14）。また，構成員に対する債権に基づく持分の差押えも観念することができない。

(4) 対外的行為の方法

　代表者が団体の名においてした行為の効果は，総構成員に総有的に帰属する（前掲最判昭和 39・10・15，最判昭和 48・10・9 民集 27 巻 9 号 1129 頁）。これにより，実質的に，代表者による権利能力なき社団の代理が認められるのと同様になる（もっとも，組合においても「組合の代理」が認められており〔670 条の 2 参照〕，効果の帰属形態が異なるにすぎない）。

(5) 団体の債務に対する構成員の責任

　代表者が団体の名においてした行為の効果の総構成員への総有的帰属は，債務にも及ぶ。この債務については，団体の財産（構成員の総有財産）だけが責任財産となり，構成員は（契約によって引き受けた場合は別として）個人的責任を負わない（前掲最判昭和 48・10・9）。

(6) 不動産登記名義

上述の効果は，すべて，権利能力なき社団に実質的に法人と同様の法律効果を認めようとするものである。これに対し，不動産登記名義については，法人と同様の扱いは認められていない。法人の場合にはその名義で不動産登記がされるが，権利能力なき社団については，団体名義での不動産登記は認められていない。もっとも，代表者の個人名義による登記が認められている（前掲最判昭和47・6・2）。実体的法律関係に合致させようとするならば，構成員全員の共同所有名義の登記がされなければならない。しかしながら，構成員が多数の場合や構成員が頻繁に変動する場合には，この登記をすることは現実には不可能である。そこで，特別の扱いが認められている。

代表者の個人名義で登記する場合，代表者自身が所有する不動産と識別することができないため，代表者が自己の財産と偽って処分することや，代表者に対する債権者が代表者個人の財産であると誤信して差し押さえることがありうる。このときに94条2項の類推適用（第7章第4節**4**）が認められると，団体が財産を失うことになってしまう。94条2項の類推適用が認められないならば，善意の第三者が害される。こういった事態を避けるために，学説では，肩書き付きの登記（例えば，「A社団代表者B」名義での登記）を認めるべきであるとする主張がされてきた。

もっとも，不動産登記については形式審査主義がとられており，登記の申請が実体的法律関係に合致するかどうかは審査されない。そのため，肩書き付きの登記を認め，登記名義人の個人財産とは異なる扱いを認めるならば，課税や強制執行を免れる目的で肩書き付きの登記がされるおそれがある。

(7) 総有構成の問題点

総有構成は，団体を社団と組合に二分したうえで，ある団体が社団と認められるときに，権利能力なき社団の効果をひとまとめにして与えるものである。

これに対しては，そもそもそのような二分法が成り立つのか，成り立つとしても法律がその区別に効果を結びつけてきたのか疑問である，という批判がかなり以前から（法制上の隙間を埋めるために権利能力なき社団の法理が求められた時代から）されてきた。現在では，権利能力なき社団の法理が必要とされる前提

事情だけでなく，法人の成立要件も，この法理が判例上確立された当時とは異なっている。すなわち，かつては，非営利の団体が法人となるには，人的にも物的にもある程度の規模が必要とされるのが通常であった。ところが，今では，一般社団法人は2人で設立することができ，しかも，その後に社員が1人になっても法人は解散しない。したがって，法人の基礎として，「社団」であることが求められているのか，疑わしい。そうであれば，法人格のない団体について，組合の効果と権利能力なき社団の効果のいずれかを一括して認めるのではなく，それぞれの団体の特性に照らして，適切な効果を個別に認めていくことが考えられてよい。

練習問題

　A管理組合（法人にはなっていない）は，Aマンションの建物，その敷地および付属施設の管理をおこなうことにより，区分所有者の共同の利益を増進し，良好な住環境を確保することを目的として，Aマンションの区分所有者全員（現在，200戸200人）により構成されている。

　A管理組合では，理事長他4名の理事からなる理事会がおかれ，毎年1回6月に管理組合総会を開き，規約の制定・変更・廃止，理事長その他の役員の選出，予算の作成，決算の承認などをしていた。また，区分所有者は，その専有部分の面積に応じて，1か月あたり4000円〜6000円の管理費を納めるものとされていた。令和元年度の理事会は，理事長B他4名により構成されていた。

1　Aマンションでは，毎年秋に住民の親睦を深めるために，A管理組合の主催により運動会が開かれていた。令和元年9月20日に，Bは，理事会での全員一致決議を受けて，Aマンション管理組合理事長B名義で，同年の運動会での賞品にするための物品を10万円で購入する契約をXとの間で結んだ。Xは，物品を引き渡したが，代金の支払を受けていない。運動会はすでに終了し，物品は入賞者に贈呈済みである。この場合，Xは，誰に対してどのような請求をすることができるか。

2　Aマンションに隣接するZ神社で，毎年秋に例祭が催されていた。この例祭には近隣住民が多く参加し，近隣自治会のほとんどが例祭のためにZ神社に寄付していた。A管理組合では，平成27年度の管理組合総会において，「近所づきあい」の趣旨で，毎年理事会決議を経て例祭のためにZ神社に対して5万円を限度として寄付する旨の決議がされた。この決議に基づいて，平成27年から毎年，A管理組合の管理費積立金のなかから，A管理組合名義でZ神社に対して5万円の寄付がされていた。Bは，理事会の全員一致決議を経て，令和元年10月18日に，A管

理組合を代表して，例年のとおり Z 神社に対して 5 万円を寄付した。A マンションの区分所有者 C は，宗教施設に対する寄付はマンション管理組合の目的に反するとして，平成 27 年の管理組合総会において Z 神社への寄付に反対し，その後も毎年理事会に対して寄付をしないよう申し入れてきた。この場合において，C は，令和元年 10 月 18 日にされた寄付に関して，誰に対してどのような請求をすることができるか。

第**5**章

物

この章では，権利の客体としての「物」の意義および「物」の分類（不動産と動産，主物と従物，元物と果実）について説明する。

第1節　序　　論

1 権利の客体

　民法典は，財産権を物権と債権とに区別し，前者を物に対する直接支配権，後者を特定人に対する行為請求権と構成している。そして総則編の規定はすべての権利（少なくともすべての財産権）に妥当する一般ルールを抽出したものである。そうすると，物権と債権各々の対象の共通項を抽象化した概念によって，権利の対象を枠付けるのが体系的に首尾一貫するように思われる。現にフランス民法典は「人」と「財産」という概念を土台として編纂されている。また旧民法は，ローマ法の伝統に依拠しつつ，債権や知的財産権などの「無体物」をも含む，広い「物」概念を採用していた（旧民法財産編第6条）。

　民法第1編の第4章「物」は，権利の主体（第2章「人」・第3章「法人」）に続く位置にあり，「権利の客体」に関する規定群として理解される。立法論的には，権利の客体を総括する概念として，「財産」や無体物を含む広い「物」

に依拠することもありえたのだが，85 条は「物」を「有体物」に限定している（本章第 2 節**1**）。すなわち，「物」は，排他的支配の客体としての適格性，すなわち物権（とくに所有権）の客体適格性を規定するものとみられる。そして，債権や無体物に対する権利の客体性を枠づける概念（例えば，債権における「行為」のような概念）に関する規定はおかれていない。

2 狭い「物」概念採用の理由

　総則編にある 85 条が，物権の客体適格性に焦点を合わせて「物」概念を定義したのはなぜだろうか。

　私法秩序の基盤をなす制度は所有権と契約であるところ，所有権は個人の活動に必要な自由領域を保障し，契約による財貨交換の前提をなす基底的な権利である。民法典は，各個人に許されるべき自由領域の範囲を確定する一般的基準を提示する趣旨で，基底的な私権である所有権の客体適格を指示する「物」概念に，その役割を代表させたものといえる。物理的空間的に輪郭（限界）が容易に認識されることは，権利の客体を規定する際に重要なことである。したがって，有体物を基本に据えることには一定の合理性が認められる。同時にこのことは，民法典が想定する取引形態の中核が有体物の取引であったことをも間接的にうかがわせるものである。

　もちろん，債権譲渡担保，権利質ならびに知的財産権担保などの取引形態を想起すれば，債権，情報やアイディアなど無体物に対する排他的支配権を観念することは可能であり，また場合によっては必要でもあることは明らかである。それにもかかわらず，あえて狭い「物」概念がとられた理由として，パンデクテン体系（第 1 章第 1 節**3**(2)(b)参照）との関連性が指摘されている。すなわち，他者の自由を無条件に制約することになる排他的支配権の対象範囲を，一般人にとって明確に識別可能な基準にそくして狭く限定することが，自由主義社会の理念にてらして望ましいという評価に基づくものである。また，物権と債権を峻別する体系的思考方法からすれば，「債権に対する所有権」は論理矛盾に他ならない。このような体系的整理にとって異物にあたるものを排除するという考慮も影響しているものと考えられる。

第 2 節 「物」の要件

1 有 体 性 ─────────

　民法典において，「物」とは有体物を意味する（85 条）。例えば，音，光，遺伝情報などは有体物といえず，所有権によって保護されない。情報，アイディア，その他の無体物は特別法の保護に委ねられる。もっとも，電気のように，自然力でも，それが管理可能な状態におかれるときは，「物」に準じて扱われることがある（大判昭和 12・6・29 民集 16 巻 1014 頁，刑 245 条参照）。

　このように「物」は，権利一般ではなく，もっぱら物権一般の客体となるための要件を定めており，85 条は物権総則中におかれてもよい規定であったといえる。そして同条は，「物」に関する他の規定を，必要に応じて，無体物に類推適用することを妨げるものではない。これに対し，債権法の領域に及ぶものではないと考えられる。

2 非 人 格 性 ─────────

(1)　個人の尊厳と生命倫理

　現行民法は個人の尊厳を重視し（2 条），かつ権利主体のメルクマールを人格性に求めている。生身の人間の体は権利主体たる人格とまさに不可分一体の「もの」であり，権利の客体とはなりえない。すなわち生きている人体について所有権は成立せず，人身売買は全面的に禁止されている（刑 226 条の 2）。

(2)　身体の一部分の所有権

　もっとも，血液，毛髪，臓器，配偶子等，人体から分離された身体の一部分は所有権の客体となりうると解される。人は，所有権を観念するまでもなく，自己の身体に対する支配権を有しており（他者の身体への侵襲は当該他者の同意がないかぎり違法である），統一体としての身体から分離されて外界の事物と化すことによってはじめて，人体の一部が「物」に変身するものと考えられる。所有者は物を法令の制限の範囲内でのみ自由に使用・収益・処分することができ

るところ（206 条），例えば血液，臓器，配偶子等については法律上自由な取引が禁じられている。所有権の一部の権能が制約されていることは，排他的支配の客体としての適格性までもが否定されるべきことを意味しない。とはいえ，医療技術の発達に伴い，とりわけ凍結受精卵などの生命体の扱いに関しては，生命倫理の観点から難しい問題がある。

(3)　遺体の所有権

　生命体でなくなった人体は人格性を失っており，所有権の客体となりうる。そこで，遺体や遺骨の所有権は誰に帰属するのかが問題となる。かつては，遺骨の所有権は相続人に属するところ（大判大正 10・7・25 民録 27 輯 1408 頁），それが埋葬管理および祭祀供養のみを目的とすることから相続人が所有権を放棄することは善良の風俗に反し，許されないと考えられていた（大判昭和 2・5・27 民集 6 巻 307 頁）。そして，骨揚後骨灰とともに残された金歯屑の所有権は，相続人たる遺族が所有権を留保しないかぎり，市町村に移転するものと解されている（大決昭和 14・3・7 刑集 18 巻 93 頁）。すなわち金歯屑は一度も無主物にはならず，骨揚後遺体から独立した存在となると同時に相続人に帰属し，これが火葬場との契約の趣旨から黙示的に市町村に寄贈されるものと考えられる。

　相続人帰属説にはかねてから批判も強い。もし遺骨の所有権が被相続人の死亡により相続人に承継されるという意味だとすれば，そこでは論理的に遺骨が遺産に属することが前提とされている。しかし，遺産を構成するものは被相続人の財産権であるところ，被相続人はもともと自己の身体につき所有権を有していないから，遺骨も遺産として相続人に承継される余地はない。また共同相続の場合に遺骨は相続人の共有となるが，このことの妥当性も問題になる。

　そこで，慣習により喪主となるべき者が遺骨を原始取得するという見解（喪主説）が有力に主張された。また戦後，祭祀財産につき祭祀主宰者の特別承継を認める規定（897 条）が設けられたことをふまえ，遺骨それ自体は祭祀財産とは言いがたいが，同条の趣旨から祭祀主宰者を遺骨の所有者とする説（897条適用ないし類推適用説）も主張された。このように諸説が対立するなか，戦後，事例判決の形式をとりつつ，遺骨は慣習に従って祭祀を主宰すべき者に帰属するとした最高裁判決があらわれた（最判平成元・7・18 家月 41 巻 10 号 128 頁〔祭

祀主宰者と単独相続人が同一人物のケース（被相続人の養子）であり，相続人説でも結論自体は変わらない]）。同判決の登場により，大審院の相続人帰属説が維持されているとみられるか，なお議論の余地がある。

Column 5-1　臓器移植法改正と遺族（家族）の遺体に対する権利

　平成9年に成立した臓器移植法は，死亡した本人が生前に臓器提供の意思を表明していなかった場合，遺族のみの判断による臓器摘出を許していなかった。生体の一部分を物に変える意思決定は主体である本人しかおこなうことができないからである。このように臓器移植法が，脳死判定の受入れおよび移植目的での臓器提供に向けられた本人の意思を基軸に据えているのは，人格権の領域における自己決定を尊重するためである。もっとも，たとえ本人が生前に提供意思を表明していても，遺族が当該臓器の摘出を拒むときは，摘出が認められていなかった（臓器移植旧6条）。そして本人の意思決定が，遺族の拒否権で阻止されてよいのはなぜか，その理論的な根拠は必ずしも明らかではなかった。

　移植医療の現場では提供臓器の不足が深刻な状態にあり，脳死状態にある患者からの臓器摘出要件を緩和することに対する期待は高まる一方であった。そこで平成21年に，15歳未満の児童の臓器提供を可能とし，かつ本人が生前に提供意思を表明していない場合でも，遺族の判断のみで臓器を提供できるように臓器移植法が改正された。本人の意思が不明である場合に，遺族が同意・拒否権を通じて遺体の処分を決定できる地位を基礎づけるにあたり，従来は推定される本人意思の表明という法的構成がされることがしばしばあった。しかし，改正法は，十分な判断能力のない小児についても，遺族の判断のみで提供できるように改めた以上，その地位は遺族固有の権利として構成されてよい。

　ところで，死体解剖保存法は，死亡した本人の意思を問題とすることなく，遺族の承諾のみで遺体の解剖を許容する（同法7条）。ところが，遺族の承諾によって死体損壊の違法性が阻却される理論的根拠も，同様に十分詰められてきたとはいえない。そこで，死体解剖保存と臓器移植の場合を統一的に捉えうる視点として，遺族固有の処分権能を遺体の所有権に由来するものと説明することが考えられる。もちろん，臓器移植法および死体解剖保存法における遺族の概念は，相続人と一致せず，前者は後者より広く緩い外延を有する。しかし，遺族の中核的構成員と相続人資格とが一致する通常事例においては，遺体の管理処分をめぐる意思決定権能の源泉を遺体の所有権に求めるのが自然であろう。今や，遺体が埋葬供養の目的にとどまらない，有用な「財」的性質を具有しつつあることは否定できない。もっとも，遺体の所有権は一般的な財の所有権と異なり，本人の生前における意思決定（人格権的保護）の作用に常に劣後し，

本人の意思決定と抵触しない範囲でのみ機能しうるという特殊な性格を帯びている。

３ 支配可能性

　所有権の客体は，排他的支配が可能なものでなければならない。例えば，星や海のようにそもそも支配不可能なもの（ただし海面は一定の要件を満たせば支配可能とされる。最判昭和 61・12・16 民集 40 巻 7 号 1236 頁〈判例 5-1〉）や，大気のように誰にも利用可能なものは「物」とはいえない。

４ 独立性・単一性

　所有権の客体となる「物」は独立の物でなければならず，物の一部であってはならない（独立性）。これは一物一権主義（(1)を参照）に基づく。また，個々の物の集合は原則として「物」として扱われない（単一性）。民法典は「物」を有体物に限定しているため，経済的・機能的一体性に着眼して抽象化された「集合体」という観念的存在は，もはや有体物とはいえないと考えられるからである。

(1)　一物一権主義
　一物一権主義とは，①１個の物の上には１つの所有権しか成立しないこと，②１つの所有権の対象は１個の物でなければならないこと，という２つの命題からなる物権法の基本原理である。１つの物に複数の所有者が存在し，あるいは物の一部に所有権が成立するという事態は，取引社会の基盤である私法秩序のあり方として望ましいとはいえない。例えば，木造家屋を購入したところ，柱が盗品である木材を使用したものであった場合，その木材の原所有者の所有権が存続すれば，家屋の権利関係は錯綜してしまう。そこで１個の家屋を組成する個々の構成物上に独立の権利を主張することは許されないものとされた。
　第 1 の命題は，物権の排他性を言い換えたものである。「ある物が A の所有物である」ということは，「その物が A 以外の誰の所有にも属さない」ことを同時に意味する。
　第 2 の命題は，外形的・画一的に所有権の範囲を確定して取引の安全を保護

するとともに，複数の物が結合した場合に，これを分離することで社会経済上の損失が生じることを避けるべきことから要請される。

　もっとも，物の個数をどう捉えるか，言い換えると，何をもって 1 個の物とみるかは，社会通念によって決せられる。独立性の有無は当事者の意思のみで任意に決められるべきものではない。例えば，自動車は通常 1 個の物と観念されているが，その部品（タイヤやハンドル）を本体から分離して処分することも可能である。その理由は，当事者がその部分を 1 個の物として取引対象とする意思を有したから（主観的評価）ではなく，その部分が分離されても客観的に独立性が認められるという社会通念が存在するからである。

(2) 独立性・単一性の例外

　もっとも，上述の独立性・単一性原則には例外が存在する。まず，①物の一部ないし構成部分について民法自身が例外的に所有権を認めている場合がある（231 条 2 項・242 条ただし書）。また，一筆の土地の一部の譲渡や，時効による取得も認められる（本章第 3 節 **1** (1)(a)(i)）。次に，②物の集合体を 1 個の客体（集合物）と見立てて，そこに 1 個の権利を設定することを法律が認めている場合がある。すなわち，特別法において特別の公示方法を備える集合物は 1 個の客体として扱われている（鉄抵 2 条，工抵 14 条，鉱抵 1 条・3 条，立木 1 条・2 条）。

　さらに一般論として，ちょうど建物を構成する部分が多少入れ替わっても建物の同一性が維持されるように，例えば，商店の全在庫商品や図書館の蔵書一式など，構成部分の変動する集合動産であっても，何らかの方法で目的物の範囲が特定される場合には，1 個の集合物として譲渡担保の目的となりうるとされている（最判昭和 54・2・15 民集 33 巻 1 号 51 頁，最判昭和 62・11・10 民集 41 巻 8 号 1559 頁）。

第 3 節　「物」の分類

1 不動産と動産

　「物」は不動産と動産に大別される（86 条）。すなわち，民法典は不動産を積

極的に定義したうえで（同条 1 項），不動産以外の「物」をすべて動産としている（同条 2 項）。

(1) 不 動 産

不動産とは，土地およびその定着物である。定着物とは，例えば，建物や土地と別個の物として取引の対象とされる立木などである。土地に付合したため独立性を有しない立木は，土地の構成部分であり，「定着物」というまでもなく，当然に不動産の概念に包含される。

(a) **土 地**　　地面のみならず，湖沼・河川も土地の概念に含まれる。地中の鉱石や岩石は土地の構成部分にすぎず，独立の不動産ではない（大判大正 7・3・13 民録 24 輯 523 頁）。

(i) **一筆の土地**　　土地は人為的に区分され，一筆ごとに登記される。すなわち土地は，登記記録の編成の都合上「一筆の土地」が単位とされている。あくまでも人為的な区分であるから，隣り合う土地を合筆したり，逆に一筆の土地を 2 つ以上に分筆することも自由である。一筆の土地の一部にも物権は成立し（大連判大正 13・10・7 民集 3 巻 476 頁），一部の譲渡も時効による取得も可能である（大連判大正 13・10・7 民集 3 巻 509 頁）。土地は所有者の行為によって互いに独立した数個の土地に分割することができ，分割のために土地台帳や登記その他の方法により公認される必要がないからである。なお，物権の変動を第三者に対抗するには分筆登記をした上で所有権移転登記をする必要がある（177 条）。

(ii) **海面下の土地**　　海はそのままの状態では公共用財産であり，所有権の客体とはなりえない。しかし，国が行政行為などによって一定の範囲を区画し，他の海面から区別して排他的支配を可能にした上で，公用を廃止して私人の所有に帰属させることは可能である（最判昭和 61・12・16 民集 40 巻 7 号 1236 頁 判例 5-1 ）。したがって，海面における特定の領域が漁業権や公有水面埋立権などの権利の客体になることもある。

また公有水面埋立法に基づく埋立免許を受けて埋立工事が完成した後に，竣工認可がされていない土地につき，同法所定の原状回復義務の対象とならなくなった場合は，土地として私法上所有権の客体となる（最判平成 17・12・16 民

集 59 巻 10 号 2931 頁)。

> ◁ 判例 5-1 ▷　最判昭和 61・12・16 民集 40 巻 7 号 1236 頁
>
> 【事案】　係争地は，江戸時代に新田開発許可があり，明治時代には A が地券交付を受け，さらに登記簿にも所有権が登記されていた土地である。ところが実地調査の結果，昭和 44 年頃には常時海面下にあるものとされ，登記官が係争地につき海没を原因とする滅失登記処分をした。そこで係争地の共有持分登記を有していると主張する X らが，係争地の土地所有権ないしは海面所有権に基づき，Y に対して滅失登記処分の取消しを求めた。第 1 審，第 2 審ともに X 勝訴。Y 上告。
>
> 【判旨】　破棄自判。最高裁は次のように一般論を述べた上で，本件では開発許可・地券交付いずれにも設権的効果はなく，開発許可がされただけで埋め立てがされないままの本件係争地につき，私人の排他的支配権が成立したことはないとして，X らの請求を棄却した。
>
> 「海は，……いわゆる公共用物であって，国の直接の公法的支配管理に服し，……そのままの状態においては，所有権の客体たる土地に当たらない……。
>
> しかし，海も，……国が行政行為などによって一定範囲を区画し，他の海面から区別してこれに対する排他的支配を可能にした上で，その公用を廃止して私人の所有に帰属させることが不可能であるということはできず，そうするかどうかは立法政策の問題であって，かかる措置をとった場合の当該区画部分は所有権の客体たる土地に当たると解することができる」。

(b)　**定着物**　定着物とは，現に土地に直接または間接に固定されており，取引観念上土地に固定されて使用されるものをいう。仮植中の草木のように，一時の用に供するために土地に付着するものはあたらない（大判大正 10・8・10 民録 27 輯 1480 頁）。

(i)　**建　物**　建物は常に土地から独立した別個の不動産である。新築した建物の所有権が付合（242 条）により土地所有権に吸収されることはなく，また土地に設定された抵当権の効力が地上建物に及ぶこともない（370 条本文）。もっとも，比較法的には建物を土地から独立した物と扱わない法制も少なくない。

築造途中の建物はいつから独立の不動産となるのか。不動産登記法に従い，建物として登記することができる程度に出来上がった時点だと解されている。すなわち，木材などを組み立て，屋根を葺いた段階（大判大正 15・2・22 民集 5

巻 99 頁）, あるいは単に切り組を済ませて, 降雨をしのぎうる程度に土井葺を終わったにとどまる段階（大判昭和 8・3・24 民集 12 巻 490 頁）ではまだ建物とはいえないが, 独立に雨風をしのげる程度, 屋根および荒壁を有していれば, 床や天井を備えていなくてもよい（大判昭和 10・10・1 民集 14 巻 1671 頁）。

　独立の不動産となる前の状態は「建前」と呼ばれる。「建前」は土地の定着物（86 条）すなわち不動産にあたるようにも思われる。土地に付合（242 条）するかどうかも問題である。判例は, 建築請負契約の請負人が築造途中の建前をそのまま放置し, その後第三者が自ら材料を提供して建物を完成した場合, 完成建物の所有者は, 加工の規定（246 条 2 項）に従って決定すべきものとした（最判昭和 54・1・25 民集 33 巻 1 号 26 頁）。そこでは建前が不動産でないことが前提とされており（すでに前掲大判昭和 10・10・1 が建前を動産と解している）, 動産付合（243 条）の規定も適用されない。この点に関しては, 建前は土地に付合するとみたうえで, 場合によっては 242 条ただし書や特約により独立の取引客体となることを認めるべきだとする見解もある。

　(ii)　立　木　　立木は, 独立の不動産ではなく, 地盤たる土地を構成する部分としての土地と一体化した不動産である（最判昭和 40・8・2 民集 19 巻 6 号 1337 頁）。したがって, 土地上の権利は, 原則として立木に及び（242 条）, 土地に設定された抵当権の効力は, 別段の意思表示がないかぎり立木に及ぶ（370 条本文）。

　もっとも, わが国では古来より, 土地上の立木を独立して取引の目的とする慣行があった。そこで判例法上, 樹木の集団または独立に取引価値のある個々の樹木に関して, 植栽されたままの状態で当事者が譲渡等の物権的処分をしようとするときは, 地盤から独立した不動産となり, 当事者間で所有権移転の効力が生じ, さらに明認方法を施すことによって処分の効果を第三者に対抗することができるものと解されている（大判大正 5・3・11 民録 22 輯 739 頁）。もっとも, 簡便な公示方法である明認方法は, 技術上の限界ゆえに, 譲渡についてのみ可能であり, 抵当権等の担保権設定行為の公示に用いることはできない。

　樹木の集団が立木法の登記（立木 1 条）を受けたときは, 所有権の移転のみならず抵当権の設定も可能である（立木 2 条 2 項）。

　(iii)　未分離の果実　　未分離の果実は, 地盤たる土地または樹木の一部分を

なしているが，独立して取引の対象とされることが少なくない。そこで，果実が成熟して採取の時期に達したときは，樹木または土地から区別された独立の動産として取引することができ，樹木の売買の場合と同様，明認方法によって処分の効果を第三者に対抗できるものと解されている（未分離のみかんにつき大判大正 5・9・20 民録 22 輯 1440 頁，桑葉につき大判大正 9・5・5 民録 26 輯 622 頁，稲立毛につき大判昭和 13・9・28 民集 17 巻 1927 頁）。

(2)　動　　産

(a)　意　　義　　動産とは，不動産以外のすべての物をいう（86 条 2 項）。商品券，入場券，乗車券，観劇券などは動産ではなく，債権者を氏名によって特定せずに，その証券の正当な所持人を権利者とする債権（無記名証券）である。これら無記名証券については，記名式所持人払証券に関する規定が準用される（520 条の 20）。

(b)　金　　銭　　金銭は，個性をもたない抽象的価値である点において特殊な動産である。流通手段としての金銭の特性を生かすために，金銭の所有権は特段の事情のないかぎり，占有とともに移転する（最判昭和 39・1・24 判時 365 号 26 頁）。動産物権変動に関する総則的規定（意思主義〔176 条〕，対抗要件としての引渡し〔178 条〕，即時取得〔192 条〕）は，いずれも適用されない。したがって，金銭を盗まれ，または遺失した場合，盗取者あるいは拾得者が占有取得によりただちにその金銭の所有者となり，盗難被害者あるいは遺失者には不当利得返還請求権による保護の可能性が残るにすぎない。

(3)　不動産と動産の法的扱いの違い

不動産と動産には，次のような違いがある。

第 1 に，自然的性質である。可動性の有無とともに，不動産（とくに土地）は有限であるが，動産は無限に生み出されうる点においても違いがある。

第 2 に，歴史的にも，土地は最も重要な生産手段であり，また政治的・社会的にも特別な意義をもっていた。そのために古来より自由に頻繁大量に取引される動産に比べて，さまざまな制限に服してきた。現在でも公法私法両面から不動産所有権には特有の制限がある。建築公法による制限や，相隣関係規定に

基づく制限（209条以下）などが典型的なものである。

　第3に，経済的価値という点において，不動産は一般に動産よりも，単価が高額である一方，不代替的な性質を帯びていることが多い。また民法典も，一般的な評価として不動産を重要財産の典型例とみている（13条1項3号）。

　以上の特質から，不動産と動産の間には主として，適用されるルールに関して，次のような違いが生じている。

　(a)　**公示方法**　　所在が安定しない動産と異なり，不動産は特定の場所に鎮座する。このような自然的性質を反映し，不動産は登記（177条），動産は引渡し（178条）を原則的な公示方法とする。これと関連して，裁判管轄（民訴5条）および強制執行・担保権実行としての競売手続の内容にも違いを生じる。

　ただし，動産にも，大型動産の登録制度や動産登記制度のような特別の対抗要件（動産債権譲渡特3条1項）が存在する一方，不動産においても，利用権保護の要請から引渡し（借地借家31条，農地16条）や明認方法等の特別の公示手段が承認されており，公示方法は多元化する傾向にある。

　(b)　**公信の原則の有無**　　公示に対する信頼保護（公信力）は動産占有には認められるが（192条），真の所有者の静的安全が重視される不動産の登記には認められていない。

　もっとも，近代法はすべての財貨を商品化し，不動産と動産の本質的差異は曖昧になっている。登記の公信力欠如を補うために，94条2項類推適用による不実登記に対する信頼保護法理が相当拡大している現状がこのことを象徴している（第7章第4節**4**参照）。

　(c)　**無主物の帰属（239条）**　　無主の動産は所有の意思（第12章第2節**2**(3)(a)参照）をもって占有した者がその所有権を取得するが（239条1項），不動産に関しては国庫に帰属する（同条2項）。

　(d)　**設定可能な権利の違い**　　不動産についてはすべての物権の設定が可能であるが，原則として，動産に抵当権と用益物権を設定することはできない。

2　主物と従物

(1)　意　　義

2つの物の間に，継続して一方が他方の経済的効用を助ける関係がある場合，

その一方を従物，他方を主物という。従物は，主物の処分に従う（87条2項）。

　従物は，客観的・経済的には主物に従属するが，独立した物である。この点で独立性を欠く付合物と異なる。主物と従物が一体として取引されるかどうかは，通常，取引当事者の意思による。例えば，持家を売却するときにエアコンを一緒に売却するか，自己に留保するかは当事者の意思次第である。取引当事者の意思が明確でない場合に，一体として処分するものと意思解釈するところに，従物制度の存在意義があるとみるのが通説である。これに対して，従物制度の意義を，主物の効用を高めるという社会経済上の必要性に求める説も存在する。

(2)　従物の要件

　(a)　**独立性**　　従物は主物の構成部分として埋没した存在ではなく，主物から独立した「物」である。宅地の庭に配置された石灯籠や取り外しのできる庭石は土地の従物になりうるが（最判昭和44・3・28民集23巻3号699頁），自転車のサドルなどは，社会通念上独立性を欠くので，従物ではない。

　(b)　**「常用に供する」目的**　　主物の常用に供されるもの，また，社会観念上継続して主物の効用をまっとうさせる機能を果たすものでなければならない。

　(c)　**場所的近接性**　　従物は主物と物理的に接着している必要はなく，多少離れた位置にあっても，客観的に主物の経済的効用をまっとうさせうる場所的関係にあればよい。例えば，借地上に建てられたガソリンスタンドの店舗用建物を主物として，その敷地の地下に設置された地下タンクなどの設備も従物にあたる（最判平成2・4・19判時1354号80頁）。

(3)　従物制度の趣旨

　(a)　**同一の所有者への帰属**　　主物と従物がともに同一の所有者に帰属することが必要であると解されている（大判昭和10・2・20刑集14巻111頁）。この立場は，従物制度の基礎を交換価値保持の観点から当事者意思の推測におくことと整合し，また，従物の効果を処分との関連で規定する法文の体裁に適合する。

　しかし，従物を主物の法律的運命に従わせる根拠を，それが物の効用を高め，社会経済上の需要に適合することに求めるならば，従物の所有権が他人に帰属

する場合であっても，87 条の適用を認めることも論理的には可能である。すなわち，A が主物を B に譲渡すれば，C 所有の従物も処分されたこととなるとみる説もある。もちろん，B が従物の所有権を取得するには，C の事後承諾を得るか，即時取得等の要件が満たされる必要がある。

(b)　**第三者による付着**　　87 条は，「物」の所有者が「自己の所有に属する他の物」を付属させたことを要件とするため，他人が付属させた物は従物にあたらないようにも読める。例えば，借家人が付属させた畳建具を家主が買い取った場合に，本条は適用されないのか。法文は通常の場合を規定したものにすぎず，他人の付属させた物が主物の所有者に帰属するに至った後にも従物性を否定する理由は存在しないから，この場合にも本条を適用してよい。

(4)　従たる権利

主物と従物に準ずる関係は，物と権利または権利相互間にも成立する。借地上の建物の譲渡は原則として，借地権の譲渡を伴うと考えられる（最判昭和 47・3・9 民集 26 巻 2 号 213 頁）。また，建物に対する抵当権の実行の場合，建物とともに敷地利用権も原則として，競売により買受人に取得される（最判昭和 40・5・4 民集 19 巻 4 号 811 頁）。

3　元物と果実

(1)　意　　義

果実とは，物の用法に従い，かつ物の本体を害することなくして産出される経済的価値をいい，果実を生ずる物を元物という。

(2)　果実の分類

果実には天然果実と法定果実の 2 種がある。

(a)　**天然果実**　　天然果実とは，物の用法に従い収取される産出物である（88 条 1 項）。果物，動物の子，野菜，桑の葉（大判大正 5・10・19 民録 22 輯 1931 頁）などがこれにあたる。

(b)　**法定果実**　　物の使用の対価として受けるべき金銭その他の物を法定果実という（88 条 2 項）。利子，不動産の利用の対価としての地代や家賃等がこ

れにあたる。

(3) 果実の帰属

(a) **天然果実**　天然果実が独立の「物」となるのは，原則として分離される時である。したがって天然果実は，元物より分離する時に，これを収取する権利を有する者に帰属する（89条1項）。収取権者は，未分離の場合は元物の所有者，賃借人，地上権者などであるが，元物についての法律関係の趣旨に照らして判断される。

(b) **法定果実**　法定果実は，これを収取する権利の存続期間に応じて日割り計算により取得される（89条2項）。元物の所有者が法定果実を生じる期間の途中で変更した場合に，日割りで法定果実の収取権者を決定するという趣旨をあらわしている。

(4) 使用利益

元物そのものの利用による利益（例えば居住利益）を使用利益という。実質は果実と異ならないから，果実の収取権や返還義務に関する規定（89条2項・189条・190条）が類推適用されるべきである（大判大正14・1・20民集4巻1頁）。

第 **6** 章

法 律 行 為

　この章では，民法上の重要概念である法律行為についての総論的な説明として，この概念の定義や意義について解説すると共に，法律行為がどのような場合に成立するか，成立した法律行為の内容はどのように判断され，それが法律行為の効力にどのような影響を及ぼすかを解説する。なお，法律行為の効力は意思表示の無効・取消しによっても影響を受けるが，この点は第7章で扱う。

第1節　法律行為の定義と意義

1 法律行為の定義

⑴　法律行為の定義

　民法第1編の「総則」には，第5章「法律行為」という章がおかれている。法律行為は「1個または数個の意思表示を要素とし，意思表示に対応する私権の変動という法律効果を生じさせる法律要件」と定義される。この定義がいおうとしているのは，法律行為とは，人が，意思表示（その内容は第7章で扱う）をすることで，私人間の権利義務関係を創設するという法的な仕組みであるということである。

(2)　法律行為の具体例

　法律行為の具体的な例は，民法典のさまざまな場所にみられる。贈与や売買のような債権関係を成立させる契約（522条1項），抵当権の設定や所有権の移転など物権関係を成立させる物権行為（176条）のほか，相殺（506条1項）や契約の解除（540条1項）のように債権関係を消滅，解消する行為，婚姻（742条1号，憲24条1項）のように身分関係を生じさせる行為，遺言（902条・908条）のように自らの死後の相続上の効果を生じさせる行為などである。これらはすべて，当事者が意思を表示することで，権利関係を新たに創設するという点で，法律行為に分類される。

(3)　法律行為にあたらないもの

　前述の法律行為の定義から，ある人の行為が，法律行為にあたらない場合とはどのような場合かが明らかになる。

　第1に，意思表示を要素とせずに，権利義務関係が創設されるものである。事実行為という。例えば，不法行為は，「故意又は過失によって他人の権利又は法律上保護される利益を侵害した」という事実によって，損害賠償請求権を発生させる（709条）。不法行為の加害者は，損害賠償責任を負う意思を有していなくても，損害賠償支払の義務を負わされるという点で，不法行為は法律行為ではない。

　第2に，意思の関与があるが，創設される権利義務関係が意思表示に対応しないものは，厳密な意味での法律行為ではない。例えば，債権者が債務者に対して行う債務の履行の催告行為は，債務を支払えという「意思の通知」をする行為だが，債務支払の権利義務関係を新たに創設はしない（債権者・債務者間には，はじめから権利義務関係が存在している）。しかし，この催告は，時効の完成を6か月間猶予するという法律効果が認められている（150条1項）。また，債権譲渡の対抗要件としての通知（467条1項）は，債権を譲渡したという「観念の通知」をする行為から，譲渡の対抗力という法的効果が生じる。これらは，準法律行為と呼ばれ，法律行為に準じた扱いがされる。

2 法律行為概念の意義

⑴ 私的自治を支える仕組みとしての法律行為

　民法が，法律行為という概念を立てて，これを特別に扱うのは，私的自治の原則という近代法の基本思想による面が大きい。私的自治の原則とは，自らの私的領域（プライベート）の法律関係を自分で決定することができるという思想であるから（第1章第4節*3*），私的自治の原則を実現するためには，私人が，自らの自由な意思によって，法律関係を創設する制度が必要である。このため，意思表示によって私人間に権利義務関係を創設する法的な仕組みとしての法律行為が，民法の中核的な概念とされているのである。

⑵ 条文体系上の意味

　民法典は，さまざまな行為を法律行為という概念でまとめて説明することで，法律行為すべてに統一的なルールを定めようとしている。このため，民法総則にある法律行為の規定（および，法律行為の要素である意思表示の規定）は，民法典全体にちらばるすべての法律行為に適用があるのが原則ということになる。

　法律行為と，それ以外の行為を区別することの意味は，民法総則の法律行為に関する規定の適用がある場合を明確化するためである。もっとも，準法律行為のように，意思の関与があるが，厳密には法律行為とはいえない行為については，法律行為の規定の一部が類推適用される場合がある。他方で，特別規定により，民法総則の規定が排除される場合がある（95条につき742条・802条参照）。

3 法律行為の分類

　法律行為のなかには，さまざまな種類のものが含まれ，それぞれに特徴がある。ここでは，代表的な分類概念について，簡単に触れておく。

⑴ 意思表示に関連する分類

　法律行為が成立するために意思表示がいくつ必要かという観点からの分類である。

　単一の意思表示によって成立する法律行為のことを，単独行為という。契約の解除や，遺言，相続の放棄などが含まれる。

　2つ以上の対立する意思表示が結合して成立する法律行為を，契約という。例えば，売買は，売主の，「目的物の引渡しと引換えに代金を受け取る」という意思表示と，買主の，「代金の支払と引換えに目的物を受け取る」という意思表示が，合致することによって成立する（555条参照）。

　法人の設立のように，「法人を設立する」という意思表示が2つ以上あるが，その内容が同一のものである法律行為を，合同行為と呼んで，契約と区別することがある。この行為を契約と区別しない立場もある。

(2)　要式性に関連する分類

　法律行為のなかには，成立あるいは効力発生のために，一定の方式を必要とする行為があり，要式行為と呼ばれる。例えば婚姻は，当事者の意思表示の合致があっても，届出がないと成立しない（742条2号）。遺言も，民法の定める方式に従って遺言書という形で意思表示がなされないかぎり，成立しない（960条）。これらは要式行為である。

　これに対して，意思表示以外に特別な方式を必要としない法律行為を不要式行為という。民法典にある法律行為の多くは，不要式行為であり，例えば契約の解除（540条1項）なども，相手方に対する意思表示のみで行うことができる。

　また，民法典で定められる諸種の契約は，原則として意思表示の合致のみで成立する（522条2項）から，多くは不要式行為である。このように意思表示の合致のみで成立する不要式行為の契約のことを，諾成契約とも呼ぶ。ただし，契約のなかにも要式行為（要式契約）とされるものがあり，書面を必要とするもの（446条2項），物の受取りを必要とするもの（587条）などがある。

　契約の多くが諾成契約であり，不要式行為であることは，取引を円滑に進めるうえで大きな意味がある。もっとも，将来の紛争を避けるために，重要な契約では契約書などを作って，法律行為が確かに行われたことの証拠を残すのが取引慣行である。これは，法律行為の成立や効力発生とは別の問題である。

(3)　財産行為・身分行為

　法律行為によって変動する関係が，財産関係か，身分関係かという観点からの区別である。売買などの契約は財産行為，婚姻などは身分行為ということになる。

　民法総則の法律行為に関する規定は，財産行為を念頭に作られているものが多いため，身分行為に直接に適用することが難しいものもある。このため，民法総則の規定は，身分行為には適用がないという見解もあるが，実際にはそこまでの一般化は難しく，個別に考えていく必要がある。

(4)　債権行為・処分行為

　債権債務関係の発生を目的とする行為と，財産権の処分を目的とする行為の区別である。財産権の処分には，所有権の移転や，債権の譲渡などが含まれる。

　債権行為と処分行為を区別することで，次のような議論ができる。

　例えば売買契約では，売主は買主に目的物引渡しの債務を負い，買主は売主に代金支払の債務を負う。それと同時に，売買契約によって，目的物の所有権は売主から買主に移転する。そうすると，売買契約には，債権行為と処分行為の，2つの法律行為が含まれていることになる。

　もっとも，このように売買契約を分析することに実益があるかどうかは別の問題である（詳しくは，物権法の教科書に譲る）。

第2節　法律行為の効力判断の仕方

　法律行為の効力判断については，法律行為の成立，法律行為の内容の確定（解釈），法律行為の有効性判断の3つを分けて考えるとよい。

　法律行為は，その内容に従って権利義務関係が創設されるから，法律行為の効力を検証する過程では，まず，①法律行為が成立するための最低限の要件を満たしているかを判断し，次に，②そこで成立した法律行為がどのような内容でどのような権利義務関係を創設しようとしているのかを解釈によって確定し，さらに③法律行為の内容が，法に照らして効力を発生させるに値するものかどうかを判断する必要がある。このため，法律行為の成立，解釈，有効性判断は，

それぞれ別の段階として位置づけられるのである。

　もっとも，法律行為の成立と解釈の問題は切り離せない部分が多いので，まとめて説明をすることにする。

第3節　法律行為の成立と解釈

1　一般ルール

　まず，簡単に法律行為の成立と解釈の問題を説明しておく。

⑴　法律行為の成立の一般ルール

　法律行為は意思表示が最低でも1つ必要であるから，意思表示があることは法律行為を成立させるための必要条件である。

　この他に，ある法律行為を成立させるのに最低限必要な要件というのは，法律行為ごとに決まっている。すでに述べたように，遺言のような要式行為では一定の方式を満たす必要がある。また，いわゆる典型契約の成立の場合には，それぞれの契約に最低限必要な意思表示の内容が決まっている。詳細は後述する（本節**3**⑴）。

⑵　法律行為の狭義の解釈ルール

　法律行為は，意思表示を要素とし，当事者の意思に従って権利義務関係を創設する。したがって，法律行為の内容は，どのような意思表示が行われたかによって決まるのが原則である。当事者がどのような権利義務関係を創設しようとしたかを，意思表示の内容から明らかにする作業を，狭義の解釈という。

　もっとも，法律行為の解釈も，法律行為ごとに方法が異なる。例えば，契約には，2つ以上の意思表示が存在するから，意思表示の内容が食い違う場合には，どちらの意思表示に沿って契約内容を確定するべきかという問題が生じる。詳しくは契約の解釈のところで後述する（本節**2**）。

(3) 補充的解釈

法律行為の内容のなかに，当事者のした意思表示の内容によって確定できない部分があるけれども，その部分が欠けているからといって法律行為が不成立とはいえないような場合には，法律行為の内容の補充が行われる。補充は，慣習あるいは法令に基づいて行われる。これを広義の解釈という。

補充的解釈が問題となるのは，契約の場合が多いため，詳しくは契約の解釈のところで扱う（本節**3**）。

2 契約の成立と狭義の解釈

契約については，法律行為の成立と解釈についての議論の蓄積がある。まず，契約の成立から，狭義の解釈までを説明する。

(1) 一般的なルール

契約は，2つ以上の意思表示の合致により成立する法律行為である。契約にはさまざまな種類があるが，当事者の一方が，ある権利義務関係を創設する申込みの意思表示を行い，他方がそれに対して承諾の意思表示をすると，契約は成立し（522条1項），原則として，それ以外の方式を必要としない（同条2項）。

また，契約の当事者は，原則として，契約の内容を自由に決定することができる（521条2項）。つまり，合致した2つ以上の意思表示の内容に沿って，権利義務関係が発生する。

このように契約の成立と解釈（内容確定）の基本的なルールは，意思表示が合致すれば契約は成立し，これにより創設される権利義務関係が，合致した意思表示の内容に沿って解釈されるということである。

ただし，そこでいう意思表示の合致の判断をめぐっては，重要な議論がある。そしてその部分については，民法の条文はなく，解釈論に委ねられている。そこで，理論的な部分から考えていく必要がある。

(2) 意思主義・表示主義の考え方

契約の成立と解釈の問題は，契約によってなぜ法的拘束力が生じるのか，言い換えると，契約はなぜ守らなければならないのかという問題と関連させて論

じられる。わが国では伝統的に，この問題を，法律行為によって権利義務関係が創設される根拠は，意思表示の意思に求められるのか，表示に求められるのかという問題として定式化してきた。前者を意思主義，後者を表示主義という。

意思主義と表示主義の考え方は，法律行為により権利義務関係が創設される理由を説明するものであるから，どちらか一方が絶対的に正しくて，他方が全く間違っているというものではない。法律行為や意思表示の問題を考える上で重要な2つの視点という程度に捉えたほうがよい。

しかし，どちらを重視するかで，次のような態度の違いが生じる。

意思主義を重視する立場は，意思表示をした者（表意者）が，ある権利義務関係を創設したいという意思を有したことを，法律行為から権利義務が生じる根拠とする。したがって，意思表示の意思の部分に着目し，表意者がどのような権利義務関係を創設したいと思っていたのか，その真意を探求することを重視する。

表示主義を重視する立場は，意思表示を受けた者（相手方）が，ある権利義務関係が創設されるという信頼をしたことを，法律行為から権利義務が生じる根拠とする。したがって，意思表示の表示部分に着目し，表示を受けた相手方が，どのような権利義務関係が創設されると信頼したか，その信頼は保護に値するかを探求しようとする。

(3)　契約の成立・解釈における客観説・主観説

契約の成立や解釈の問題についても，意思主義と表示主義のどちらを重視するかという問題がある。契約は，2つ以上の対立する意思表示が合致することによって成立し，合致した内容によって解釈が行われる。しかし，契約の拘束力の根拠を何に求めるかによって，ここでいう意思表示の合致を，どのように判断するかの解釈態度に影響がある。

表示主義の立場では，契約の拘束力が生じるのは，契約をする各当事者が，それぞれ相手方の意思表示を信頼したからである。そこで，契約の成立を判断する際には，信頼の対象が一致しているか，すなわち，意思表示が客観的な表示レベルで合致しているかで判断する。また，契約の内容を確定する際にも，相手方から見て成立することが期待される権利義務関係がどのようなものかを，

表示の客観的な意味が何かで判断する。この立場は，意思表示の客観的な表示に対する信頼を重視して契約の成立の判断と解釈をおこなうため，客観説と呼ばれる。

意思主義の立場では，契約の拘束力の根拠は，契約をする各当事者が，それぞれの意思により権利義務関係を引き受けたことである。そこで，契約の成立を判断する際には，同じ権利義務関係を引き受けようとしていたか，すなわち，意思表示が主観的な意思レベルで合致していたかで判断する。また，契約の内容を確定する際にも，両当事者が意思表示に対して，主観的にどのような意味を与えようとしていたかで判断しようとする。この立場は，意思表示の主観的な意味を重視して契約の成立の判断と解釈をおこなうため，主観説と呼ばれる。

⑷　内心の意思が一致しないときの契約の成否

実際には，上記の客観説と主観説の立場は，いずれも貫徹することは難しい。このことを理解するために，契約の成立と解釈の場面における客観説と主観説の対立が，どのような場面で問題となるかを具体例で考えてみたい。

Aが文房具店Bから，「あお色ボールペン100ダース」を10万円で購入する契約書が作られた。Aは「あお色」を「青色」の意味に理解して，ブルーのボールペンを買おうとしていたが，Bは「あお色」を「碧色」の意味に理解してグリーンのボールペンを売ろうとしていた。このときに，ボールペンの売買契約は成立しているのか，成立しているとして，何色のボールペンの売買契約が成立したのか，裁判が起きたと仮定してみよう。裁判官は，契約地の取引慣行や当時の状況を判断し，Aの解釈のほうがより正当な解釈だと思っているとする。

客観説の立場をとるならば，契約の成立は意思表示の表示レベルの合致で判断する。この例の場合，「あお色ボールペン100ダース」を10万円で買おうとするAの意思表示と，10万円で売ろうとするBの意思表示は，1通の契約書が2人の手で作られているという事実によって，表示レベルでは合致していると判断できる。つまり，契約は成立していることになる。あとは，「あお色」の解釈が問題となるが，裁判官はAの解釈を正当と判断しているのだから，ブルーのボールペンの売買契約が成立することになる。

　主観説の立場をとるならば，契約の成立は意思表示の意思レベルの合致で判断する。そうすると，Ａはブルーのボールペンを買おうと思っていて，Ｂはグリーンのボールペンを売ろうと思っていたのだから，契約は不成立になりそうである。

　しかし，この例では，Ａの解釈のほうがより正当な解釈だという前提がある。この場合に，ブルーのボールペンの売買契約が成立したというＡの期待を無視して，契約を不成立とするのは，取引の安全を害することになりかねない。このため，この場面では主観説を貫徹することは難しい。

　そこで，主観説は，意思主義による契約成立の判断を表示主義によって修正するルールを付け加える。具体的には，契約の成立は意思レベルの合致で判断するという原則ルールに，当事者の一方の表示に対する信頼が正当な場合には，その当事者の信頼した内容で契約は成立するという例外を付け加える。

　このような判断基準によると，上記の例の場合，主観説をとっても，ブルーのボールペンの売買契約が成立することになる。

(5)　主観説に修正ルールを付け加える体系上の理由

　契約の成立の場面で，主観説を貫徹するのが難しいのは，民法の条文体系上の理由もある。民法総則の第5章には，意思表示の効力に関する条文がある。これらの条文のうち，民法93条から95条までは，成立した法律行為が，当事者の内心の意思に沿わないものである場合に，意思表示を無効あるいは取り消すことができるものとする条文である（詳しくは第7章で説明する）。

　このような条文が民法に用意されているということは，民法は，意思表示をした当人（表意者）の内心の意思に沿わない内容で法律行為が成立する可能性があることを前提にしていることになる。しかし，上記の(4)の例でもわかるように，主観説を貫徹すると，両当事者の内心の意思が合致しない場合には，契約は不成立になってしまうから，これらの条文が機能する場面がないことになる。このため，主観説でも，当事者の一方の表示に対する信頼が正当な場合には，契約を一旦成立させた上で，意思表示の規定の適用を問題とする余地を認めることになる。

　結局，上記(4)の例の場合，客観説をとっても，主観説をとっても，結論はあ

まり違いがない。契約は成立し，その内容は，より正当な信頼を抱いた A の意思に沿って，ブルーのボールペンと解釈される。その上で B は，自己の契約を締結する意思表示が，「意思表示に対応する意思を欠く錯誤」（民 95 条 1 項 1 号）によってなされたことを理由に，取消しの要件を満たしていると争うことになる（錯誤による取消しの要件は第 7 章第 5 節）。

なお，大審院判例で，主観説の立場から内心の意思の合致のない契約を不成立としたものがあるが（大判昭和 19・6・28 民集 23 巻 387 頁），当事者の一方の表示に対する信頼が正当といえる事例（つまり，上記の修正ルールが適用される場合）であったようであり，この判例は少なくとも結論の点ではあまり支持されていない。

(6)　表示の客観的意味と違う意味が与えられた場合

客観説と主観説の対立の意味をもう少し考えるため，先ほどの例を少し修正する。

A が文房具店 B から，「あお色ボールペン 100 ダース」を 10 万円で購入する契約書が作られた。このとき，A も B も，「あお色」を「碧色」の意味に理解してグリーンのボールペンを売買しようとしていた。ところが，この契約が何色のボールペンの売買契約として成立したかが裁判で争われた際，裁判官は，契約地の取引慣行や当時の状況を判断し，「あお色」はブルーのボールペンを指すと解釈すべきであると考えたとする。

主観説の立場をとるならば，契約の成立と解釈は，意思レベルの合致により判断する。このため，AB 間にはグリーンのボールペンの売買契約が成立したことになる。裁判官が「あお色」をどのように理解していたかは重要ではない。

これに対して，客観説の立場は，契約の客観的な意味を重視するから，ブルーのボールペンの売買契約が成立しそうである。

しかし，上記の例で，AB が一致して「あお色」を「碧色」の意味で理解して契約を締結している場合に，裁判官が自分の意味を押し付けて，ブルーのボールペンの契約を成立させることに正当性はない。客観説の根拠は，意思表示の表示部分への信頼を保護することにあるが，契約両当事者の内心の意思が合致している場合には，表示への信頼保護は不要である。このため，契約の解釈

の場面では，契約両当事者が契約文言に付与した意味が解釈の基準として優先すると考えるべきであろう。このような修正ルールを加えると，上の例では，グリーンのボールペンの売買契約が成立することになり，その意味では客観説は貫徹できないことになる。

(7)　客観説に修正ルールを必要とするその他の例

この他にも，客観説を貫徹することが妥当でない結果を生むという指摘のある場面として，次のような例がある。

AB間に「あめ色ボールペン」の売買の契約書が作られ，契約が成立したように見えるが，Aは「あめ色」（イエロー）を「あか色」（レッド）と勘違いしており，Bは「あめ色」を「あお色」（ブルー）と勘違いしていたというようなケースである。裁判官としては，「あめ色」はイエローなのだから，Aの信頼もBの信頼も，正当性はないと判断しているとする。このとき，客観説に立つと，イエローのボールペンの売買契約が成立することになりそうだが，AもBも望まない契約を成立させるのではなく，契約不成立と考えるほうが妥当である。

主観説の立場からは，妥当な結論を導くのは容易であるが，客観説の立場では，妥当な結論を導くには，さらなる修正ルールを必要とする。

(8)　ま　と　め

以上のように，契約の成立と狭義の解釈については，客観説をとるか，主観説をとるかで，原則ルールに違いが生じる。狭義の契約解釈については，客観説の立場は，裁判官による第三者的な評価を重視するのに対して，主観説の立場は，当事者の意思を重視する。特に近時の主観説の論者は，当事者が契約に付与しようとした意味を離れて，裁判官が契約内容を解釈することの正当性を疑問視する（こうした主観説の立場は，意味付与基準説と呼ばれる）。これに対して，客観説からは，契約解釈の出発点は，契約文言の通常の意味を明らかにすることであるという反論がある。ここには契約の解釈についての，大きな考え方の違いがある。

もっとも，客観説の立場も，主観説の立場も，原則ルールだけを貫徹することは妥当でない結果を生むため，修正ルールを加えている。このため具体例に

おいて導かれる結論には，大きな差がない場合も多い。

3 契約の補充的解釈

　契約両当事者の間で合致した意思表示から，契約内容の一部を明らかにできないとき，その部分を埋める作業が契約の補充的解釈である。契約の補充的解釈がどのような場面で必要なのかという点から考える。

(1)　当事者の意思によって決まる部分

　民法では，典型的な 13 種類の契約類型（典型契約）について，成立するためには意思表示のどの部分が合致する必要があるかを明らかにしている（第 3 編第 2 章第 2 節以下の各節冒頭規定を参照）。例えば売買では，ある財産権を買主に移転するという売主の意思表示と，売主に対してその代金を支払うという買主の意思表示が必要であり（555 条），かつ，何を目的物とするか，代金をいくらにするかといった事項について意思表示の内容が合致している必要がある。目的物や代金額が定まらない（定め方すら決まっていない）場合，売買契約としては不成立である。

　このように，契約ごとに，成立するために最低限必要な意思表示の合致というものがあり，その部分の契約内容については，当事者の意思に沿って，狭義の解釈で決まることになる。

(2)　補充的解釈の必要性

　契約当事者は，意思表示の合致によって権利義務関係を創設するけれども，契約に関するすべての事項について，意思表示をしているとはかぎらない。例えば，売買契約の場合に，目的物や，代金額は定まっているけれども，目的物の引渡日や引渡場所，代金支払期日や代金支払地が明確に定められていない場合がある。

　もし，そのような事項について契約書に記載はないけれども，契約両当事者の間に内心レベルでの了解があれば，それは狭義の解釈によって契約内容となる（両当事者の合致した内心の意思は意思表示の表示レベルでの不合致に優先して契約内容に含まれる→**2**(6)）。しかし，そのような狭義の解釈によって内容を確定す

ることができない事項でも，紛争が生じたときには，内容を確定する必要がある。このような場合に，契約の補充的解釈が必要となる。

　その他に，契約の補充的解釈が必要となる場合として，その事項について，意思表示の合致があるけれども，その内容が違法であるために，無効となってしまったというような場合が考えられる。この場合も，その事項の部分を無効としても契約全体としては有効であるというような判断がなされる場合（一部無効），補充的解釈が行われることがある（第 10 章 **2**）。

(3)　法令による補充

　補充的解釈において，まず参照されるのは，法令の規定である。民法 91 条は，法律行為の当事者が法令中の公の秩序に関しない規定（任意規定）と異なる意思表示をしたときは，その意思に従うと規定する。この条文は，当事者の意思表示がない部分については，法令中の公の秩序に関しない規定が法律行為の内容を補充することを前提にした規定である。

　例えば，売買契約の場合，代金の支払期限は，目的物の引渡期限と同一とされ（573 条），代金の支払場所も目的物の引渡場所とされる（574 条）。目的物の引渡期限や引渡場所について合意がないときも，同様に法令で補充される（412 条 3 項・484 条 1 項）。

(4)　慣習による補充

　ただし，法令中の公の秩序に関しない規定と異なる慣習がある場合において，法律行為の当事者がその慣習による意思を有しているものと認められるときは，慣習による補充が法令による補充に優先する（92 条）。慣習によって権利義務関係を創設するという当事者の意思を尊重するためである。

　法令の規定よりも慣習が優先するという 92 条のルールは，当事者の意思表示の合致が認められない場合だけではなく，意思表示の合致はあるが，その内容が不明確である場合にも適用があるとされる。つまり，狭義の解釈の際の資料としても，慣習は法令に優先するものとされる（実際には，慣習による補充的解釈と，慣習を参考にした狭義の解釈の区別はあいまいである）。

　大判大正 10・6・2 民録 27 輯 1038 頁 **判例 6-1** は，「塩釜レール入」とい

う契約文言の解釈にあたり，慣習を参考にしたケースである。大審院は，契約当事者が意思解釈の資料となる事実上の慣習を知りながら，特に反対の意思を表示しないときは，92条の「慣習による意思」を有しているものと推定するとした。慣習を知って契約をした場合，慣習によらないと主張する当事者が反証しなければ，慣習により契約内容が補充されることになる。

Column 6-1　慣習と任意規定の適用順序

　法適用法3条は，「公の秩序又は善良の風俗に反しない慣習は，法令の規定により認められたもの又は法令に規定されていない事項に関するものに限り，法律と同一の効力を有する」と定めており，任意規定がない場合にのみ慣習が適用されるように読める。このため，慣習を任意規定に優先させる民法92条との関係が問題とされる。この矛盾を解消するため，法適用法3条にいう「慣習」は法として通用する慣習（慣習法）の意味であり，民法92条の「慣習」は事実としての慣習の意味であるという解釈が提唱された。しかしこの解釈だと，法として通用する慣習のほうが，事実としての慣習よりも効力が軽いという矛盾が生じるという反論がある。そこで現在の学説は，このような慣習の区別をせず，民法92条は法適用法3条の特則であると考えるものが多い。一般的には任意規定の適用が慣習の適用に優先するが，法律行為の解釈の場面では，慣習の適用が任意規定の適用に優先するというのである。法律行為の解釈では私的自治が重視されるべきであるから，この説が妥当と思われる。

判例 6-1　大判大正10・6・2民録27輯1038頁

【事案】 YはXに肥料用大豆粕を売却し，うち10車分について「塩釜レール入」で引き渡すことを合意した。ところがYが大豆粕を積み出さないので，XはYの履行遅滞を理由に契約を解除し，損害賠償を請求した。Yは，大豆粕の積み出しはXの代金支払と同時履行であり，Xの代金の提供がない以上，履行遅滞はないと反論した。これに対して原審は，契約に「塩釜レール入」という条件が付された場合，売主がまず売買目的物を塩釜駅に送付し，商品が塩釜駅に到着した後に代金を請求する商慣習があるとして，Yの履行遅滞を認め，Xの損害賠償請求を認容した。Yは上告し，仮にこのような慣習があるとしても，当事者がこれによる意思を有したことをXが立証していないと主張した。

【判旨】 上告棄却。「意思解釈の資料たるべき事実上の慣習存する場合に於ては法律行為の当事者が其慣習の存在を知りながら特に反対の意思を表示せざるときは之に依る意思を有せるものと推定するを相当とす。……従て其慣習に依る

意思の存在を主張する者は特に之を立証する要なきものとす」。

【コメント】慣習が契約解釈に組み込まれるプロセスについては，論理的には①契約中で，ある事項について慣習に依拠する旨が合意されている場合，②契約中のある文言の意味が争われたときに，慣習に沿った解釈がされる場合，③契約中に全く合意のない事項について，慣習による契約の補充がおこなわれる場合の，3つを区別することができる。①の場合は，慣習は契約の一部となっているので，その適用があるのは当然である。また③の場合について，92条の適用があることには異論がない。問題は②の場合で，本判決のケースはこれにあたる。この場合に92条の適用があるかどうかは説が分かれるが，判例・通説は適用ありとする。

　もっとも，契約解釈において，文言の客観的な意味よりも，契約両当事者が契約文言に与えていた意味が優先されるとする最近の学説によるなら，契約両当事者が商慣習を認識し，かつそれに従った文言が用いられていたと考えられる本判決のようなケースにおいては，慣習に沿った文言解釈が当然に要請され，92条を適用してもしなくても結論は変わらないともいえる。

4　契約解釈をめぐる問題

　以上のように，契約の解釈は，①合致した意思表示の内容確定（狭義の解釈），②（当事者の認識している）慣習による補充，③法令の規定による補充という優先順位でおこなわれることになる。学説によっては，①と②③の間に，契約両当事者が当該事項について定めるとしたらどのような条項を合意したかを推測して補充をおこなうべきだとする説がある（補充的意思解釈）。いきなり法令や慣習による補充をおこなうのではなく，両当事者の意思をできるだけ尊重しようという考え方による。

　他方，裁判所は，契約の解釈が問題となる紛争で，合理的意思解釈という言い方で，契約の解釈にあたって，合理的な当事者ならどういう内容で契約を締結したかという視点から契約解釈をおこなうことがある。この合理的解釈というのはあいまいな部分があり，解釈の名のもとに，裁判所が妥当と考える契約内容を，当事者の意思に反して押し付けているのではないかという批判がある。特に，契約書の文言について，その客観的な意味とは明らかに異なる読み方をしたり（修正的解釈），例示にすぎないとして無視したり（例文解釈）といった

ことを解釈の名のもとにおこなうことには問題があるとして，仮に契約書の内容に問題があると裁判所が考えるのであれば，次節で問題とする法律行為の内容の有効性判断をおこない，契約内容の一部を無効とした上で，補充的解釈をおこなうべきであるという批判がある。

Column 6-2　契約の解釈の条文化

平成29年改正にあたり，契約の解釈についての一般ルールを条文化することが提案され，中間試案の段階では，①契約の内容について当事者が共通の理解をしていたときは，契約は，その理解に従って解釈しなければならないこと，②契約の内容についての当事者の共通の理解が明らかでないときは，契約は，当事者が用いた文言その他の表現の通常の意味のほか，当該契約に関する一切の事情を考慮して，当該契約の当事者が合理的に考えれば理解したと認められる意味に従って解釈しなければならないこと，③上記①および②によって確定することができない事項が残る場合において，当事者がそのことを知っていれば合意したと認められる内容を確定することができるときは，契約は，その内容に従って解釈しなければならないこと，の3点を条文化することが提案されていた。①②が狭義の契約の解釈，③が補充的意思解釈の議論に対応する。しかし，これらの提案に対しては，賛成の意見と反対の意見が対立し，条文化が見送られた。どのような反対意見があったかを簡単に紹介しておく。

当事者に共通の理解があるときはそれによって契約を解釈するというルール（①）については，一方に当然のことであって規定を設ける必要がないという反対意見，他方に裁判実務では契約書の文言等の客観的解釈が重視されており，このようなルールは一般化できないという反対意見があった。前者は主観説，後者は客観説の立場からの反対意見といえる。

契約の内容についての当事者の共通の理解が明らかでないときは，当該契約当事者が合理的に考えれば理解したと認められる意味に従って解釈するというルール（②）については，当事者の共通の理解が明らかでない場合であっても，できるだけ当事者の意図を尊重するべきであるという主観説の立場からの賛成意見に対して，当事者の理解が食い違っているのであるから，当事者と同種の合理的な人を基準に解釈をするべきであるという客観説の立場からの批判が対立した。

また，補充的意思解釈についてのルール（③）に対しては，必ずしも実務的に受け入れられたルールとはいえないといった批判のほか，当事者の意思に基づかない内容を確定するものであり，かえって当事者の意思を尊重しない解釈がなされる可能性があるという批判があった。

　以上のような対立に加え，契約の解釈に関する一般ルールは法律上の要件効果を定める従来の規律と異なり，裁判官の評価的判断の基準を設けるものであり，民法にそうした規定を置くことはふさわしくないという考え方も示され，結果的に条文化は見送られることになった。もっとも，中間試案で示されたルールには賛成の意見も多く，契約解釈の一般ルールとして今後も参考になることは間違いない。

5 遺言の成立と解釈

　遺言は，遺言者1人の意思表示によって成立する単独行為の一種であるが，意思表示の方式が厳格に定められた，要式行為の一つである（960条）。意思表示が遺言の方式に従っていない場合には，その遺言は不成立であり，効力をもたない。このように，遺言が要式行為とされているのは，遺言が遺言者の死後に効力を生ずる法律行為であり，効力発生後に本人に本当に遺言をしたのか確かめるすべがないことによる。

　他方で，成立した遺言の解釈については，判例は柔軟な態度を示しており，遺言の文言を形式的に判断するだけではなく，遺言書の全記載との関連，遺言書作成当時の事情および遺言者のおかれていた状況などを考慮して，遺言者の真意を探求すべきであるとする（最判昭和58・3・18家月36巻3号143頁）。

　ただし，遺言により設定可能な権利義務関係は限定されている（遺言事項という）。これも，死後の権利義務関係を設定するという特殊性のためである。

> **Column 6-3　単独行為・合同行為の解釈**
>
> 　契約の解釈に比べると，単独行為や合同行為の解釈は議論の蓄積がなく，一般論を立てるのが困難である。
>
> 　①単独行為の解釈　　単独行為は，表意者の一方的な意思表示によって成立する。したがって，その意思表示の意味を明らかにすることが単独行為の解釈となる。ただし，単独行為には，相手方のある単独行為と，相手方のない単独行為がある。
>
> 　相手方のない単独行為である遺言の解釈においては，遺言の文言を形式的に判断するだけではなく，遺言書の全記載との関連，遺言書作成当時の事情および遺言者のおかれていた状況などを考慮して，遺言者の真意を探求すべきであるとされる（前掲最判昭和58・3・18）。ここでは，表意者の真の意思を明らかにする作業が重視されており，主観的解釈が採用されているようである。

これに対して，相手方のある単独行為，例えば取消しや解除の意思表示については，相手方に表意者の意思がどう伝わったかが重要であるから，客観的解釈を採用するべきと思われる。

②合同行為の解釈　表意者が多数となることが想定される合同行為の場合，一般論としては，客観的な解釈が求められるように思われる。もっとも，実際に解釈上問題となりやすい，法人の定款の「目的」の範囲については，解釈に柔軟性が求められる（この点については，第4章第2節**3**(2)参照）。

第4節　法律行為の有効性判断

1 内容の確定性

解釈により法律行為の内容が明らかになった後に，その内容ゆえに法律行為の効力が否定される場合がある。最初に，不明確な内容の法律行為は無効となるというルール（内容の確定性）について説明をする。

法律行為は，意思表示によって権利義務関係を創設する法的な仕組みであるから，創設しようとする権利義務関係が不明確な場合には，法律行為としての効力が否定される。

ただし，どのような権利義務関係を創設しようとするのかが，補充的解釈によって明らかになる場合には，法律行為の効力は否定されない。また法律行為としては成立しているが，その一部に不明確な部分があるというような場合に，その部分だけが無効となるという判断がされることもある（一部無効。第9章第2節**2**）。一般論としては，当事者が有効な法律行為を成立させようとしている以上，できるだけ有効なものとなるよう解釈するべきである。

例えば，遺言のなかに「家族みんな仲良く」という一文がある場合，法律行為としての遺言は成立しているとしても，当該文言の部分は法的効力が生じないことになる。

2 内容の実現可能性をめぐる議論

内容の実現可能性とは，法律行為の内容が，当初から実現不可能（原始的不

能）な場合，その法律行為は無効となるというルールである。人は，実現不可能な義務を負わされるべきではないという考え方から説明される。しかし，内容の実現可能性については，このような一般ルールが存在することを疑問視する見解があり，法律行為ごとに考えるべきではないかと思われる。

　遺言による贈与（遺贈）については，遺言者の死亡以前に受遺者が死亡したときは，その遺贈は無効とされる（994 条 1 項）。もっとも，この条文は，受遺者が遺言者より先に死亡していた場合に，その受遺者の相続人を新たな受遺者とする遺言解釈をして有効性を維持するのは遺言者の意思に反するからであろう。ここから原始的不能な内容の遺言は無効であるという一般論を導き出せるかは疑わしい（「相続させる遺言」に関する最判平成 23・2・22 民集 65 巻 2 号 699 頁を参照）。

　契約における実現可能性の問題について，平成 29 年改正後の民法は，契約に基づく債務の履行がその契約の成立の時に不能であったとしても，債務不履行による損害賠償の請求ができることを明らかにしている（412 条の 2）。このため，契約に関しては，内容の実現可能性は有効であるための要件とはいえない。これは，次のような考え方による。

　A が B に遠隔地の別荘を売却したが，別荘が A の管理不十分で焼失したという例で，原始的不能な契約と後発的不能な契約を対比させてみる。

　別荘が焼失したのが，AB 間の売買契約より後であれば（すなわち後発的不能であれば），A は，債務不履行責任（415 条）を負うことになる（自らの責めに帰すべき事情で，債務の履行を不能にしている）。この場合，B は A に別荘の価値分の損害賠償（履行利益賠償）を請求することができる。

　では，別荘の焼失が，AB 間の売買契約より前の場合にはどうなるか。仮に，原始的不能な法律行為は無効であるというルールがあるとすると，AB 間の売買契約は無効であり，A は債務不履行責任を免れることになりそうである。この場合，B は A に，せいぜい別荘購入にかけた準備費用分の損害賠償（信頼利益賠償）を請求できるにすぎない。A は契約に違反したことの責任を問われることはなく，契約締結の期待を抱かせたことの責任を問われるにすぎないと考えられるからである。

　しかし，A が B に対して別荘を引き渡すという約束をした点は変わらない

のに，別荘の焼失が売買契約の前か後かで，Ａの責任が大きく変わるのはおかしい。契約当事者が債務を履行する責任を負うという意思を表示した以上は，債務の履行が不能である場合の責任は，その履行不能が契約の前の原因で生じたか，後の原因で生じたかとは，無関係に発生すると考えるべきである。民法412条の2は，このような考え方に基づき，原始的不能の契約は無効であるというルールを採用しないことを明らかにしている。

③ 公序良俗違反による無効

　法律行為の内容が違法である場合には，その法律行為は無効となるというルールを，内容の違法性と呼ぶ。法律行為の内容が違法である場合としては，具体的には，公序良俗違反（90条）による無効と，法令違反による無効の場合がある。両者の関係については法令違反について説明する際にとりあげる（本節④）。

(1)　公序良俗違反の類型

　法律行為の内容が，公の秩序または善良の風俗に反する場合，当該法律行為は無効になる（90条）。内容を実現することが社会的にみて妥当でないと判断される法律行為，特に憲法その他のわが国の法体系が守ろうとする価値を大きく損なう内容の法律行為を，違法なものとして無効にする，適用範囲の広い規定である。しかし，「公の秩序」と「善良の風俗」のいずれも抽象的な概念のため，その内容を整理し具体化する必要がある。以下では，まとめて「公序」という1つの基準として，簡単な整理を試みる。

　(a)　社会的公序違反　　90条にいう公の秩序や善良の風俗とは，もともとは社会秩序や公衆道徳を指す。このため，①犯罪に関する行為，すなわち犯罪を依頼する契約や，とばくの合意など，②性道徳に反する行為，すなわち不倫関係の維持継続を目的に金銭を授受する約束や，相手に配偶者があることを知りつつした将来の婚姻の約束などは，公序違反とされる。

　もっとも，最判昭和61・11・20民集40巻7号1167頁〈 判例 6-2 〉のように，不倫関係にある男女間の遺贈でも，事情によっては公序違反にならないとされたケースもある。

> ◁ **判例 6-2** ▷　最判昭和 61・11・20 民集 40 巻 7 号 1167 頁
>
> 【事案】A は，妻 X_1 と子 X_2 がいるにもかかわらず，他の女性 Y と長年交際を続け，その後，全遺産を X_1・X_2・Y に 3 分の 1 ずつ遺贈する旨記載した遺言を残して死亡した。X らは，同遺言は公序良俗違反で無効であると争った。第 1 審，第 2 審ともに X ら敗訴。X ら上告。
>
> 【判旨】上告棄却。最高裁は，原審認定事実から① A と Y の関係が 7 年に及ぶ不倫関係であること，② AY 間の関係は早期の時点で家族に公然となっており，他方で A と X_1 の夫婦関係はそれ以前にすでにある程度実体を喪失していたこと，③遺言作成の前後で，AY 間の親密度が特段増減したような事情がないこと，④遺言当時，妻の民法上の法定相続分は 3 分の 1 であり，X_2 はすでに嫁いで職を有していたことなどを指摘し，これらの事実関係のもとにおいては，「本件遺言は不倫な関係の維持継続を目的とするものではなく，もっぱら生計を亡 A に頼っていた Y の生活を保全するためにされたものというべきであり，また，右遺言の内容が相続人らの生活の基盤を脅かすものとはいえない」として，本件遺言は 90 条に違反しないとした原審判断を支持した。

　多くの公序良俗違反は③憲法の定める権利や自由を過度に制限する行為であることが問題となる。例えば，芸娼妓契約は，親が子を酌婦として働かせる労働契約を締結し，その報酬を前借りする消費貸借契約を締結するものである。人身売買的なこの種の契約は，公序違反が民法制定当初から指摘されていたが，最判昭和 30・10・7 民集 9 巻 11 号 1616 頁 ◁ **判例 6-3** ▷ は，労働契約の部分だけでなく，消費貸借契約の部分も公序違反であると指摘した点に意味がある。

> ◁ **判例 6-3** ▷　最判昭和 30・10・7 民集 9 巻 11 号 1616 頁
>
> 【事案】Y は，未成年の娘 A を X 方に住み込ませて酌婦をさせ，その報酬金の半額を弁済に充てるという約束の下，X から借金をおこなった。その後，A が一時行方不明になるなどのトラブルがあり，X が Y に借金の返済を迫った。原審は，A の酌婦としての稼働契約は過度に自由を拘束する行為として公序良俗違反で無効であるが，XY 間の消費貸借契約は有効であるとして，X の返還請求を認容した。Y 上告。
>
> 【判旨】破棄自判。「Y は，その娘 A に酌婦稼業をさせる対価として，X から消費貸借名義で前借金を受領したものであり，X も A の酌婦としての稼働の結果を目当てとし，これあるがゆえにこそ前記金員を貸与したものということができるのである。しからば Y の右金員受領と A の酌婦としての稼働とは，密接に関連して互に不可分の関係にあるものと認められるから，本件において

> 契約の一部たる稼働契約の無効は，ひいて契約全部の無効を来すものと解する
> を相当とする」。したがって，消費貸借契約部分も無効であり，X は 708 条本
> 文により，交付した金員の返還を求めることはできないとした。

また，平等権（憲 14 条）の侵害も，公序違反になりやすい類型である。男女
で異なる定年退職年齢を定める就業規則を不合理な差別とした例（最判昭和
56・3・24 民集 35 巻 2 号 300 頁），入会権者の資格を原則として男子に限るとし
た入会会則を無効とした例（最判平成 18・3・17 民集 60 巻 3 号 773 頁）などがあ
る。

憲法は国家と市民の関係を定めるものであり，私人間の関係に直接に適用は
ない。しかし，憲法的な価値は，公序の内容に取り込まれることで法律行為の
有効性を判断する際に影響を与えることになる。近時は，国家機関たる裁判所
は，個人の基本権を保護する義務があるとして，公序違反による私的自治への
介入を積極的に評価する見解も有力である。

(b) **経済的公序違反**　　近時は，不公正な取引や，市場を不健全にする行為
を，公序違反とする裁判例が増えている。つまり，市場の秩序（経済的公序）
を乱す行為を無効と判断する手段として，民法 90 条が活用される場面が増え
ている。経済的公序は，どのような市場を設計するかという経済政策と大きく
かかわり，行政取締法規を含む諸法令に照らして，行為の公序違反が判断され
る。

また，経済的公序の生成に関わるルールとして，暴利行為がある。詳しくは
後述する。

(2)　時代により変遷する公序概念

公序という概念は，時代とともに変化する。特に経済的公序は，市場のルー
ルの変化とともに速いテンポで変化することがある。社会的公序についても，
「遅くとも○年以降は」公序違反であるといった判断の仕方がされることがあ
り，社会全体の価値観や意見の変化が公序違反の判断に影響を与えていること
がわかる（最判平成 18・3・17 民集 60 巻 3 号 773 頁を参照）。

その際の公序良俗の判断は，その行為がされた当時の公序に従って判断され
る。ただし，公序違反がないとされた法律行為についても，公序が変更された

後に，履行請求が認められるかは別の問題であると考えることもできる（最判平成 15・4・18 民集 57 巻 4 号 366 頁〈 判例 6-4 〉を参照）。

〈 判例 6-4 〉**最判平成 15・4・18 民集 57 巻 4 号 366 頁**

【事案】 昭和 60 年 6 月，証券会社 Y は，顧客である X の資産 30 億円を年 8％で運用することを受託したが，その際，運用額が年 8％の利回りを達成できないときは，その差額を X に対して支払う旨の損失保証契約も締結していた。この取引は平成 5 年 3 月に終了したが，最終的に目標額を下回ったため，X は Y に対して損失保証契約の履行を求めた。

平成 3 年改正前の証券取引法は，損失保証を違法な行為とはしていたものの，その違反に対しては行政処分が科されることとされていたにすぎず，学説の多くも損失保証契約は私法上有効であると解しており，損失保証が反社会性の強い行為であるとまで明確に認識されてはいなかった。しかし，平成元年 11 月に損失保証契約が社会問題となり，同年 12 月に官庁の通達が発せられるなどの過程を経て，次第に，損失保証が証券取引の公正を害し，社会的に強い非難に値する行為であるとの認識が形成されていった。第 1 審，第 2 審ともに請求を棄却。X 上告。

【判旨】 一部破棄自判，一部破棄差戻し。最高裁は，「法律行為が公序に反することを目的とするものであるとして無効になるかどうかは，法律行為がされた時点の公序に照らして判断すべきである。けだし，民事上の法律行為の無効は，特別の規定がない限り行為当時の法令に照らして判定すべきものであるが，この理は，公序が法律行為の後に変化した場合においても同様に考えるべきであり，法律行為の後の経緯によって公序の内容が変化した場合であっても，行為時に有効であった法律行為が無効になったり，無効であった法律行為が有効になったりすることは相当でないからである」と述べ，本件保証契約が締結された昭和 60 年 6 月当時，損失保証等が証券取引秩序において許容されない反社会性の強い行為であるとの社会的認識が存在していたとみることは困難であるから，本件保証契約が公序に反し無効であると解することはできないとした。

ただし，X から Y への損失保証契約の履行請求は，平成 3 年の証券取引法改正によって罰則をもって禁じられた証券会社から顧客への利益提供行為にあたるとして，これを否定した。

---

(3) 暴利行為と取引ルールの生成

経済的公序違反のところで述べたように，民法 90 条は，市場の秩序を守るという目的で用いられることがある。ある取引について，公序違反の判断が積

み重なることは，新たな取引ルールを生成するという結果を生み出すことにな
る。このために，重要な役割を果たしてきた民法 90 条から派生した取引ルー
ルとして，暴利行為がある。

　暴利行為とは，①他人の窮迫，軽率，無経験などに乗じて，②著しく過大な
利益を得る内容の契約について，公序違反として無効とするという判断基準で
ある。取引態様の不公正さと，取引内容の不公正さの両面から，公序違反を判
断する点に特徴がある。

　古い判例で，金銭消費貸借契約において，貸金債権が返済されない場合には，
その債権額をはるかに上回る額の生命保険解約返戻金を受け取るという内容の
担保契約が結ばれた事例で，その契約を暴利行為として無効と判断したものが
ある（大判昭和 9・5・1 民集 13 巻 875 頁）。もっとも，現在，この判例と同じよ
うな紛争が生じた場合，裁判所はこの契約について，解約返戻金の払戻債権を
担保とした譲渡担保契約が結ばれたと扱うだろう。譲渡担保契約では，担保の
価値が貸付債権額を上回る場合，その債権者から債務者に清算金を支払う義務
（清算義務）が生じる。つまり，清算義務という，より合理的なルールが判例に
より生成されたため，担保契約自体は公序違反ではなくなっている。

　現在でも，暴利行為は，消費者取引や，労働関係などの場面で，情報力，交渉
力に差のある契約当事者が，不利な契約内容を押し付けられた場合の救済法理
として主張されることがある（最判昭和 61・11・20 判時 1220 号 61 頁　判例 6-5
はそのような主張がされたが，認められなかったケースである）。こうした裁判例の
蓄積が，公序概念を発展させ，判例，あるいは立法の新たな動きにつながるこ
とがある。

　判例 6-5　最判昭和 61・11・20 判時 1220 号 61 頁
【事案】X はクラブ経営者，Y はそのクラブのホステスである。X は，ホステ
スがその客の支払に責任をもつことに同意した場合にのみ，掛売を認めており，
Y は，接待してきた客 A の掛売について，自分が責任をもつことを X に対し
て同意した。A はクラブに対して 300 万円以上の掛買をし，Y は，A から高
価なダイヤモンドや時計を貰っており，2 人の間には他の客とは異なる親密さ
があった。原審で Y が敗訴。Y 上告。
【判旨】上告棄却。「Y は自己独自の客としての A との関係の維持継続を図る
ことにより X の経営するクラブから支給される報酬以外の特別の利益を得る

ため，任意に X に対して A に対する掛売を求めるとともに本件保証契約を締
結したものであり，その他原判示の事情を総合勘案すれば，本件保証契約がい
まだ公序良俗に反するものとはいえないとした原審の判断は，正当として是認
することができる」。

Column 6-4　平成 29 年改正と暴利行為

　暴利行為は，判例法上確立した公序良俗違反の一類型であるが，その要件効
果は民法 90 条からは明らかではない上に，他の公序良俗違反がもっぱら公益
の保護を目的とした無効（公益的無効）の性質を強く有するのとは異なり，契
約の一方当事者の私益を保護するための無効（私益的無効）という性質を有す
るなど，やや異質な類型といえる。

　平成 29 年改正のなかでは，改正前 90 条の規定に加えて，「相手方の困窮，
経験の不足，知識の不足その他の相手方が法律行為をするかどうかを合理的に
判断することができない事情があることを利用して，著しく過大な利益を得，
又は相手方に著しく過大な不利益を与える法律行為は，無効とするものとす
る」などの形で，暴利行為の判例ルールを明文化し，さらにはその考慮要素を
明らかにする方向での検討がなされたが，最終的な採用は見送られた。もっと
も，暴利行為について確立した判例ルールを否定する趣旨ではなく，民法 90
条の解釈のなかで，今後も暴利行為による無効は重要な公序良俗違反の類型と
なるであろう。

Column 6-5　不公正な取引方法の判断基準

　取引をするとき，少しでも良い条件で契約を締結しようと互いに駆け引きを
おこなうことは当然である。対等な当事者間であればもちろんだが，対等とは
いえない当事者間でも，駆け引きが一切許されないなどということはない。し
たがって，公序良俗違反が問題となるのは，あくまでも優越的地位が「濫用」
された場合であり，かつ，それが実際に給付の著しい不均衡をもたらしたり，
著しく不公正な取引方法によったりする場合だけである。問題は，不均衡や不
公正が何を基準に「著しい」と判断されるのかである。

　1 つの基準と考えられるのは，法の任意規定である。任意規定に沿って結ば
れた契約は公平な内容であるといえるだろうから，そこから大きく外れる契約
条項は，一方当事者の利益に偏った内容である可能性が高い。この点，消費者
契約法 10 条は，契約条項が「消費者の不作為をもって当該消費者が新たな消
費者契約の申込み又はその承諾の意思表示をしたものとみなす条項その他の法
令中の公の秩序に関しない規定の適用による場合に比して消費者の権利を制限
し又は消費者の義務を加重する」ことを無効判断の要件としており，任意規定

の適用される場合との比較で契約条項の不当性を判断している。

　もう1つの基準としては，当該取引に関する慣習が挙げられる。社会に定着している慣習に沿って取引をおこなっていれば，その行為が著しく不公正と判断される可能性が低くなる。もっとも，悪しき慣習が存在することも珍しくないから，絶対的な基準にはならない。独占禁止法19条は，事業者が不公正な取引方法を用いることを禁じているが，そこでいう「不公正な取引方法」の具体的内容の1つとして，優越的地位を濫用し「正常な商慣習に照らして不当」な行為をすることが挙げられている（独禁2条9項5号）。

　消費者契約法は消費者法，独占禁止法は競争法と呼ばれる分野の法律であり，類型的に優越的な地位の濫用が起きやすい局面に限定して，行為を規制している。民法90条はこうした法律とも競合しつつ，より一般的に公序良俗違反を判断するものといえるが，その判断基準として参考になる部分は多い。

(4)　動機の不法

　とばくに用いられると知りつつ金銭を貸し付ける消費貸借契約も，公序違反として無効になる。これは法律行為の内容ではなく，法律行為の動機に不法があるために公序違反とされるケースである。とばくという公序違反行為を未然に防ぐために，公序無効の判断を拡張したものと理解できる。

　この点，90条は，平成29年改正前は「公の秩序又は善良の風俗に反する事項を目的とする法律行為は，無効とする」と規定されており，法律行為の内容が公序良俗違反でなければ無効にならないかのように規定されていた。しかし，改正前から公序良俗違反の対象は，法律行為の内容にとどまらず，法律行為の過程なども含まれると解釈されてきたため，現行法は「事項を目的とする」の文言を削除している。

4　法令違反による無効

　法律行為の内容が，法令に違反することが直接あるいは間接の原因になって，無効の判断がされる場合がある。

(1)　法令違反による無効の根拠

　法律行為の内容が，法令に違反した場合，その法律行為を無効とする根拠に

は，2 つのものがある。

　第 1 に，違反した法令の効力によって，法律行為の効果が直接に否定される
という場合がある。法律行為の効力を否定する効果をもった法令や規定を，強
行法規ないし強行規定という。民法 91 条を反対解釈すると，法律行為の当事
者が法令中の公の秩序に関する規定と異なる意思を表示しても，意思より法令
上の規定が優先すると理解できる。強行規定に反する法律行為は無効であるこ
との根拠の 1 つとされている。

　第 2 に，法令に違反したことが，公序に違反したことを理由として，民法
90 条によって法律行為の効果が否定される場合がある。この場合，違反した
法令が守る利益や，違反の態様によって，公序違反が判断される。違反したの
が強行規定か，任意規定かは直接には影響しない。

(2) 強行規定の例

　法令によっては，違反する内容の契約は無効であることを明確に定めている
ものがあり，それらは強行規定である（利息 1 条，借地借家 9 条・16 条・21 条・
30 条など）。

　民法中の規定は，強行規定か任意規定かを明確にしないものが多いが，物権
編の規定の多くは強行規定，債権編の規定（特に契約に関する規定）は多くが任
意規定とされる。ただし，債権編の規定にも強行規定は存在する（最判平成
11・2・23 民集 53 巻 2 号 193 頁は，やむをえない事由があっても脱退をできないとする
組合契約は，強行規定である民法 678 条に反するとした）。

(3) 消費者契約法

　消費者契約法は，事業者と消費者の間の契約（消費者契約）について，両者
の情報力，交渉力の格差を考慮して，消費者を保護するための規定を置いてい
る。そのなかには，契約内容を適正化するための規定が置かれている。具体的
には，①事業者の損害賠償責任を免除する条項，②消費者の解除権を放棄させ
る条項，③消費者が支払う損害賠償額を予定する条項について，無効となる場
合を定めている（消費契約 8 条・8 条の 2・9 条）ほか，より一般的に，消費者の
利益を一方的に害する条項の無効を定めている（消費契約 10 条）。

　これらの規定は，消費者契約に含まれる契約条項のうち，事業者に有利で，消費者に不利な程度が著しいものを無効にする強行規定の性格を有する。特に，消費者契約法10条は，「法令中の公の秩序に関しない規定の適用による場合に比して消費者の権利を制限し又は消費者の義務を加重する消費者契約の条項であって，民法第1条第2項に規定する基本原則に反して消費者の利益を一方的に害するもの」を広く無効としており，これにより無効となる範囲は民法90条の公序良俗違反により無効になる場合よりも広いと考えられている。

(4) 行政取締法規違反の扱い

　明確に強行規定であることを規定していなくても，刑法など刑事法規に違反する法律行為については，無効であることは争いがない。

　法令違反により法律行為が無効になるかどうかが問題になるのは，違反に対して行政上の制裁が課されるのみで，私法上の効果についての規定がない，行政取締法規と呼ばれる類型の法令である。判例によると，食品衛生法の違反でも，食肉販売業の許可を得ないでした精肉の売買は有効である（最判昭和35・3・18民集14巻4号483頁）が，禁じられた有毒物質を含有したアラレの売買は無効である（最判昭和39・1・23民集18巻1号37頁）。こうした点をどのように説明するかが問題となる。

　1つの説明は，取締法規には強行規定であるものと，そうでないものの2種類があり，違反した取締法規の性質によって結論が変わるという説明である（民法91条〔の反対解釈〕によって無効を導く立場）。食肉販売業の許可制を定める条文と，有毒物質を規制する条文の性質の違いから，上記の結論の違いを説明することになる。

　もう1つは，行為が公序違反かどうかによって結論を説明することが考えられる（民法90条によって無効を導く立場）。食品衛生法によって取引が禁じられているのは，身体に害のある食品の流通を予防するためであるとすると，同じように禁止された食品売買をする場合でも，資格のない者が食品を販売する行為より，有毒物質を含有した食品を販売するほうが，より公序違反の程度が大きい。こうした点から結論の違いを説明することになろう。

Column 6-6　公序良俗概念の2つの捉え方

　伝統的通説においては，公序とは，法を支配する根本理念であり，その内実は行為の社会的妥当性を指すものとされてきた。このため，社会的妥当性を欠く法律行為は，すべて法の理念に反する行為として絶対無効・全部無効という結論に直結しやすい。これに対して，近時の学説においては，大きく2つの方向からの公序概念の見直しが提唱されている。

　第1は，本文で示した社会的公序と経済的公序を対比させるという方向であり，公序良俗概念の多元化という方向からの見直しである。社会的公序と経済的公序を分けて考えるならば，公序良俗違反の法律行為の効果も，それぞれの公序の回復に必要な範囲で考えるという方向を打ち出しやすくなり，前者は絶対無効・全部無効が原則としても，後者は相対無効・一部無効の余地を認めるという結論が導きやすくなる。この見解は，公序良俗無効の効果を柔軟化するという意義がある。

　第2に，公序概念を憲法上保障される人権や自由といった，基本権に結びつけて考える方向が提唱されている。伝統的通説は，公序良俗について，法を支配する根本理念として理解するが，このような考え方を強調しすぎると，裁判所が公序良俗規範を用いて私的自治や契約自由に不当に介入する危険性がある。そこでこの見解は，裁判所が公序良俗規範を用いて法律行為を無効とできるのは，それによって個人の基本権を保護するという目的がある場合にかぎられると考えるのである。この見解の論者によると，公序良俗違反による無効は，①基本権を直接保護する立法があり，その法令違反が問題となる場合，②基本権の実現を支援する政策立法があり，その法令違反が問題となる場合，③特別な法令はないが，裁判所が基本権を侵害から保護しようとする場合，の3つの類型にかぎられるという。この見解の前提には，裁判所も国家機関の1つとして私人の基本権を保護する義務を負っているが（憲法の私人間効力に関する直接適用説と呼ばれる立場），国会による立法がある場合にはそれを尊重すべきであり，立法がない場合には基本権保護の要請の強い場合にのみ，私的自治や契約自由に介入するべきだという考え方（自由主義に依拠した司法謙抑主義）がある。公序良俗無効の根拠と要件を精緻化しようとする見解である。

　上記2つの考え方は，思想的に対立する点が多い。前者の考え方は，公序良俗を多元的な秩序に分解して考えるのに対して，後者の考え方は，公序良俗を憲法の価値体系によって一元的に理解しようとする。本文で示した経済的公序違反の諸類型は，前者の考え方では市場秩序を乱す行為として整理されるのに対して，後者の考え方では経済的自由権を侵害あるいは危険にさらす行為として整理されることになろう（したがって社会的公序違反との区別は相対化される）。

また，前者の考え方では，私的自治や契約自由は必ずしも絶対的なものではなく，秩序や公平といった観念もまた重要であるという考え方に結びつきやすいのに対して（契約自由と対比する契約正義という観点が強調される），後者の考え方では，私的自治や契約自由を最大限尊重することこそが重要であるという考え方と親和的である。

　もっとも，このような対立点にもかかわらず，両者の主張は互いに排除しあわないところも多い。公序の背後に存在する秩序を多元的に考えるとしても，その秩序が憲法上保護される権利や自由と矛盾するものであってはならないと考えることはできる。逆に，公序良俗無効の究極の根拠が基本権保護にあるとしても，経済的自由権の保護はもっぱら市場の秩序を維持する政策によって守られる度合いが大きいとすれば，社会的公序と経済的公序を対比させ，経済的公序違反には柔軟な効果を認めてよいという説明はなお有益である。また，法令違反の法律行為について，その法令が強行法規か否かという形式判断を重視するのではなく，当該行為を無効とすることが法令の立法目的の実現にどれだけの意味を有するかという実質判断を重視するべきだという姿勢は，いずれの立場からも導きうるものである。

練 習 問 題

1　法律行為という概念を立てることには，どのような意味があるかを説明しなさい。

2　タクシーの運転手 X は，客 Y から，「スピード違反をしてもよいから，東京駅まで 15 分で着いてくれたら正規料金に 1 万円上乗せする。」と言われて，これを承諾し，時間内に Y を東京駅まで送り届けた。いざ料金を払う段になって Y は，「先ほどの約束は道路交通法に違反するから，上乗せ料 1 万円を払う義務はないし，運送契約も無効だから正規料金も払わない。」と言い出した。X は Y に対し，正規料金および上乗せ料を請求できるか。

第 7 章

意 思 表 示

　この章では，第 6 章で扱った法律行為の重要な要素である意思表示について，その基本的な考え方や効力について説明する。あわせて，関連する消費者契約法の規定についても解説する。

第 1 節　法律行為と意思表示

1 法律行為と意思表示の関係

　民法総則の第 5 章には，意思表示の効力についての規定が置かれている。

　意思表示は，一定の法律効果を欲する意思を外部に表明する行為である。第 6 章で述べたように，意思表示は法律行為の要素であり，法律行為は他者との間に権利義務関係を創設する。このため，意思表示とは，他者との間で，具体的な権利義務関係を創設したいという意思の表明といえる。

　意思表示は法律行為の要素であることから，意思表示が不成立，効力不発生

の場合には法律行為は成立せず，意思表示が無効，あるいは取り消された場合には，法律行為は遡って効力を失い無効となる。

② 意思表示の構造

　意思表示は，一定の法律効果を欲する意思としての内心的効果意思と，それを外部に表明する行為である表示行為によって構成されている。

　例えば，陶器店においてある茶碗を1万円で購入しようとするとき，「この茶碗を1万円で購入する売買契約を締結しよう」という意思が内心的効果意思である。この意思は，陶器店の主人に対して1万円を支払う義務を自分が負い，代わりにこの茶碗の所有権を取得し引渡しを受ける権利を自分が取得するという権利義務関係を創設しようという意思であり，一定の法律効果を欲する意思だからである。

　そして，実際に陶器店の主人に対して，「この茶碗を1万円で購入したい」という意思を伝達する行為が，表示行為である。この売買契約の申込みの意思表示に対して，陶器店の主人が承諾の意思表示をした場合に，売買契約という法律行為が成立することになる。表示行為は，内心的効果意思を外部に表明する行為であれば，口頭，文書，身振りなど，手段を問わないのが原則である（状況によっては黙示の意思表示も認められる）。もっとも，遺言など，法律行為の種類によっては意思表示の方式が定められている（要式行為）。

　意思表示の構造について，付け加えるべきことが2つある。

　第1に，意思表示をする者（表意者）は，その意思表示をして，法律行為を成立させようとする理由を有しているはずである。上記の例で言えば，茶碗を1万円で購入する理由を買主に尋ねれば，その茶碗の形が気に入ったとか，今使っている茶碗が割れたとか，あるいは名のある陶工の作品であるとか，いろいろな答えが返ってくるだろう。このように内心的効果意思を形成する前に表意者が抱いた内心の事情を，意思表示の動機と呼ぶ。

　動機は，権利義務関係を創設する意思の表明ではないから，意思表示の本体とは区別され，意思表示の効力に原則として影響を及ぼさないものとされている。もっとも，動機にもさまざまな種類があり，ある種の動機は意思表示の効力に影響を及ぼす（錯誤について民法95条1項2号参照）。

　第2に，表意者が，意思表示をする際には，通常は表示行為をするという意識を有しているはずである。上記の例で言えば，陶器店の主人に対して「この茶碗を1万円で購入したいと伝えよう」と意識しているはずである。このような内心の認識を表示意識あるいは表示意思と呼ぶ。内心的効果意思と表示行為の間に，表示意識という概念を挟むことの実益は，表示意識がない行為は表示行為とはいえないというルールを採用する場合に現れる。

　例えば，陶器店で茶碗を見ていた客が，購入の決心がついていない段階で，陶器店の主人の前で，「この茶碗を1万円で購入したい」と独り言をつぶやいたとする。これを，茶碗購入の表示行為があるが，内心的効果意思が欠けているとみると，主人が承諾の意思表示をすれば契約が成立し，あとは瑕疵ある意思表示の効力に関する規定（民法93条もしくは95条）の適用の問題になる。これに対して，表示意識がない行為は表示行為とはいえないというルールを採用した場合，この客は意思表示をしたという意識がないのだから意思表示はなく，契約は不成立という結論が導かれる。

　もっとも，客が独り言を言っただけであることが当時の客観的状況から明らかな場合には，意思表示に表示意識が必要とする立場をとらなくても，意思表示はないものと評価され，契約は不成立という結論が導かれる。

3 意思主義・表示主義

　意思表示の効力が問題となる場合というのは，内心的効果意思がないのに表示行為がなされたという場合と，内心的効果意思の形成が不完全な形で表示行為がなされた場合である。民法では，93条から96条がそうした意思表示のなされた場合の意思表示の効力を定めている。

　それぞれの条文の要件と効果については後述するが，意思表示の効力の判断についての基本的方針を示すために，第6章でも出てきた意思主義と表示主義の考え方を説明しておく。

　意思主義と表示主義とは，法律行為によって権利義務関係が創設される根拠を，意思表示の意思に求める考え方と，表示に求める考え方である。この考え方を意思表示の効力の問題に反映させると次のようになる。

　意思主義の立場からは，権利義務関係を創設する意思が欠けているか不完全

な意思表示は効力を否定するべきだから，内心的効果意思が欠けているか不完全な意思表示は，無効あるいは取り消せるようにするべきであるという方針が導き出せる。

表示主義の立場からは，表示行為に対して相手方が正当な期待を抱いた場合には，その信頼を保護するべきであるから，内心的効果意思が欠けているか不完全な意思表示についても，表示行為に現れた権利義務関係創設の意思（表示上の効果意思）に沿って権利義務関係を創設するべきであるという方針が導き出せる。

瑕疵ある意思表示の効力に関する民法 93 条から 96 条は，こうした 2 つの方針の組み合わせでできている。

> **Column 7-1**　意思表示の無効・取消しの区別
>
> 　意思表示の効力に関する 93 条から 96 条のうち，心裡留保（93 条）と虚偽表示（94 条）は意思表示が無効になる場合を，錯誤（95 条）と詐欺および強迫（96 条）は意思表示が取り消しうる場合を定めている。これに対して，平成 29 年改正前の民法は，詐欺および強迫の場合のみ意思表示を取り消しうるものとし，他の 3 つの条文については意思表示が無効になるものとしていた。改正前民法がこのように規定をしていたのは，明治の民法起草者らは，錯誤を表示の錯誤（現行の 95 条 1 項 1 号に対応）に限定して理解していたからである。つまり，民法起草者らは，内心的効果意思が欠けた意思表示は無効であり，内心的効果意思の形成が不完全な場合の意思表示は取り消しうるものとするつもりで，錯誤による意思表示は，内心的効果意思を欠くものであり，心裡留保や虚偽表示と同じように無効と規定したのである。
>
> 　ところが，その後の判例法理の発展により，民法 95 条について，いわゆる動機の錯誤についても意思表示を無効とする場合があるというルールが確立した。動機の錯誤による意思表示は，内心的効果意思が欠如しているとはいえない。このため，内心的効果意思の欠如した意思表示のみが無効と扱われるという原則は，維持できなくなっていた。
>
> 　加えて，錯誤による意思表示に関する民法 95 条は，取引について重要な勘違いをした表意者を保護するという表意者保護の性格の強い規定である。このため，改正前 95 条の下では，錯誤による意思表示は無効と規定されていたが，この無効は私益的無効であるから，なるべく取消しに近い扱いを認めるべきであるという主張が学説上は有力であり（第 10 章第 1 節**1**），判例も，民法 95 条の無効の主張は原則として表意者自身にかぎられるとするなど，取消しに寄せ

た扱いを認めていた。

　平成 29 年改正は，民法 95 条を全面的に書き改め，錯誤による意思表示は取り消しうるものとした。このうち，同条 1 項 2 号は，いわゆる動機の錯誤の場合を想定した規定であるから内心的効果意思の形成が不完全な場合を取り消しうるものとする規定と理解できる。これに対して，同項 1 号は，錯誤によって内心的効果意思の欠けた意思表示に関する規定であるが，同条はこれも効果としては取り消しうるものとしている。結局，平成 29 年改正においても，内心的効果意思の欠如した意思表示は無効と扱うという原則が貫徹されなかったことがわかる。

4 意思能力

　法律行為の当事者が意思表示をした時に，意思能力を有しなかったときは，その法律行為は無効となる（3 条の 2）。意思能力は，有効な意思表示をする前提として，一定の知的能力を要求するための概念である。詳しくは「人」の章の解説に譲る（第 3 章第 2 節）。

第2節　意思表示の受領と効力の発生

1 意思表示の効力発生時期

　意思表示は，通知が相手方に到達した時から効力を生ずる（97 条 1 項）。相手方が意思表示による権利義務関係の創設を認識することは重要だから，表示行為の内容が相手方に到達する時点を，意思表示の効力発生時としたものである（到達主義）。ただし，意思表示の効力発生時点が，相手方に通知を発した時とされている場合（発信主義：20 条参照）もある。相手方のいない意思表示である遺言の場合，遺言者の死亡時点で効力が生じる（985 条 1 項参照）。

　意思表示の通知が相手方に到達したといえるためには，通知が相手方の了知可能な状態に置かれる必要がある。了知可能な状態とは，相手方の支配圏内まで通知が到達することである（最判昭和 43・12・17 民集 22 巻 13 号 2998 頁）。例えば相手方の自宅に意思表示の通知を郵送した場合，本人が直接受け取らなくても，同居の家族が受け取った場合には，その時点で通知が到達したものと扱

われる。郵便の受領を拒絶するなど，相手方が正当な理由なく意思表示の通知が到達することを妨げたときは，その通知は，通常到達すべき時に到達したものとみなされる（97 条 2 項）。

　なお意思表示の通知を表意者が発した後，表意者が死亡，意思能力を喪失，または行為能力の制限を受けた場合でも，意思表示の効力は維持される（本節 **4**）。

2 公示による意思表示

　表意者が相手方を知ることができず，またはその所在を知ることができないときは，公示の方法による意思表示が可能である（98 条 1 項）。

　公示による意思表示は，裁判所の掲示場（裁判所が認めるときは市役所，区役所，町村役場またはこれに準ずる施設の掲示場）に意思表示の内容を掲示し，かつ，その掲示があったことを官報に少なくとも 1 回掲載することで行う（98 条 2 項）。公示による意思表示が行われると，最後に官報に掲載した日またはその掲載に代わる掲示を始めた日から 2 週間を経過した時に，意思表示が到達したものとみなされる。ただし，表意者が相手方を知らないこと，またはその所在を知らないことについて過失があったときは，到達の効力は生じない（98 条 3 項）。

3 受領能力

　相手方に意思表示が到達したものとするためには，相手方に意思表示を受領する一定の能力（受領能力）が備わっている必要がある。意思表示の相手方がその意思表示を受領した時に意思能力を有していなかった場合，未成年者もしくは成年被後見人であったときは，その意思表示をもって相手方に対抗することができない。ただし，相手方の法定代理人が意思表示を知った時点，あるいは，意思能力や行為能力が備わった相手方が意思表示を知った時点より後は，その意思表示を相手方に対抗できる（98 条の 2）。

4 表意者の事情と意思表示の効力

　意思表示は，通知を発信した後に表意者が死亡，意思能力を喪失，または行為能力の制限を受けたことによって，効力を妨げられない（97 条 3 項）。通知

発信時に権利能力，意思能力，行為能力が備わっていれば，その後にこれらの能力が失われても影響はないということである。到達時に表意者が死亡していた場合，表意者のした意思表示と法律行為により生じた権利義務関係は，相続によって承継される（896条）。

第3節　心裡留保による意思表示の無効

1 心裡留保とは何か

　表意者が，表示行為に対応する内心的効果意思のないことを自覚しながら，意思表示をおこなうことを心裡留保という。権利義務関係の創設の意思がないのだから，意思表示には重大な瑕疵があるが（意思主義の視点），相手方が表示上の効果意思を信用した場合には，信頼を保護する必要が生じる（表示主義の視点）。また，意思表示の瑕疵に自覚的である表意者には，大きな帰責性があるため，表意者を保護する要請はそれだけ低くなる。

　心裡留保の具体例としては，例えば，Aの所有するアパートの1室について，部屋を探しているBが，「この部屋を借りるつもりはないが，他の人に借りられるのは困る」といった理由で，その部屋を利用する意思がないのに，賃貸借契約書に署名するような場合が考えられる。契約をする気がないのに，相手を信用させるために契約をするという嘘の意思表示をする場合である。このほか，冗談で契約を締結するという意思表示をする場合などが考えられる。

2 基本となる要件と効果

　表意者がその真意でないことを知ってした意思表示も，そのために効力を妨げられない（93条1項本文）。原則として意思表示が有効とされるのは，表示行為がある以上，相手方がそれを信頼するのが通常だからである。この場合，表示上の効果意思に沿った内容の意思表示があったことになる。

　ただし，相手方がその意思表示が表意者の真意ではないことを知り，または知ることができたときは，その意思表示は無効となる（93条1項ただし書）。表意者が権利義務関係を創設する内心的効果意思を有していないことを，相手方

が知っていた場合や，知ることができた場合（つまり悪意・有過失の場合）には，相手方の信頼を保護する必要はないため，意思表示の効力が否定される。表意者が無効を主張するためには，自らの意思表示について，①内心的効果意思が欠如していたこと，②それを意思表示の時に自覚していたこと，③相手方がそのことを知っていたか，知らないことに過失があったことを証明する必要がある。

> **Column 7-2** 心裡留保による意思表示の相手方の保護要件
>
> 　民法93条1項によると，心裡留保による意思表示の相手方は，善意かつ無過失でなければ保護を受けられない。これに対しては，心裡留保の類型によって相手方保護の要件を変えるべきであるという異論がある。具体的には，冗談によって真意でない意思表示をしたような場合（非真意表示）については，相手方に善意かつ無過失を要求し，相手方をだまそうとする意図のもとに真意でない意思表示をした場合（狭義の心裡留保）については，相手方は善意であれば保護されるという。後者のほうが，表意者が非難される程度（帰責性）が重いと考えられるため，相手方保護の要件を緩和するという考え方である。
>
> 　また，別の異論として，心裡留保による意思表示の相手方は，悪意でない限り，あるいは重過失がない限りは，保護するべきだとする考え方もある。非真意表示か狭義の心裡留保かにかかわらず，真意でないことを認識しつつ意思表示をした表意者の帰責性は非常に重いので，善意の相手方は広く保護に値するという考え方である。
>
> 　平成29年改正の議論のなかでは，心裡留保による意思表示を上記のような非真意表示と狭義の心裡留保に類型化して，相手方保護の要件を明確に分けるべきだとする立法提案，心裡留保による意思表示の相手方の保護要件を善意で統一するという立法提案も検討された。しかし，いずれの提案も採用されず，改正前と同様に善意かつ無過失が相手方保護の要件とされた。
>
> 　ところで，相手方の過失の有無は，必要な注意を払えば意思表示が真意に基づくものではないことを知りえたかどうか（注意義務違反があるかどうか）で評価される。表意者に相手方をだまそうとする意図がある場合には，相手方に求められる必要な注意の程度は低くてよいと考えるならば，過失の認定は緩やかになる。そうすると，相手方の保護の範囲は事実上拡大することになる。このように，表意者の帰責性の程度を過失の認定判断に反映させることで，相手方の保護の要件は，条文上は善意かつ無過失であることを要求していても，善意かつ無重過失，あるいは善意のみを要件としている場合に近づけて判断することは事実上可能という指摘がある。

3 善意の第三者の保護

心裡留保の意思表示について，相手方が悪意または過失があることで無効になる場合でも，その無効は善意の第三者に対抗できない（93 条 2 項）。

例えば，A が，所有する土地について，心裡留保により B に売却する意思表示をして，B が A の真意でないことを知りながら承諾の意思表示をしたとする。この場合，A の意思表示は無効であり，AB 間の売買契約も効力を生じない。しかし，B がこの土地を A から購入した自分の所有であるとして C に売却し，C が A の心裡留保を知らなかった場合，A は自分の意思表示が無効であることを C に主張できない。その結果，AB 間の売買契約は，当事者間では無効であるが，C との関係では有効と扱われるため，C が土地の所有権を取得して，A は所有権を失うことになる。

心裡留保をした表意者には内心的効果意思を欠く表示行為を意図的に行った帰責性があるため，心裡留保の表示行為について内心的効果意思を欠いていることを知らなかった第三者の，表示行為への信頼保護を優先して取引の安全を守るのが 93 条 2 項の趣旨である。いわゆる権利外観法理の規定であり，虚偽表示のところで詳しく説明する（第 4 節 **4**）。

ここでの第三者とは，表意者と相手方（およびその代理人や包括承継人）以外の者で，心裡留保の意思表示の目的に法律上の利害関係を有するに至った者である。また，善意とは，第三者が利害関係を有した時点で，それが心裡留保によりなされたことを知らなかったことを指す。第三者について，知らなかったことに過失があることや，取得した不動産について登記を備えていないことは，第三者としての保護を受けることを否定する理由にはならない。心裡留保をした表意者の帰責性が大きいためである。ただし，善意の立証は第三者がおこなう。

> **Column 7-3**　**心裡留保における善意の第三者の保護規定の立法化**
>
> 　平成 29 年改正前の 93 条は，現在の 2 項に対応する善意の第三者を保護する規定がなかった。このため，本文の例における C のような者が保護されるかどうかは条文上必ずしも明らかではなかったが，学説上は 94 条 2 項の類推適用によって善意の第三者を保護するという帰結を導き出していた。すなわち，

心裡留保による意思表示も，通謀による虚偽の意思表示も，表意者が内心的効
果意思の伴わない表示行為を自覚的にしている点で共通しており，表意者の帰
責性は同程度に重いと考えられるから，同じ要件の下で，善意の第三者を保護
するべきであるという解釈論が支持されていた。現行の93条2項は，この考
え方を明文化したものである。

第4節　虚偽表示による意思表示の無効

1 虚偽表示とは何か

　当事者間に意思表示の効果不発生の合意（通謀）があるため，意思表示の効
力が否定される場合を虚偽表示という。権利義務関係が生じないことを当事者
間で合意しているのだから，その意思表示は相手方の表示行為に対する信頼を
保護する必要はない。このため，当事者間では，意思表示の効力を認める必要
性はない。問題が生じるのは，この意思表示が有効であると信じた第三者の信
頼の保護だけである。

　虚偽表示が問題となる例として，自己の所有する土地を債権者に差し押さえ
られそうになり，知人に頼んで売却したことにして虚偽の契約書を作り，知人
名義に登記を移転する場合などがある。

　また，AがBに財産を贈与しようとするとき，贈与税を免れるため，Aを
売主，Bを買主として売買契約があったように見せかけて虚偽の契約書を作る
ような例も考えられる。この場合，Aの売主としての意思表示は虚偽表示に
より無効になる。ただしこの例の場合，Aは贈与の意思表示をしていて，Bは
これを受諾しているから，AB間には贈与契約が成立する（549条）。虚偽表示
の行為の裏で真意により行われる法律行為を，隠匿行為と呼ぶ。隠匿行為は当
事者間では有効であるが，善意の第三者との関係ではその効果を対抗できない。

2 基本となる要件と効果

　相手方と通じてした虚偽の意思表示は，無効である（94条1項）。無効であ
るための要件は，相手方との間に効果不発生の合意（通謀）が存在すること，

およびその合意に基づいた意思表示があることである。表意者は，通謀の立証により，意思表示が無効であることを主張できる。

3 善意の第三者の保護

(1) 趣　旨

　虚偽表示による意思表示の無効は，善意の第三者に対抗することができない（94条2項）。虚偽表示により法律行為がなされた場合に，表示上の効果意思に沿って外観上作出された虚偽の権利義務関係を信頼した第三者を保護するための規定である。

　例えば，債権者からの差押えを免れるため，知人Bに相談して土地の売買契約を仮装し，AB間の土地の売買契約書を作成した場合，その売買契約が有効であると信じてBから土地を購入したCに対して，Aは，Bへの土地売却の意思表示が，虚偽表示であり無効であると主張できない。Aの意思表示は，AB間では無効であるから，Bは土地の所有権を取得していないはずであるが，この無効を通謀の事実を知らないCには対抗できないとすることで，Cの信頼を保護しているのである。この結果，Cが土地の所有権を取得し，Aは所有権を失う。

　表意者は，相手方との通謀により虚偽の権利義務関係を創設する表示行為を意図的にした帰責性がある。そこで，虚偽の権利義務関係と知らずに取引に入った第三者について，その正当な信頼を保護して取引の安全を守るのが94条2項の趣旨である。

　ここでの第三者とは，表意者と相手方（およびその代理人や包括承継人）以外の者で，かつ，虚偽表示の目的について法律上の利害関係を有するに至った者である。また，善意とは，第三者が利害関係を有した時点で，それが虚偽表示であると知らなかったことをいう。第三者について，知らなかったことに過失があること，取得した不動産について登記を備えていないことは，第三者としての保護を否定する理由にならない。虚偽表示をした表意者の帰責性が大きいからである。ただし，善意の立証は第三者がおこなう。

> **Column 7-4　民法94条2項の効果**
> 「対抗することができない」とは主張することができないという意味である。

すなわち本文に掲げた例でいえば，真の権利者Aは，相手方Bが無権利者であることを第三者Cに主張できず，その結果としてCが土地所有権を取得する。この場合，土地所有権は，Aの主張が封じられた反射的効果として，AからCが直接に取得するという考え方と，A→B→Cと移転したとする考え方がありうる。

判例はどうだろうか。上記の例で，BとCが土地の売買契約を締結した後，真の権利者Aが土地をDに売却したとする。このとき，CとDは，同じ土地についてAから二重譲渡されたのと同様の対抗関係に立ち，登記を先に備えたほうが優先する（最判昭和42・10・31民集21巻8号2232頁）。仮に94条2項の適用の結果，所有権がA→B→Cと移転したことになるとすれば，Aから二重譲渡を受けたのはBとDになり，登記を先に備えているBから土地を取得したCは，常にDに優先したことになるが，そのようには考えられていないのである。

(2) 第三者の具体的範囲

第三者の範囲，すなわち虚偽表示の目的について法律上の利害関係を有する者の具体例を挙げておく。AB間の通謀虚偽表示により，A所有の土地甲がBに仮装譲渡され，Bが所有者であるという登記がされている例で考える。

第三者にあたる例として，①Bから甲を譲り受けた者はもちろんであるが，このほか，②甲を差し押さえたBの債権者（最判昭和48・6・28民集27巻6号724頁），③甲についてBから抵当権の設定を受けた者（大判昭和6・10・24新聞3334号4頁）などが含まれる。

第三者にあたらないとされた例として，④Bが甲を所有していると信じてBに金銭を貸し付けた者（大判大正9・7・23民録26輯1171頁），⑤Bが甲の上に建築した建物の賃借人（最判昭和57・6・8判時1049号36頁）などがある。

> **Column 7-5　第三者の範囲**
>
> 本文に記したとおり，民法94条2項の「善意の第三者」は，無過失である必要はなく，また真の権利者との関係では登記を備えている必要もない。これらについて若干の補足をする。
>
> ①無過失の要否　　民法94条2項の「善意の第三者」は，「善意かつ無過失の第三者」と解するべきだとする学説がある。規定の背後にある，外観上の権利関係を信頼した者を保護するという趣旨（権利外観法理）に照らせば，第三

者の保護要件はその者の信頼が正当なものであることが要求されるところ，虚偽表示について過失により知らなかった第三者の信頼は保護に値しないという考え方である。また，過失の認定を表意者の帰責性の程度に応じて行うことで，柔軟な判断を導こうというねらいもある。

　判例（大判昭和12・8・10新聞4181号9頁）はこのような立場をとらない。すなわち，虚偽表示をした表意者の帰責性が大きいため，民法94条2項の「善意の第三者」は，文字どおり，虚偽表示を知らなかった第三者を広く保護しているのであり，知らなかったことに過失がある者にも保護が及ぶと考えるのである。平成29年改正の議論のなかでは，民法94条2項の第三者保護要件を善意かつ無過失に改めることも検討されたが，結局従来どおりの規定を維持することになった。

　②登記の要否　　民法94条2項は不動産取引について問題となることが多いが，「善意の第三者」として保護されるためには，第三者が不動産登記を備えている必要があるかが問題とされてきた。

　AB間の通謀により，A所有の不動産甲がBに仮装譲渡され，移転登記がなされている場合に，仮装譲渡について善意のCがBから甲を購入したが，自分への移転登記を完了していない段階で，AB間の売買は虚偽表示により無効であるという主張をAがしてきた場合を想定する。このとき，登記必要説だと，Cは「第三者」に該当しないため，Aの無効主張に対して反論することはできない。ここには，94条2項の「第三者」として保護を受けるには，権利取得行為としてなすべきことを尽くす必要があるという発想があり，登記を怠ったCは保護に値しないと考えるのである（権利保護資格要件としての登記）。

　判例（最判昭和44・5・27民集23巻6号998頁）は，このような立場をとっておらず，自ら仮装行為をした者が，その虚偽の外形を除去しない間に，善意の第三者がその外形を信頼して取引関係に入った場合には，その取引から生ずる物権変動について，仮装行為者は第三者の登記の欠缺を主張できないとする。つまり，上の例におけるAは，Cが甲の登記をしていないからといって，Cは第三者にあたらないという主張をすることはできない。

(3)　第三者からの転得者

　AB間の通謀虚偽表示により，A所有の土地甲がBに仮装譲渡されたという上の例で，Bが甲を悪意のCに譲渡し，さらにCが甲を善意のDに譲渡した場合，DはAとの関係で94条2項の第三者にあたる（最判昭和45・7・24民集24巻7号1116頁）。

　逆に，Bが甲を善意のCに譲渡し，そこからCが甲を悪意のDに譲渡した場合の AD 間の関係はどうか。いったん善意の第三者が保護を受けると，そこからの転得者は善意・悪意を問わず保護されると考える（絶対的構成）か，権利を取得した者の善意・悪意をその度ごとに判断すると考える（相対的構成）かという問題である。Dが意図的に善意のCを介在させたような場合を除き，絶対的構成をとるべきとする見解が有力である。これは，悪意の転得者Dの保護というより，善意で甲を取得したCが次に甲を売却する機会を損ねないためである。すなわち，もし相対的構成を採用すると，Cが甲を取得後に AB 間の虚偽表示の事実を知った場合には，Cは買主にその事実を隠してでないと甲を売却できないことになる。これは不誠実な取引態度を強要することになるし，不動産取引の安全を害することになるため，絶対的構成を採用したほうがよいというわけである。

4 94 条 2 項の類推適用

　ある条文が想定する場面に類似するが，条文の要件を厳密には満たさない状況に対して，その条文の趣旨を考慮して同様の効果を認めることを類推適用という。94 条 2 項の要件を満たさないが同項が想定する場面に類似した状況について，第三者の信頼を保護するために同項が類推されることがある。

(1)　類推適用の根拠

　94 条 2 項は，表意者が相手方と通謀してした虚偽の意思表示の，表示上の効果意思に現れた外観上の権利義務関係について，それを信頼した第三者との関係では真の権利義務関係として扱う規定である。条文の背後にあるのは，外観上の権利関係を信頼した者を保護する法理（権利外観法理）である。

　権利外観法理に基づく条文は，民法のさまざまな箇所に見られるが，共通の特徴として，①真の権利者の権利を失わせる理由があること（帰責性），②虚偽の外観が作出されること，③虚偽の外観に対する信頼が正当なこと，という 3 つの要素を反映させる条文のつくりになっている。94 条 2 項の場合，①表意者に通謀関与した大きな帰責性が認められること，②虚偽の意思表示によって外観上の法律行為が成立していること，③第三者がその法律行為が虚偽の意思

表示によることを知らない（善意である）こと，ということになる。

　権利外観法理の条文によって，真の権利者の権利を失わせる理由や作出される虚偽の外観は異なり，それによって虚偽の外観を信頼した者を保護する要件も異なってくる。権限外の行為の表見代理に関する110条も，権利外観法理（表見法理）に基づく条文としてよく引用されるが，そこでは，①本人との関係で代理権を与えられている者（代理人）が，②権限の外で代理行為をした場合に，③代理行為の相手方（第三者）に代理人の権限があると信ずべき正当な理由があること，が要件となり，表見代理が成立する。

(2)　虚偽登記に対する信頼の保護

　不動産登記に虚偽の所有者が記載されている場合，その記載を信頼して不動産を購入した者は，権利を取得できないのが原則である（不動産取引に，公示に対する信頼が保護されるとする公信の原則の適用はない）。しかし，その虚偽の所有名義の登記に，真の所有者が関与している場合には，本人の帰責性の重さを考慮しながら，その登記を信頼した不動産の購入者を保護すべき場合を考えていく必要がある。判例は，このような不動産取引ルールの生成のために，94条2項，110条を参照する。

　(a)　**虚偽登記に本人が積極的に関与した場合**　　不動産の所有者Aが，Bに無断でAB間の売買を偽装し，それを原因として登記上の所有者をBとしたところ，Bがこれを奇貨としてCに不動産を売却した場合，AB間に通謀はなく，AからBに意思表示がされてもいない。しかし，Aが自ら虚偽の登記をしており，その帰責性は通謀と同程度に重いうえ，AB間に売買があったという虚偽の権利義務関係の外観が登記上に現れている。そこで，Cが善意であれば94条2項が類推適用され，AはCに対して，Bが所有者ではないことを対抗できない（最判昭和45・7・24民集24巻7号1116頁）。

　このように本人が虚偽の登記を積極的に作り出した場合，その虚偽の登記による権利関係を信頼して取引に入った善意の第三者は，94条2項の類推適用による保護を受ける。

　(b)　**虚偽登記を本人が承認した場合**　　A所有の不動産について，Bが勝手に移転登記をして所有名義をBとし，Aがそれを承認したところ，Bが不動

産をＣに売却した場合，Ａは虚偽の登記を作り出す段階で積極的に関与してはいない。しかし，虚偽の登記がＡの事後の承認のもとで存続している場合における，Ａの帰責性の大きさや生み出される虚偽の外観は，Ａが通謀により虚偽表示をした場合のそれと同程度である。そこで，Ｃが善意であれば94条2項が類推適用され，ＡはＣに対して，Ｂが所有者ではないことを対抗できない。

　このように虚偽の所有権移転登記が権利者本人の知らない間にされた場合でも，本人がその虚偽の登記を存続させる目的で明示または黙示に承認した場合，その登記を信頼して取引に入った善意の第三者は，94条2項の類推適用による保護を受ける（最判昭和45・9・22民集24巻10号1424頁　判例 7-1 ）。

　虚偽登記に権利者本人が積極的に関与した場合や，虚偽登記を本人が承認した場合は，第三者は登記が虚偽であることについて善意であれば保護され，善意かつ無過失であることは要求されない。本人が外形に対応した意思をもって虚偽の登記を作出した点で，虚偽表示（あるいは心裡留保）の表意者と，同じ程度の帰責性が本人に認められるからである。意思外形対応型としてまとめられることがある。

　意思外形対応型の虚偽登記に94条2項の類推適用が認められた場合としては，判例 7-1 のほか，前主から不動産を買い受けたＡが，登記名義を自分ではなく，Ｂにすることを承認した場合（最判昭和29・8・20民集8巻8号1505頁），未登記建物の所有者Ａが，Ｂの承諾を得た上でＢ名義の所有権保存登記をした場合（最判昭和41・3・18民集20巻3号451頁）などがある。

判例 7-1 **最判昭和45・9・22民集24巻10号1424頁**
【事案】Ａは，Ｘの実印や権利証等を勝手に使用して，Ｘの所有する土地がＡへ売却されたとする不実の所有権移転登記をおこなった。Ｘはそのことを翌日知ったが，経費の都合から登記名義の回復をしなかった。その約1年後，ＡとＸは婚姻し，Ｘは土地の登記名義をＡにしたまま，銀行から貸付けを受けるのに同土地に抵当権を設定するなどしていた。婚姻から約3年後，ＸとＡの関係が破綻すると，ＸはＡに登記名義の回復を求めたが，ＡはＹに土地を売却し所有権移転登記を経由した。ＸはＹに対して，所有権移転登記の抹消登記手続を求めた。原審がＸを勝訴させたのに対してＹが上告。
【判旨】最高裁は以下のように述べて，Ｙが土地の買受けにあたり善意であっ

たかどうかを認定させるため，原判決を破棄し，差し戻した。

「およそ，不動産の所有者が，真実その所有権を移転する意思がないのに，他人と通謀してその者に対する虚構の所有権移転登記を経由したときは，右所有者は，民法 94 条 2 項により，登記名義人に右不動産の所有権を移転していないことをもって善意の第三者に対抗することをえないが，不実の所有権移転登記の経由が所有者の不知の間に他人の専断によってされた場合でも，所有者が右不実の登記のされていることを知りながら，これを存続せしめることを明示または黙示に承認していたときは，右 94 条 2 項を類推適用し，所有者は，前記の場合と同じく，その後当該不動産について法律上利害関係を有するに至った善意の第三者に対して，登記名義人が所有権を取得していないことをもって対抗することをえないものと解するのが相当である。けだし，不実の登記が真実の所有者の承認のもとに存続せしめられている以上，右承認が登記経由の事前に与えられたか事後に与えられたかによって，登記による所有権帰属の外形に信頼した第三者の保護に差等を設けるべき理由はないからである」。

【コメント】この判決では，虚偽の登記を X が「承認」したことが，通謀と同視しうる X の帰責性を基礎づけるものとされ，類推適用が認められた。X は登記を A 名義にしたまま約 4 年間放置し，さらに X が A から担保提供を受けたかのような抵当権設定登記を経由している。これらの事情が「承認」と同視され，X が A と親密な間は登記名義の回復を請求しにくかったという同情すべき点を差し引いても，Y が善意であれば保護するべきという判断を導いたと考えられる。

(c)　**本人が関与した虚偽登記が変更された場合**　①A が B と通謀し，A の所有する不動産について，将来 B に売却する旨の売買の予約を仮装して，B の A に対する所有権移転登記請求権を保全する仮登記をしたところ，B が無断で売買を原因とする所有権移転の本登記をして第三者 C に売却した場合（最判昭和 43・10・17 民集 22 巻 10 号 2188 頁），②A と B が通謀し，A の所有する不動産について売買を仮装し，A から B への移転登記がされた後，B からさらに融資の依頼を受けた C が，B から受け取った登記申請書類を利用して自己の名義に所有権移転登記をして第三者 D に売却した場合（最判昭和 45・6・2 民集 24 巻 6 号 465 頁），など，本人が虚偽の登記をしたけれども，本人の関知しないところで，その登記が変更され，その変更された登記を信頼して第三者が取引をした場合には，判例は第三者が善意かつ無過失であれば，真の権利者は登

記の無効を対抗できないとする。

　第三者が保護される要件として，善意だけではなく，善意かつ無過失であることを要件とするのは，権利者本人が意図したのとは異なる虚偽の外観が作られている点で，第三者が信頼した虚偽の外観の作出についての本人の帰責性が，94 条 2 項の場合よりも小さいからである。この場合，判例は 94 条 2 項とともに，110 条にも言及するのが通常である。

　(d)　本人の不注意により虚偽登記がされた場合　　A が所有する不動産について，地目変更のためとだまされて登記申請書類を B に交付したところ，B がその不動産について自分が所有するという虚偽の登記をして，第三者 C に売却したような場合（最判平成 15・6・13 判時 1831 号 99 頁）のように，権利者本人が虚偽の登記に積極的に関与しておらず，また虚偽の登記を放置したわけでもない場合には，第三者が善意かつ無過失であっても，真の権利者は不動産の権利が移転していないことを対抗できる。この場合の本人の帰責性は小さく，本人を犠牲にして第三者の信頼を保護することは，94 条 2 項や 110 条の法意に沿わないからである。

　ただし，本人のあまりにも不注意な行為により虚偽の登記が作出された場合について，その帰責性の程度が，自ら外観の作出に積極的に関与した場合やこれを知りながらあえて放置した場合と同視しうるほど大きなものであることを理由に，善意かつ無過失の第三者を保護した場合がある（最判平成 18・2・23 民集 60 巻 2 号 546 頁〈 **判例 7-2** 〉）。

　〈 **判例 7-2** 〉 **最判平成 18・2・23 民集 60 巻 2 号 546 頁**
　【事案】 X は A の紹介により本件不動産を B から買い受け，所有権移転登記がされた。X は A に対し，本件不動産を第三者に賃貸する事務手続を依頼していたが，A に言われるままに本件不動産の登記済証を A に預けた。また，X は，所有する別の土地（以下「甲土地」という）に係る登記手続も A に依頼していたが，A から登記手続に必要だと言われて印鑑登録証明書計 4 通を A に交付し，さらに実印を A に渡して，A がその場で所持していた本件不動産の登記申請書に押印するのを漫然と見ていた。A は，X から預かった本件不動産の登記済証，印鑑登録証明書，登記申請書を用いて，本件不動産について X から A に対する売買を原因とする所有権移転登記手続をし，これを善意無過失の Y に売却した。X は，Y に対して，Y の経由した A から Y への不動産

移転登記の抹消登記手続を請求した。第 1 審，第 2 審ともに X 敗訴。X 上告。

【判旨】 上告棄却。「X は，A に対し，本件不動産の賃貸に係る事務及び甲土地についての所有権移転登記等の手続を任せていたのであるが，そのために必要であるとは考えられない本件不動産の登記済証を合理的な理由もないのに A に預けて数か月間にわたってこれを放置し，A から甲土地の登記手続に必要と言われて 2 回にわたって印鑑登録証明書 4 通を A に交付し，本件不動産を売却する意思がないのに A の言うままに本件売買契約書に署名押印するなど，A によって本件不動産がほしいままに処分されかねない状況を生じさせていたにもかかわらず，これを顧みることなく，さらに，本件登記がされた平成 12 年 2 月 1 日には，A の言うままに実印を渡し，A が X の面前でこれを本件不動産の登記申請書に押捺したのに，その内容を確認したり使途を問いただしたりすることもなく漫然とこれを見ていたというのである。そうすると，A が本件不動産の登記済証，X の印鑑登録証明書及び X を申請者とする登記申請書を用いて本件登記手続をすることができたのは，上記のような X の余りにも不注意な行為によるものであり，A によって虚偽の外観（不実の登記）が作出されたことについての X の帰責性の程度は，自ら外観の作出に積極的に関与した場合やこれを知りながらあえて放置した場合と同視し得るほど重いものというべきである。そして，前記確定事実によれば，Y は，A が所有者であるとの外観を信じ，また，そのように信ずることについて過失がなかったというのであるから，民法 94 条 2 項，110 条の類推適用により，X は，A が本件不動産の所有権を取得していないことを Y に対し主張することができないものと解するのが相当である」。

第 5 節　錯誤による意思表示の取消し

1 錯誤に関する議論

(1) 改正前 95 条の背景

　錯誤による意思表示とは，表意者の本人の意識しない形で，本人の意に沿わない表示行為がされた場合をいう。錯誤とは，日常用語でいう勘違いの意味である。

　平成 29 年改正前の民法 95 条は，「意思表示は，法律行為の要素に錯誤があったときは，無効とする。ただし，表意者に重大な過失があったときは，表意

者は，自らその無効を主張することができない」と規定していた。しかし，同条については，起草当時の理解から外れる解釈が通説化し，判例もそのような学説に追随した。その後，判例の立場を批判的に検討する複数の学説が現れ，議論が複雑化していた。

　現行の民法 95 条を理解するのに必要な範囲で，簡単に従来の錯誤の議論を説明する。

(2)　錯誤による効力否定の根拠

　錯誤による意思表示の効力が否定される根拠については，大きく分けて 3 つの考え方がある。いずれをとるかで，意思表示の効力が否定される範囲が異なる。

　第 1 は，錯誤による意思表示は，表示行為に対応する意思が欠如しているため，効力が否定されるという説明である（意思主義錯誤論）。この説明では，意思表示の効力が否定される錯誤とは，意思表示の内容に錯誤があることで，内心的効果意思が欠如している場合ということになる。

　第 2 は，錯誤による意思表示は，相手方の表示行為に対する信頼を保護する必要がない場合に限って，効力が否定されるとする説明である（表示主義錯誤論）。この説明からは，相手方が表意者の錯誤について，あるいは表意者の重視した事情について，認識することが可能であったという場合のみ意思表示の効力が否定され，それ以外の場合には意思表示の効力を維持するといった帰結が導かれやすい。

　第 3 は，錯誤による意思表示は，表意者と相手方の間に成立する合意の効力を失わせるような事由があることによって，効力が否定されるとする説明である（合意主義錯誤論）。

> **Column 7-6　合意主義について**
>
> 　法律行為と意思表示の効力を判断する際に，意思主義と表示主義という大きな 2 つの考え方があることはすでに述べた。これに対して，近時は合意主義と呼ばれる新たな立場が注目されている。合意主義は，法律行為のうち，とくに契約関係の拘束力を，表意者の内心の意思や，相手方の表示に対する信頼に解消するのではなく，両当事者の「合意」に求める立場である。

　もっとも，合意主義にも論者によって立場の違いがある。錯誤との関係では，本文で指摘した「表意者と相手方の間に成立する合意の効力を失わせるような事由」をどう考えるかの違いである。例えば，ある絵がフェルメールの模写として譲渡されたが，実は真作であることが判明したとする。このとき，売主が錯誤により意思表示を取り消せる場合を，「この絵がフェルメールの絵でないことを前提に合意した場合」と考えるのと，「この絵がフェルメールの絵であれば契約の効力が失われることを合意した場合」と考えるのでは，前者のほうが取消しの範囲が広くなりそうである。両者の考え方の背後には，契約の拘束力の根拠を，両当事者が共通の前提に立って公平な立場で交渉し合意を交わした点に求めるのか，両当事者が自己責任の原則に基づいて自由な立場で合意を交わした点に求めるのかといった思想の違いがある。

(3)　動機の錯誤をめぐる争い

　平成 29 年改正前の民法 95 条についての解釈論が激しく対立したのは，いわゆる動機の錯誤についてである。動機の錯誤とは，法律行為をした理由（縁由）や，法律行為をした動機について，なんらかの誤認がある場合をいう。

　内心的効果意思を形成する理由である動機は，意思表示の内容には含まれない。伝統的な意思主義錯誤論の立場からは，動機に錯誤があっても，意思表示の効力は否定されないのが原則である。

　しかし，例えばある雌馬を売買したとき，その馬が仔馬を産むという期待をして高い値段で売買したにもかかわらず，実はその馬はすでに出産能力のない老いた馬であったというような場合には，少なくとも買主が売主に仔馬を産む雌馬が欲しいと告げていたような事情があれば，買主の意思表示は錯誤を理由に効力が否定されてよさそうである（大判大正 6・2・24 民録 23 輯 284 頁のケース）。このとき錯誤による意思表示の効力否定の根拠をどう考えるかで，事実関係のどこに着目するのかが異なってくる。

　(a)　**意思主義錯誤論の説明とその批判**　　意思主義錯誤論では，このケースは，買主が「その馬を買いたい」という意思表示ではなく，「仔馬を産むその馬を買いたい」という意思表示をしていると考えて，意思表示の内容に錯誤があるケースと理解する。つまり，表意者が動機を表示し，それが意思表示の内容になっている点を重視する。もっとも，表示された動機が意思表示の内容に

なっている場合には，表示行為に対応する意思が欠如しているといえないのではないかという批判がある。このケースの買主は，「仔馬を産むその馬を買いたい」という内心の意思を，そのとおり表示しているのだから，意思主義錯誤論の主張するような意味での錯誤は生じていないという点への批判である。

(b) **表示主義錯誤論の説明とその批判**　表示主義錯誤論では，このケースは，買主が仔馬を産む馬を買いたいと思って「その馬を買う」という意思表示をしていることを，買主の言動から売主が認識しているか，少なくとも認識可能であったケースと理解する。つまり，表意者が重視する事情について，あるいは表意者が錯誤に陥っていることについて，相手方が認識可能でありその信頼を保護する必要がない点を重視する。もっとも，意思表示の効力が否定される積極的根拠を示せていないという批判がある。

(c) **合意主義錯誤論の説明とその批判**　合意主義錯誤論では，このケースは，売買目的物である雌馬が，出産可能な状態にあるという条件あるいは保証付きで合意がなされたケース，もしくは，合意の前提にこの馬は出産可能な雌馬であるという認識があったケースと理解する。つまり，表意者の動機が，相手方との交渉の過程で合意の内容に何らかの形で取り込まれた場合に，意思表示の効力が否定されることになる。もっとも，このケースが，「仔馬を産む馬」であるという条件あるいは品質保証付きの売買契約であるなら，それは解除条件付法律行為（127条2項），あるいは売主の契約内容不適合責任（562条），債務不履行による損害賠償（415条）や解除（541条）の問題として処理するべきであり，錯誤の問題とはならないとも思える。この点は，いわゆる性状錯誤の扱いとの関係で後述する（本節**4**(3)）。また，動機が合意の内容に取り込まれた場合とはどういう場合を指すのかが必ずしも明らかでないという批判がある。

(4)　判例の立場と現行95条の理解

平成29年改正前の95条を前提として，最高裁は，①内心的効果意思を欠く錯誤だけでなく，動機の錯誤でも意思表示の効力が否定される余地があること，その際，②錯誤がなかったならば表意者が意思表示をしなかったであろうと認められること，動機の錯誤については，これに加えて③動機が相手方に表示されて法律行為あるいは意思表示の内容となる必要があること，を要件としてき

た（最判平成 28・1・12 民集 70 巻 1 号 1 頁　**判例 7-4** 参照）。現行の民法 95 条は，これを次のように条文に反映している。

①については，錯誤は，「意思表示に対応する意思を欠く錯誤」（95 条 1 項 1 号：表示錯誤）と，「表意者が法律行為の基礎とした事情についてのその認識が真実に反する錯誤」（同項 2 号：事実錯誤）に分けて，それぞれの要件を規定している。これは，動機の錯誤について追加の要件を課す判例の立場を維持し，錯誤の規定を二元的に構成したものである。

②については，動機の錯誤だけでなく，錯誤一般の要件と考えられることから，95 条 1 項柱書に規定をした。

③については，前述のとおり，動機の錯誤について学説の立場が分かれており，判例のルールも必ずしも明確でなかった。最近の最高裁判決は，動機が法律行為の内容になっていることを重視する傾向があるが，動機が表示されていることや相手方が認識していることを重視したように読める判例もあり，動機の錯誤に関する判例ルールをどう理解するべきなのか自体にも争いがある。このため，最終的な条文の文言は，判例の言い回しを直接に採用することを避け，解釈の余地を残すようにしてある。このため，事実錯誤については，表示主義錯誤論と，合意主義錯誤論のいずれを採用したかは必ずしも明らかでない。

このような前提に立って，以下は具体的な条文の説明を行う。

> **Column 7-7**　**現行 95 条の解釈論**
>
> 　本文でも述べたように，従来動機の錯誤と呼ばれていた錯誤の類型は，現行の 95 条の錯誤の要件のなかでは，法律行為の基礎となる事情の錯誤と定義し直された。従来の判例法理と異なる要件の立て方がされているため，どの要件がどのように解釈されることになるのか，必ずしも明らかではない。
>
> 　法制審議会での議論も，二転三転している。当初は，平成 29 年改正前 95 条の下での判例を参考に，動機の錯誤については，①動機が表示され法律行為の内容になった場合と，②相手方の不実表示により錯誤が引き起こされた場合を分けて，意思表示の効力否定要件としていた。ところが法律行為の内容化という表現に反対する意見や，不実表示という新しい錯誤類型を明文化することに慎重な意見があり，最終的に判例法理とも異なる文言で条文化がされたのである。
>
> 　もっとも，積み上げられてきた判例法理が，全く無意味になることはありえないので，現行の 95 条の下での事実錯誤の要件は，改正前 95 条での動機錯誤

の要件を参考に展開されることになろう。

2 共通する要件１：因果関係と錯誤の重要性

意思表示が錯誤によって取り消しうるものとなるには，それが錯誤に基づくものであり，かつ，その錯誤が法律行為の目的および取引上の社会通念に照らして重要なものでなければならない（95条1項柱書）。

(1) 錯誤に基づく意思表示であること

意思表示が錯誤に基づくとは，表意者が錯誤に陥らなければ，その意思表示をしなかったといえることを指す。表意者の錯誤と意思表示の間に，主観的な因果関係があることである。

(2) 重要な錯誤であること

意思表示が錯誤によって取り消しうるものとなるためには，錯誤が客観的に重要なものでなければならない。軽微な錯誤によって意思表示を取り消しうるものとすると，取引の安全が過度に害されるからである。

錯誤の客観的重要性は，法律行為の目的および一般取引の通念に照らして評価する。法律行為の類型と，個別事情をあわせ考慮し，通常一般人ならその錯誤がなければ意思表示をしないといえるかが基準になる。例えば，売買契約では，買主の名前を売主が誤認していても，通常一般の売主であれば，その錯誤がなければ意思表示をしなかったとはいえないので，客観的重要性はないのが通常である。しかし，個別事情によっては，買主が誰であるかも客観的重要性が認められることがある。実際にあった例では，戦時中の保安林の売買で，買主が軍部であると誤認して売却に応じた売主の錯誤に，客観的重要性が認められた（最判昭和29・2・12民集8巻2号465頁）。

3 表示錯誤特有の要件

意思表示が取り消しうるものとなる錯誤の第1類型は，意思表示の，表示行為に対応する内心的効果意思が欠けることになる錯誤（95条1項1号）である。

　このような錯誤の例として，言い間違い，書き間違い，入力ミス，伝達ミスなどによって，内心で欲した権利義務関係と異なる法律行為を成立させる表示行為をしてしまう場合（表示の錯誤）が考えられる。例えば，ある銘柄の株式を 1 株 61 万円で売り注文をするつもりで，61 万株 1 円の売り注文をしてしまった場合（錯誤が争点にはなっていないが，東京高判平成 25・7・24 判時 2198 号 27 頁の事例参照）は，表示錯誤となる。

　この他に，1 ドルと 1 ユーロを同じ意味だと誤解したため，100 ドルで購入するつもりが 100 ユーロで購入する意思表示をした場合（意味の錯誤）も，表示錯誤の例として挙げられることがある。

４ 事実錯誤特有の要件

　意思表示が取り消しうるものとなる錯誤の第 2 類型は，表意者が法律行為の基礎とした事情について，その認識が真実に反する錯誤（95 条 1 項 2 号）である。

(1)　法律行為の基礎事情の誤認

　表意者が法律行為の基礎とした事情とは，従来は意思表示の動機や理由（縁由）と分類されていた事情である。表意者が法律行為をするにあたり，ある事情について真実であるという認識のもとで意思表示をした場合の，その事情を指している。

　したがって，意思表示の時点で真偽が確定しない事情は，基礎事情にはならない。例えば，将来の地価が上がるという認識をもって土地を購入したところ，実際には値下がりをしたという場合において，地価が上がるという誤った認識は，基礎事情の誤認とはいえない。しかし，土地周辺に開発計画が進行中であるという事情は，意思表示の時点で真偽確定可能であるから，開発計画が中止したことを知らなかったといった場合は，基礎事情の誤認になりうる。

(2)　基礎とされていることの表示

　事実錯誤により意思表示が取り消しうるものとされるためには，その事情が法律行為の基礎とされていることが表示されている必要がある（95 条 2 項）。

もっとも，基礎事情がどのように表示されることが求められるのかは，条文上明らかにされておらず，解釈論上も困難な問題である。平成29年改正前に蓄積した判例法理と，平成29年改正の議論の経緯から導き出せるのは，以下の3点である。

(a) 黙示の表示が「表示」にあたる場合　第1に，基礎事情が両当事者の暗黙の前提となっているような場合には，その事情が法律行為の基礎とされていることが黙示的に表示されていると評価されることがある。離婚に伴い夫が妻に財産を給付する財産分与契約について，双方とも，財産給付に伴う税金は妻に課されると誤解していたというケースで，夫に課税されないことが黙示的に表示されていたとして，意思表示の効力を否定した判例がある（最判平成元・9・14家月41巻11号75頁　**判例 7-3**）。

▷ **判例 7-3** ▷ **最判平成元・9・14家月41巻11号75頁**

【事案】 X と Y は夫婦で建物甲に居住していたが，X の不倫が原因で，Y から X に離婚の申入れがされ，協議離婚が成立した。その際 X は，Y の希望に沿って，自己の特有財産に属する甲とその敷地乙（以下，これらをあわせて「本件不動産」という）を財産分与として Y に譲渡する旨の契約をし（以下「本件財産分与契約」という），所有権移転登記が経由された。

　本件財産分与契約の際，X は，財産分与を受ける Y に課税されることを心配してこれを気遣う発言をしたが，X に課税されることは話題にならなかった。ところが税法上は，財産分与の課税は分与者にされる。X はそのことに離婚後に気づき，かつ，その額が2億円以上であることが判明した。

　X は，本件財産分与契約の際，これにより自己に譲渡所得税が課されないことを合意の動機として表示したものであり，2億円を超える課税がされることを知っていたならば同意思表示はしなかったから，本件財産分与契約は平成29年改正前95条の「法律行為の要素に錯誤があったとき」にあたり無効である旨主張して，Y に対し，本件不動産のうち，甲につき所有権移転登記の抹消登記手続を求めた。第1審は X の請求を棄却し，第2審はこれを維持した。X が上告した。

【判旨】 破棄差戻し。「意思表示の動機の錯誤が法律行為の要素の錯誤としてその無効をきたすためには，その動機が相手方に表示されて法律行為の内容となり，もし錯誤がなかったならば表意者がその意思表示をしなかったであろうと認められる場合であることを要するところ（最判昭和29・11・26民集8巻11号2087頁，最判昭和45・5・29判時598号55頁），右動機が黙示的に表示さ

れているときであっても，これが法律行為の内容となることを妨げるものではない」。

　「〔本件財産分与契約の際，X は〕財産分与を受ける Y に課税されることを心配してこれを気遣う発言をしたというのであり，記録によれば，Y も，自己に課税されるものと理解していたことが窺われる。そうとすれば，X において，右財産分与に伴う課税の点を重視していたのみならず，他に特段の事情がない限り，自己に課税されないことを当然の前提とし，かつ，その旨を黙示的には表示していたものといわざるをえない。そして，前示のとおり，本件財産分与契約の目的物は X らが居住していた建物甲を含む本件不動産の全部であり，これに伴う課税も極めて高額にのぼるから，X とすれば，前示の錯誤がなければ本件財産分与契約の意思表示をしなかったものと認める余地が十分にあるというべきである。X に課税されることが両者間で話題にならなかったとの事実も，X に課税されないことが明示的には表示されなかったとの趣旨に解されるにとどまり，直ちに右判断の妨げになるものではない」。

【コメント】本件の場合，X も Y も課税のルールについて誤解をしたまま財産分与契約を締結している。判決は動機が黙示に表示されていたという説明をしているが，「Y が税金を支払う」ことが XY 間で黙示に合意されていたというより，「X に課税されない」ことが暗黙の前提となって契約が結ばれたから，この事情が「法律行為の内容」になっているという趣旨だと思われる。

(b)　**一方的な表示が「表示」にあたらない場合**　　第 2 に，表意者が，法律行為をする理由を相手方に告げていたとしても，その理由についての誤認が意思表示の取消しを導かない場合がある。例えば，コンセントの抜けた自宅のテレビが故障したと勘違いして新たにテレビを購入した場合，売主に対して自宅のテレビが故障したから売買契約を締結するのだと告げていたとしても，買主の誤認により売買契約申込みの意思表示が取り消されることはないだろう。このような場合は，動機を明示的に伝えても，「その事情が法律行為の基礎とされていることが表示されていた」とはいえない。判例（最判平成 28・1・12 民集 70 巻 1 号 1 頁　判例 7-4 ）では，金融機関と信用保証協会の間に締結される保証契約において，信用保証協会の主債務者が反社会的勢力ではないという動機の錯誤は，この点に誤認があったことが事後的に判明した場合に本件各保証契約の効力を否定することを双方が前提としていたとはいえないので，動機は表示されていたとしても，意思表示の効力を否定しないとしている。

> **判例 7-4** 　最判平成 28・1・12 民集 70 巻 1 号 1 頁

【事案】（同日に複数の判決があるが，共通する事実関係をまとめる。）金融機関 X が，企業 A に融資を行うに際して，事前の合意（基本契約）に基づき，信用保証協会 Y との間で保証契約を締結した。ところが，保証契約締結後に，A の代表取締役が暴力団員であるなどの事実が判明した。A が X への返済をしなかったため，X は Y に保証債務の履行を求めた。これに対して Y は，A が反社会的勢力であることを知っていれば Y は X との保証契約を締結しなかったのだから，Y の保証契約締結の意思表示には平成 29 年改正前 95 条の「法律行為の要素に錯誤があったとき」にあたるとして，保証債務の履行を拒否した。

【判旨】「保証契約は，主債務者がその債務を履行しない場合に保証人が保証債務を履行することを内容とするものであり，主債務者が誰であるかは同契約の内容である保証債務の一要素となるものであるが，主債務者が反社会的勢力でないことはその主債務者に関する事情の一つであって，これが当然に同契約の内容となっているということはできない。」

【コメント】当時，政府は金融機関等に対して，反社会的勢力との関係を遮断するよう要請を出していた。このため，X も Y も，A は反社会的勢力ではないという前提で契約をしていたはずである。しかし，最高裁は，A が反社会的勢力かどうかという事情が，保証契約の内容になっていない以上，無効が導かれることはないとした。

　信用保証協会は，中小企業等が銀行その他の金融機関から貸付け等を受ける際に，その保証人となることで融資を円滑に受けられるようにする，いわば融資業務のプロである。最高裁は，X と Y は，A が反社会的勢力であることが事後的に判明する場合が生じうることを想定できたはずなのに，基本契約や保証契約にその場合の取扱いについての定めを置かなかったことを指摘している。

　この判決からは，契約類型や契約当事者の専門性によっては，両当事者が暗黙の前提にしていた事実が真実と反していても，意思表示の効力が否定されない場合があることがわかる。現行の 95 条 2 項の下での，「表示されていた」の解釈でも参考になる。

(c)　**不実表示により引き起こされた錯誤**　　相手方の真実とは異なる言動により，表意者の錯誤が引き起こされた場合について，それが相手方の故意によるものである場合には，詐欺（96 条）の問題になるが，過失による場合や過失すらない場合には詐欺の規定の適用はない。こうした場合を不実表示と呼ぶ。

　不実表示は，平成 29 年改正の審議過程で，独立した取消原因として明文化することが検討されたが，最終的には，95 条 1 項 2 号に吸収されることにな

った。つまり，相手方がある事情について真実と異なることを告げた場合には，「その事情が法律行為の基礎とされていることが表示されていた」（95 条 2 項）とされて取消可能となることがある。

以上のような点からは，「その事情が法律行為の基礎とされていることが表示されていた」という条文の文言は，表意者が一方的に自らの取引の動機を相手方に告げていたということではなく，両当事者が契約（法律行為）を結んだ際，ある事情が存在すること，あるいは存在しないことを意思表示の効力発生の前提（基礎）にしたことが，契約あるいは交渉過程から明らかになっている（表示されていた）というようなことを指しているのだと考えられる。

(3)　性状の錯誤について

売買のように財産権譲渡が目的となる契約の場合，目的物にある性質や状態が備わっていると誤信することを性状の錯誤という。性状の錯誤は，伝統的に動機の錯誤の典型例として取り上げられてきたが（**1**(3)参照），平成 29 年改正との関係で，以下の点に注意をする必要がある。

(a)　契約内容不適合責任との関係　目的物にある性質や状態が備わっていることが，契約の内容として合意されているにもかかわらず，引き渡された目的物に当該性質や状態が備わっていなかったという場合に，これが民法 95 条 1 項 2 号の事実錯誤にあたるかという問題がある。2 つの考え方を示しておく。

第 1 は，契約の内容として合意された性質や状態が目的物に備わっていない場合も，事実錯誤にあたるとする考え方がありそうである。すなわち性状の錯誤とは，目的物の性質や状態が備わっていることを契約の「基礎とした」ところ，そのような性質や状態が備わっていなかったという意味で「その認識が真実に反する」場合であり，この場合，その性質や状態が備わっているということが「契約の基礎とされていることが表示されていた」ならば，譲受人は取消しが可能と考えることになる。この場合，譲受人は錯誤による取消しを選択するか，取り消さずに契約内容不適合責任（562 条以下）を追及するかの選択肢が与えられることになる。

第 2 に，他方で，目的物にある性質や状態が備わっていることが契約内容として合意されているなら，そのような性質や状態が備わっていない物が目的物

として引き渡された場合には，それは目的物の性状のほうが「契約の内容に適合しない」のであって，買主の「その認識が真実に反する」のではないから，もっぱら契約内容不適合の問題として処理するべきだという考え方もありそうである。

Column 7-8　**錯誤と契約内容不適合責任の競合**

　この問題は，平成 29 年改正前には，要素の錯誤による無効（改正前 95 条）と，契約内容不適合責任の前身である瑕疵担保責任（改正前 570 条）との競合という形で議論されていた。学説では，①無効な契約について瑕疵担保責任を問題とする余地はないという理由により錯誤規定の優先的な適用を認める説，②瑕疵担保責任が売主の責任を 1 年間と限定している趣旨を無にしないため錯誤規定の適用を排除する説，③いずれの要件も満たす場合には買主の選択に委ねるとする説が主張されていた。

　判例は，イチゴジャムの代物弁済を内容とする和解契約について，引き渡されたジャムが粗悪品であった場合に，錯誤の規定の適用を認めたものがあるが（最判昭和 33・6・14 民集 12 巻 9 号 1492 頁），当事者の主張に沿っただけであり，①の立場か③の立場かは明らかでなかった。平成 29 年改正後は，民法 95 条の効果が取消しに変わったことで，①の説は維持できなくなったものと思われる。しかし，本文で指摘したように，②③の説のいずれが妥当かという問題が新たに浮上しそうである。

(b)　**性状の錯誤と「表示」**　　次に問題になるのは，目的物にある性質や状態が備わっているということが「契約の基礎とされていることが表示されていた」とされる場合というのは，その性質や状態が，契約内容になっている場合だけなのかという点である。

　表示主義錯誤論からは，買主がある性質や状態を重視していることを売主に認識させ，売主がその性質や状態が目的物に備わっていないことを明らかにしないままに契約を締結したような場合には，売主の取引の安全を考慮する必要がないから意思表示の効力を否定してよいと考える。つまり，その性質や状態が契約の内容になっていないような場合でも，契約交渉の過程などから，「契約の基礎とされていることが表示されていた」といえる場合が存在すると考えることになる。

　合意主義錯誤論からは，ある性質や状態が備わっていることが「契約の基礎

とされていることが表示されていた」といえるためには，その性質や状態が契約内容になっていなければならない。ただし，契約交渉の過程が考慮されないわけではない。ある性質や状態が契約内容になっているといえるかは契約の解釈の問題であり，契約の解釈の際には，契約の文言のほか，契約交渉の過程も考慮されるからである。ただし，売買など有償契約においてある性質や状態が契約内容になっているといえるためには，その性質や状態の備わっていることが保証されていたり，条件となっていたり，あるいは代金額にそのことが反映していなければならないという立場をとると，表示主義錯誤論よりも取消しの認められる範囲は狭くなると考えられる。

5 共通する要件 2 ：表意者の重過失の不存在

　錯誤が，表意者の重大な過失によるものであった場合には，表意者は原則として意思表示の取消しをすることができない（95条3項柱書）。軽率な表意者の錯誤により意思表示が取り消されると，取引の安全が害されるからである。

　ただし，①相手方が表意者に錯誤があることを知り，または重大な過失によって知らなかったとき（同項1号），もしくは，②相手方が表意者と同一の錯誤に陥っていたとき（同項2号）には，表意者の取消しが認められる。これらの場合には，意思表示が有効であるという相手方の信頼を，保護する必要がないためである。

　表意者に重大な過失があったことは，取消しを否定する相手方が立証する必要がある。重大な過失がなかったことを表意者が立証する必要はない。相手方が表意者の重過失を立証した場合，表意者は，相手方が表意者の錯誤について悪意または重大な過失があったこと，もしくは，相手方も表意者と同一の錯誤に陥っていたことを立証することで，再び取消しを認められることになる。

6 錯誤の効果

　以上の要件を満たした場合，錯誤による意思表示は取り消すことができる（95条1項柱書）。

(1)　取消可能

　錯誤による意思表示は，表意者本人，あるいは本人の代理人もしくは包括承継人にかぎり取り消すことができる（120 条 2 項）。取り消された場合には意思表示は初めから無効であったものとみなされる（121 条）が，表意者は相手方に対する意思表示によって追認ができる（122 条）。また取消権には期間制限がある（126 条）。

　錯誤による意思表示が，無効ではなく，取り消しうるものとされているのは，民法 95 条は，表意者を保護するための規定であるから，意思表示の効力を否定するかどうかは，表意者の判断に委ねる趣旨である。

　A から B に，ある画家の作とされる絵画が，真作という基礎事情を表示して譲渡されたが，それが贋作であったという場合に，B の債権者 C は，無資力の B に売買代金を取り戻させるため，B の取消権を債権者代位権（423 条）によって行使することができるか。平成 29 年改正前の判例（最判昭和 45・3・26 民集 24 巻 3 号 151 頁〈 判例 7-5 〉）を参考にすると，B 自身が意思表示に錯誤があることを認めているような場合に限り，C は取消権を行使できることになりそうだが，C は自己の債権を保全するためであれば，B の意思に無関係に取消権が行使できるとする考え方もありうる。

〈 判例 7-5 〉**最判昭和 45・3・26 民集 24 巻 3 号 151 頁**

【事案】A は，Y から藤島武二作と称する油絵 2 点を 38 万円で買い受けた。A が，それらが真作に間違いないものかどうかを確かめたところ，Y は「自分も高く買っている」と答えるなど，暗に真作であることを保証する言動をとった。A はその油絵を，X にやはり真作であるとの前提のもと 55 万円で転売したが，その後これらが贋作であったことが判明した。X は A を被告として，AX 間の売買契約は錯誤により無効であるとして既払代金 45 万円の返還を求めるとともに，Y を被告として，A が Y に対して有する 38 万円の既払代金の返還請求権を代位行使すると主張した。X はその主張の前提として，YA 間の売買契約が，錯誤により無効であることを主張している。第 1 審，第 2 審ともX の請求認容。A を被告とする訴訟は第 1 審で確定し，Y のみが控訴，上告した。

【判旨】上告棄却。「意思表示の要素の錯誤については，表意者自身において，その意思表示に瑕疵を認めず，錯誤を理由として意思表示の無効を主張する意

思がないときは，原則として，第三者が右意思表示の無効を主張することは許されないものであるが……，当該第三者において表意者に対する債権を保全するため必要がある場合において，表意者が意思表示の瑕疵を認めているときは，表意者みずからは当該意思表示の無効を主張する意思がなくても，第三者たる債権者は表意者の意思表示の錯誤による無効を主張することが許されるものと解するのが相当である」。

【コメント】絵画売買における真贋に関する錯誤は，性状の錯誤であり，したがって一般には動機の錯誤とされる。ところが本件ではYがAに対して真作であることを保証していたことから，動機が法律行為の内容になり，YA間の売買契約には要素の錯誤があることになる。

　問題は，Aに生じた要素の錯誤を，第三者Xが主張できるかである。最高裁は，Xが，Aに対する債権を保全するために，Aの債権を代位行使（423条）する前提として，Aのした意思表示の錯誤による無効を主張する場合で，かつAが自らの錯誤を認めているときは，Xの主張が許されるとした。このような場合は，XにAの錯誤を主張する正当な理由があり，かつAの意思にも反しないから，錯誤主張を認めても差支えないと判断したものであろう。

⑵　善意の第三者の保護

　錯誤による意思表示の取消しは，善意でかつ過失がない第三者に対抗することができない（95条4項）。

　Aが，所有する不動産をBに売却し，さらにBが同不動産をCに売却した後で，Aが錯誤を理由に意思表示を取り消したとする。取り消された意思表示は初めから無効であったものとみなされる（121条）から，AB間の売買の効力が失われ，Cは無権利者のBと取引をしたことになり，不動産の所有権を取得できないのが原則である。しかし，Aには錯誤に陥ったという帰責性があり，他方で，意思表示が有効であると信じて取引をしたCの信頼を保護する必要もある。

　そこで，意思表示が錯誤により取り消しうるものであることを知らず，かつ，知らないことに過失のない第三者に対しては，表意者は錯誤による取消しを対抗することができないことにした。

　この場合の第三者とは，錯誤による意思表示が有効である間に，新たに法律上の利害関係を有するに至った者である必要がある。また，錯誤に陥った表意

者の帰責性は，心裡留保や虚偽表示の表意者のそれより軽いと考えられることから，第三者は善意かつ無過失であることを求められる。取得した不動産について登記を備えることは，第三者として保護されるための要件ではない。

　A が B に不動産を売却し，売買契約締結の意思表示を取り消した後に，B が C に不動産を売却した場合は，95 条 4 項の問題ではない（本章第 6 節 **3** (2)の詐欺についての説明を参照）。

第 6 節　詐欺・強迫による意思表示の取消し

1 民法 96 条の特徴

　民法 96 条 1 項は，詐欺と強迫による意思表示を，取り消すことができると規定している。詐欺による意思表示と，強迫による意思表示は，内心的効果意思は一応存在しているが，その形成過程に，他人の不法な関与があったという共通点があるためである。

　すなわち，詐欺による意思表示とは，表意者がだまされて，権利義務関係を創設する意思を形成し，意思表示をする場合である。また，強迫による意思表示とは，表意者がおどされて，権利義務関係を創設する意思を形成し，意思表示をする場合である。いずれも，権利義務関係を創設する意思（内心的効果意思）を表意者自身で形成しているが，その形成過程で，表意者に同情すべき事情がある。そうした場合をまとめて規定するのが民法 96 条の特徴である。

　ただし，詐欺の場合，表意者はだまされたことに一定の落ち度があるので，強迫の場合と比較すると相対的に表意者の帰責性が大きい。そこで，民法 96 条 2 項，3 項は，詐欺についてのみ，取消しの範囲を限定する規定を設けている。

2 詐欺による取消しの要件

　詐欺による意思表示の取消しの要件は，欺罔行為（人をだます行為）を意思表示の相手方が行った場合と，第三者が行った場合で異なる。

(1)　欺罔行為を相手方がおこなった場合

　詐欺による意思表示の取消しが認められるためには，①表意者に対する違法な欺罔行為があること，②欺罔行為により表意者が錯誤に陥ったこと，③表意者が錯誤により意思表示をしたこと，④欺罔行為者に故意があることが必要である。

　違法な欺罔行為とは，社会通念上相当でない方法によって人をだます行為である。積極的に虚偽の事実を告げる行為が典型的であるが，状況によっては，より消極的な，真実を告げない行為が欺罔行為と評価される場合もある。単なる沈黙が違法な欺罔行為になるか（沈黙による詐欺が認められるか）には議論があるが，欺罔行為者が信義則上，情報提供の義務を負っているかどうかで判断すべきとの提案がある。

　欺罔行為により表意者が陥る錯誤は，欺罔行為によって錯誤が引き起こされたという関係が必要であるが，その関係があれば，民法95条では考慮されないような動機の錯誤であっても構わない。例えば，電器屋が顧客の自宅のテレビのコンセントが抜けているのを知っていながら，壊れているとだまして新しいテレビを購入させる場合を考えると，顧客の錯誤は事実錯誤（95条1項2号）にはあたらないが，詐欺を成立させる錯誤にはなりうる。

　詐欺の成立には，欺罔行為と錯誤，錯誤と意思表示の間の，二重の因果関係が必要ということになるが，さらに欺罔行為者が，これらの過程を意図していたこと（故意）が必要とされる。

> **Column 7-9**　**錯誤と詐欺の二重効について**
>
> 　平成29年改正前，錯誤による意思表示（95条）は，意思表示を無効とするものとしていたので，ある意思表示が，錯誤による無効の要件と詐欺による取消しの要件の双方を満たす場合に，いずれを優先的に適用するべきかという問題が論じられた。
>
> 　当初，無効な行為を取り消すことはできないという考え方も主張されたが，表意者保護の規定であるから，いずれを適用するかは表意者の選択に委ねるべきであるという考え方が有力とされていた。
>
> 　現在は錯誤も詐欺も，意思表示の取消原因として並列されているので，上記のような理論上の問題は解消した。表意者はより立証のしやすいほうを選択すればよい。

(2)　欺罔行為を第三者がおこなった場合

　第三者が詐欺をおこなった場合には，上記①から④の要件に加えて，⑤意思表示の相手方が詐欺の事実を知り，または知ることができたことが必要である（96条2項）。相手方が直接に欺罔行為をしたわけではないため，取引の安全を考慮して取消しの範囲を限定する趣旨である。

Column 7-10　**第三者による詐欺**

　平成29年改正前96条2項は，第三者による詐欺について，「相手方がその事実を知っていたときに限り」，つまり，相手方が第三者により詐欺が行われた事実について悪意の場合に限り，意思表示の取消しを認めていた。これに対して現行法は，「相手方がその事実を知り，又は知ることができたときに限り」，つまり相手方が悪意の場合だけでなく，善意・有過失の場合にも，意思表示の取消しを認めている。

　第三者による詐欺について，相手方自身が詐欺を行った場合よりも要件を加重しているのは，相手方の信頼を保護するためである。平成29年改正による要件の見直しは，第三者により詐欺が行われた事実を相手方が知っていた場合はもちろん，過失により知らなかったという場合にも，相手方の信頼は保護に値しないという価値判断に基づくものである。

　もっとも，詐欺による意思表示について，錯誤の場合よりも広く意思表示の取消しを認めるのは，相手方が表意者の錯誤を引き起こしたか，またはそれと同等の非難を受けるような場合であるからだとも考えられる。第三者による詐欺について，直接欺罔行為に関与していない相手方が，過失があるだけで意思表示を取り消されるのは，表意者の保護される範囲が広すぎるという考え方もありうる。

　法制審議会では，要件見直しの根拠として，民法93条の心裡留保について，相手方が善意・無過失でなければ意思表示が無効とされないこととのバランスを挙げている。しかし，民法93条については，心裡留保による意思表示は表意者の帰責性が大きいことから，相手方は善意（または善意・無重過失）でなければ無効にならないという考え方もあったことに留意すべきである。

3　詐欺の効果

　詐欺による意思表示は取り消すことができる（96条1項）。

(1)　取消可能

　取消権を行使できるのは，表意者本人，その代理人もしくは包括承継人である（120 条 2 項）。取り消された行為は，初めから無効であったものとみなされる（121 条）が，表意者によって追認ができる（122 条）。また取消権には期間制限がある（126 条）。

(2)　善意の第三者の保護

　詐欺による意思表示の取消しは，善意でかつ過失がない第三者に対抗することができない（96 条 3 項）。

　A が，B の詐欺によって，所有する不動産を B に売却したところ，B が C にこれを転売したとする。その後，B の詐欺に気づいた A が，B への売却の意思表示を取り消した場合を考えると，意思表示の取消しにより，AB 間の法律行為は初めから効力を失い（121 条），C は無権利者から不動産を購入したことになるから，所有権を取得できないのが原則である。しかし，A には錯誤に陥ったという帰責性があり，他方で，意思表示が有効であることを前提に，それが取り消しうるものであると知らずに取引をした C の信頼を保護する必要もある。

　そこで，意思表示が詐欺により取り消しうるものであることを知らず，かつ，知らないことに過失のない第三者に対しては，表意者は詐欺による意思表示の取消しを対抗することができないことにした。

　この場合の第三者とは，詐欺による意思表示が有効である間に，新たに法律上の利害関係を有するに至った者である必要がある。また，詐欺に陥った表意者の帰責性は，心裡留保や虚偽表示の表意者のそれより軽いと考えられることから，第三者は善意かつ無過失であることを求められる。取得した不動産について登記を備えることは，第三者として保護されるための要件ではない。

　A が，B の詐欺によって，所有する不動産を B に売却したが，詐欺に気づいて売買契約締結の意思表示を取り消した後に，B が C に不動産を売却した場合は，96 条 3 項の問題ではない。判例は，これを 177 条の問題として処理する。すなわち，A と C の，いずれが先に登記をしたかによって優劣が決定し，C の主観的要件は問題とされない。もっとも，このようないわゆる「取消

し後の第三者」についても，96条3項を適用すべきとする学説や，あるいは
B名義の登記を放置したAの帰責性を捉えて94条2項の類推適用を主張する
学説がある。詳しくは物権法の教科書に譲る。

4 強迫による取消しの要件

　強迫による意思表示の取消しが認められるためには，①表意者に対する違法
な強迫行為があること，②強迫行為により表意者が畏怖したこと，③表意者が
畏怖により意思表示をしたこと，④強迫行為者に故意があることが必要である。

　違法な強迫行為には，積極的な行為だけでなく，無言の圧力のような消極的
な行為も含まれる。

　強迫行為による表意者の畏怖とは，強迫行為によって，表意者が恐怖心を感
じることである。畏怖により意思表示をしたとは，その恐怖心が原因となって，
表意者が内心的効果意思を形成し，表示行為に至ったことを指す。例えば，契
約を締結しないと暴力をふるわれるという恐怖心から，契約書にサインをした
場合である。

　この場合，内心的効果意思，すなわち法律関係により権利義務関係を創設す
る意思自体は存在するが，その形成過程に他人の違法な行為が関与していると
いう点に特徴がある。表意者が恐怖心から，意思形成の自由を奪われている場
合には，そもそも意思表示自体が存在しないと評価され，法律行為は不成立と
なる。

　詐欺の場合（96条2項）と異なり，第三者が強迫行為を行った場合にも，追
加的な要件は課されることなく意思表示は取り消しうる。詐欺の場合より，強
迫の場合のほうが，表意者の保護の必要性が高いと考えられるためである。

5 強迫の効果

　強迫による意思表示は取り消すことができる（96条1項）。取消権を行使で
きるのは，表意者本人，その代理人もしくは包括承継人である（120条2項）。
取り消された行為は，初めから無効であったものとみなされる（121条）が，
表意者によって追認ができる（122条）。また取消権には期間制限がある（126
条）。

　錯誤（95条4項）や詐欺（96条3項）の場合と異なり，強迫による取消しに，善意の第三者を保護する規定はない。強迫の場合，表意者の帰責性は小さく，表意者を犠牲にして第三者の信頼を保護することは適当でないと考えられるためである。

第7節　消費者契約法の特別規定

1 詐欺・強迫規定の補完

　消費者契約法は，事業者と消費者の間の契約（消費者契約）について，両者の情報力，交渉力の格差を考慮して，消費者を保護するための規定を置いている。そのなかでは，消費者契約における事業者の勧誘を適正化するための規定として，事業者の①不実告知（消費契約4条1項1号），②断定的判断の提供（同項2号），③不利益事実の不告知（同条2項）によって，消費者が誤認をしてした意思表示を取り消すことができるものとしている。また，事業者の④不退去（同項3項1号），⑤監禁（同項2号）により消費者が困惑してした意思表示も取り消すことができる。

　消費者契約法4条の規定は，民法の錯誤・詐欺・強迫による意思表示の取消規定を補完する形で働く。

　例えば，将来における変動が不確実な事項につき断定的判断を提供する行為（例えばこの絵画は絶対値上がりすると告げる場合）は，表意者がそれを信じても基礎事情の誤認とは言いがたく，また故意がなければ詐欺になることもない。しかし，事業者が消費者に対してこれをおこなうことは適当でないから，消費者契約の場合には取消原因となる。

　自宅を訪問して長時間居座り，あるいは営業所を訪問させ帰れないようにして，しつこく勧誘し根負けした相手に契約を締結させる行為も，相手に恐怖心を起こさせない程度であれば強迫にはならない。しかし，事業者が消費者に対してこれをおこなうのは適当ではないから，消費者契約の場合には取消原因となる。なお，これらの販売手法は特定商取引法の訪問販売にも該当し（特定商取引2条1項），消費者にはクーリング・オフ等の権利も認められる。

2 その他の不当勧誘規制

　消費者契約法4条は，詐欺・強迫の拡張からはじまり，事業者による不当勧誘全般に対処するため，改正により取消しが認められる範囲を拡張してきた。現在では，消費者が願望の実現に対して抱いている過大な不安をあおるような勧誘（消費契約4条3項3号），デート商法（同項4号），霊感商法（同項6号），消費者が契約締結の意思表示をする前に事業者が義務の一部や事業活動を実施する行為（同項7号・8号）などによって，消費者が困惑した場合についても取消しの対象としている。

　また，高齢者の消費者被害が深刻化していることから，加齢や心身の故障により判断力の低下した消費者の不安をあおって契約を締結させる行為も，不当勧誘として取消しの対象にしている（同項5号）。さらに，一人暮らしの高齢者が認知症にかかるなどして，通常の分量を著しく超える物品や役務を購入し続けていることを知りながら，さらに消費者契約の勧誘をおこなうような行為（過量販売）も，取消しの対象にする（同条4項）。

　いずれも，事業者として適切な勧誘行為とはいえないが，詐欺や強迫，あるいは意思無能力といった民法上の規定だけで消費者保護を図ることに限界があるため，このような特別規定を置くことで対処しようとしている。

練習問題

　AがBに対して，所有する甲土地を売り渡し，所有権移転登記がされた（契約1）。その後，Bが甲土地をCに売り渡し，所有権移転登記がされた（契約2）。さらにその後に，AがBとの契約の効力が失われたものとして，所有権者としてCに対して甲土地の明渡しを求めるとともに，BからCへの所有権移転登記の抹消登記手続を求めている。以下の事情がそれぞれ判明したとして，Aの請求が認められるかを検討しなさい。

1　契約1の後，契約2の前に，AがBの詐欺を理由に契約1の意思表示を取り消して，Bへの所有権移転登記の抹消登記手続をBに求めていたが，Bがこれに応じず，善意のCに売却していた場合。

2　契約2の後に，AがBの詐欺を理由に，契約1の意思表示を取り消していた場合。なお，Cは契約2の時点で，Bの詐欺について善意だったものとする。

3　1および2について，Bのした行為が「詐欺」ではなく「錯誤」あるいは「強
　　迫」だった場合。
4　契約1がAの心裡留保，もしくはAB間の通謀による仮装のものであった場合
　　において，契約1の後，契約2の前に，Aが契約1の意思表示が無効であるとし
　　てBへの所有権移転登記の抹消登記手続をBに求めていたが，Bがこれに応ずる
　　ことなく，善意のCに売却したとき。

第 **8** 章

代　　理

　この章では，代理について，その総論と代理が認められる基本的な要件について解説した後に，無権代理についての扱いを解説する。

第1節　代 理 総 論

1 代理の定義と意義

　代理とは，本人に代わり他の者がおこなった法律行為の効果を，本人に直接帰属させる法的な仕組みである。法律行為の効果は，それをおこなった当事者自身に帰属するのが原則であり，代理はその例外である。

　代理には，主として以下のような意義がある。

⑴　私的自治の拡大

　代理によって，人はその社会的活動範囲を拡大する。例えば，本人は忙しくて，契約締結の場所に行くことができないとき，代理人に契約の締結を委任（643条）することで，本人自身が契約をしたのと同様の効果を発生させること

ができる。このため，特に委任による代理（任意代理）は，私的自治の拡大にとって重要な役割を果たす。

(2)　私的自治の補充

本人に，自ら財産管理をできない事情がある場合に，法が他の者に財産管理の代理権を与えることで，本人の財産を守らせる場合がある。例えば，未成年者の財産に関する法律行為について，親権者は子を代理（代表）する（824条）。被後見人と後見人（859条1項），不在者と不在者財産管理人（28条）も，本人と代理人の関係である。

法により代理権が与えられる場合（法定代理）の多くは，本人の財産を本人に代わって保護するという意味で，私的自治を補充する役割がある。

(3)　法人の事務執行

法人の事務執行も，代理（代表）の重要な社会的役割である。法人は自ら行為できないため，法人の理事等が法人の代表者（代理人）となって行為し，その効果が法人に帰属する。法人の代表は，代表者の行為が法人の行為と同一視される点で代理とは異なるという説明をする学説もあるが，ある法人格がおこなった法律行為の効果を，他の法人格に帰属させるという点において，代理の一種とみることができる（第4章第2節**4**）。

法人の代表者の権限は法によって決まっている部分が多く，その意味では法定代理人に類似するが，会社の代表取締役のように，会社から委任を受けて代表者となる場合は任意代理人の性格を兼ね備える。

2　代理の基本的な仕組み

代理の基本的な仕組みについて説明する。

(1)　能働代理の場合

代理人がその権限の範囲内で，本人のためにすることを示してした意思表示は，本人に対して直接にその効力を生ずる（99条1項）。本人Aの代理人Bが，代理権の範囲内で，Aのためにすることを示して，Cに契約の申込みをすると，

Aが契約の申込みをしたのと同様の効力が生ずる。

(2)　受働代理の場合

　上記のルールは，第三者が代理人に対してした意思表示について準用される（99条2項）。つまり，第三者が，代理人の権限内において，本人のためにすることを示してした意思表示は，本人に対して直接にその効力を生ずる。上の例で，Cが，Aのためにすることを示して，Bに対して契約の承諾をすると，それがBの代理権の範囲内であれば，CがAに対して契約の承諾をしたのと同様の効果が生ずる。

3　代理の特徴

　代理人は，自らが意思表示を発し，受領するが，その効果が本人に帰属するため，権利義務関係は本人に帰属することになる。代理と他の制度を比較し，代理の特徴を明らかにする。

(1)　使者との比較

　代理人は，自ら意思表示を発し，受領する。

　代理において，法律行為をしているのは代理人か（代理人行為説），本人か（本人行為説）ということが議論されることがあるが，意思表示の発信，受領が代理人により行われるので，法律行為をしているのは代理人であり，その法律行為の効果が本人に帰属すると説明するのが通説である。現在では，このような理解が一般的であり，本書もこの立場に立っている。

　本人が，意思表示を相手方に伝達するだけの目的で他人を使っても，意思表示をしたのは本人であるから，代理ではない。例えば本人の手紙を届けるだけの者，本人の意思を伝言するだけの者は，自ら内心的効果意思を決定しているわけではなく，表示行為の一部を担っているにすぎないから代理人ではない。このような者は使者と呼ばれる。

　使者が本人の意思表示を誤って伝達した場合，本人の内心的効果意思が，使者によって行われた表示行為と一致しない事態が生じ，表示錯誤（95条1項1号）の問題となる。これに対して，代理人が本人の意図と異なる意思表示をし

た場合は無権代理になり表見代理（110条）の成否が問題になる。ただし，使者と代理の区別は難しいとして，使者の誤伝達にも民法110条の類推適用を認めるべきとする説が有力である。

> **Column 8-1　代理の本質論**
>
> 　本人行為説は，法律行為の効果は行為をした者に帰属するという原則を絶対のものと考えて，代理を説明しようとする説である。これに対して，本書では，代理とは，ある法人格の法律行為の効果を，他の法人格に帰属させるための法的な仕組みであるという理解に立っている。法律行為の効果は行為をした者に帰属するという原則について，法が例外を認めていると考えて，そうした例外が認められるのは，どういう裏付けがあってのものかを考察することが重要と考えるからである。このため，代理人行為説を前提に説明を進める。

(2)　間接代理との比較

　代理による権利義務の帰属主体は，本人であって，代理人ではない。

　自己の名で他人のために物品の販売や買入れを行うことを業とする者を，問屋（といや）という（商551条）が，問屋は他人のためにした販売または買入れについて，相手方に対して直接に権利を取得し，義務を負う（商552条1項）から，代理人ではない。ただし，問屋と委託者の間の関係は代理に似るから，間接代理と呼ばれる。

第2節　代理関係の基本成立要件

1 顕　名

　代理が成立するには，「本人のためにすることを示して」意思表示をしなければならない（99条）。本人のためにするとは，本人の名において行為することをいい，それを示すことを顕名という。

(1)　顕名主義

　顕名が代理の要件とされるのは，表意者が，誰と誰との間に権利義務関係を

創設しようとしているのかを，相手方に認識させるためである。意思表示の当事者にとって，成立する法律行為が生み出す権利義務関係の帰属先は重要なことなので，代理では原則として顕名が必要とされる（顕名主義）。

(2) 顕名を怠った場合

代理人が顕名をせずにした意思表示は，代理人自身のためにしたものとみなされる（100条本文）。つまり，代理人と相手方の間に権利義務関係が生じる。代理人が顕名をしなかった場合，相手方は代理人と法律行為をしていると考えるので，その信頼を保護するためである。

ただし，相手方が，代理人が本人のためにすることを知り，または知ることができたときは，本人に対して直接にその効力を生ずる（100条ただし書）。この場合，相手方の信頼を保護する必要がないからである。

(3) 署 名 代 理

代理人が顕名をして意思表示をする場合の通常の方法は，Aを本人，Bを代理人とすると，契約書の署名欄に「A代理人B」と署名し，Bの印鑑を押す方法である。意思表示をしているのはBであるから，Bの署名押印が必要であり，そこにAの代理人であることがわかる肩書をつける。

ところが，上の例で代理人Bが，契約書の署名欄に「A」と署名し，Aの印鑑を押す場合がある。厳密な意味の顕名はなく，またA自身が意思表示をしていないのに他人の手でAの署名押印がされるのは本来望ましくない。しかし，このような行為でも相手方は権利義務関係の帰属先がBではなく，Aであることを認識できる。このため，判例は，この場合を顕名があるものと同様に扱い，代理人が代理権の範囲内で行為をした場合には有効な代理と認める。これを署名代理と呼ぶ。

代理人が，署名代理により，権限外の行為をしたときはどうなるか。このとき，相手方が，代理人を本人と誤認している場合が考えられる。その場合，相手方が代理人の行為を，本人自身の行為であると信じたことについて正当な理由がある場合にかぎり，表見代理に関する民法110条の規定を類推適用して，本人が責任を負うものとするのが判例の立場である（最判昭和44・12・19民集

23巻12号2539頁）。相手方は代理人の代理権を信じたものではないが，その信頼が取引上保護に値する点において，代理人の代理権限を信頼した場合と異なるところはないと考えられるからである。

　平成29年改正では，署名代理に関する上記の判例法理を明文化することも検討されたが，最終的には条文は置かれず，従来どおり解釈論に委ねられた。

(4)　顕名主義の例外（商法上の特則）

　商行為の代理では，代理人が本人のためにすることを示さないで行為した場合であっても，本人に対して行為の効力が生じる（商504条本文）。顕名主義の例外である。

　ただし，この場合は顕名がないので，相手方は代理がおこなわれていると知らないことがあり，相手方の期待を裏切る可能性がある。そこで，相手方が，代理人が本人のために行為していることを知らなかった場合には，相手方は本人に対してだけでなく，代理人に対しても履行の請求ができることにしている（商504条ただし書）。

❷ 代 理 行 為

　代理では，代理人と相手方との間に法律行為が成立する。これを代理行為という（代理人行為説による説明）。

(1)　代理行為の瑕疵

　代理人が相手方に対してした意思表示の効力が，意思の不存在（心裡留保，虚偽表示），錯誤，詐欺，強迫またはある事情を知っていたこと，もしくは知らなかったことにつき過失があったことによって影響を受ける場合には，その事実の有無は，代理人について決する（101条1項）。代理人は，自ら意思表示をするから，その意思表示に瑕疵があるかどうかや，その意思表示がどういう状況でなされたかは，代理人について決定することになるからである。

　例えば，代理人がした心裡留保による意思表示は，その効力を妨げられない（93条1項）。この場合，真意でないことを知って意思表示をしたことや，そのことについての相手方の善意・無過失は，代理人について判断する。

　また，相手方が代理人に対して詐欺をおこなった場合には，代理人の意思表示は取り消すことができる（96条1項）。この場合，取消権を有するのは本人であって，代理人が取消権を行使するには，その旨の代理権が与えられている必要がある。

　相手方が代理人に対してした意思表示の効力が，意思表示を受領した者がある事情を知っていたこと，または知らなかったことに過失があったことによって影響を受ける場合には，その事実の有無は，代理人について決する（101条2項）。例えば，相手方によってなされた心裡留保の意思表示について，代理人がその意思表示が真意ではないことを知っていたり，または知らなかったことに過失があったりすると，相手方の意思表示は無効となる（93条1項ただし書）。

　代理人が相手方に詐欺をおこない，相手方が意思表示をおこなった場合の扱いは，民法101条の問題ではない。この場合，代理人の詐欺についての本人の知・不知は考慮せずに相手方は取消権を行使できる（代理人の詐欺は，第三者による詐欺〔96条2項〕ではない）。しかし，それは本条の解釈から導かれるものではなく，代理人は本人のために行為をしており，本人は代理人の使用により利益を得ている以上は，代理人が詐欺をおこなった場合は，本人自身が詐欺をおこなったのと同視されるべきだからであると考えられている。

　特定の法律行為をすることを委託された代理人がその行為をしたときは，本人は，自ら知っていた事情について代理人が知らなかったこと，本人が過失によって知らなかった事情について代理人が無過失であることを，主張することはできない（101条3項）。本人自身がその法律行為をすると，その効力に影響を及ぼすような事情を知っている場合，あるいは知らなかったことに過失がある場合，代理人にその行為をさせても同じように扱うわけである。

Column 8-2　代理行為の瑕疵と平成 29 年改正

　平成 29 年改正前 101 条 1 項は，「意思表示の効力が意思の不存在，詐欺，強迫又はある事情を知っていたこと若しくは知らなかったことにつき過失があったことによって影響を受けるべき場合には，その事実の有無は，代理人について決するものとする」と規定していた。規定に錯誤の文言がないのは，改正前の錯誤は意思の不存在に含めて解されていたからである（第 7 章）。

　改正前のこの条文は，能働代理と受働代理を区別していないため，特に受働

代理に適用があるのかが問題とされていた。大判明治39・3・31民録12輯492頁は，代理人が相手方にした詐欺について，同条を適用することで相手方の意思表示の取消しを認め，受働代理への適用を肯定した。しかし，本文でも指摘したように，代理人による詐欺は，本人自身の詐欺と同視できると考えると，上記判例は同条を適用する必要がない事例ということになる。このため，改正後は，こうした議論の混乱を整理するため，能働代理と受働代理を区別した上で，受働代理で代理人について決するのは，ある事情の知・不知のみであることを明確にした。

(2) 代理人の行為能力

代理人は制限行為能力者であってもよい。ただし，家庭裁判所で免ぜられた法定代理人，保佐人，補助人は，他の人の後見人になることはできないなど（847条2号），法定代理人には就任の要件があることがある。

制限行為能力者が代理人としてした法律行為は，行為能力の制限によっては取り消すことができない（102条本文）。代理人には代理行為から生ずる権利義務関係が直接帰属しないため，自らが責任を負うことはなく，取消しを認める必要が通常はないからである。

上記ルールの例外として，制限行為能力者が他の制限行為能力者の法定代理人としてした行為については，行為能力の制限による取消しが認められる（102条ただし書）。例えば，未成年者Aの親権者B自身も未成年者である場合には，BがAの法定代理人としてした行為は，Bの行為能力の制限を理由に取り消すことができる。本人Aを保護するためである。

この例外ルールは，平成29年改正により新設された。代理人が制限行為能力者であり，事理弁識能力が不十分である場合には，本人に不利益が生じる可能性がある。しかし，任意代理の場合，本人が制限行為能力者を信頼して代理人に選任するのだから，本人に行為の効果を帰属させることに問題はない。これに対して，制限行為能力者に関する法定代理の場合には，本人が代理人を選任するわけではないため，本人保護の必要があることが考慮されたのである。

3 代 理 権

代理権とは，代理行為の効果を本人に帰属させる権限である。代理権がない

と，代理は原則として成立しない（無権代理）。

(1)　代理権の基本ルール

　代理権は，すでに述べたように，法により設定される場合（法定代理）と，本人から与えられる場合（任意代理）がある。任意代理における代理権の授権は，通常は委任（643条）によって行われる（このため条文上「委任による代理」と表記される）が，雇用関係などのなかで黙示に代理権が授与される場合もある。代理権授与行為は不要式行為であり，しばしば本人から代理人に渡される委任状は，代理権の存在を証明する手段にすぎない。

　代理権の範囲は，法定代理の場合には法によって決まり，任意代理の場合には，本人の授権行為によって，つまり委任等の契約内の権限の定めによって決まるのが普通である。権限の定めがない場合，代理権の範囲は，①保存行為か，②代理行為の目的である物または権利の性質を変えない範囲内において，その利用または改良を目的とする行為に限定される（103条）。

　代理権は，①本人の死亡，②代理人の死亡，③代理人が破産手続開始の決定を受けたこと，④代理人が後見開始の審判を受けたことによって消滅する（111条1項）。任意代理の場合，本人と任意代理人の間の委任の終了によっても代理権が消滅する（同条2項）。委任の終了事由（653条）に該当する場合のほか，委任契約が解除される場合（651条）も含まれる。

> **Column 8-3**　**代理権授与行為の独立性**
>
> 　本文で説明したように，現在の通説は，代理権を，委任契約や雇用契約など，本人と代理人の間で締結された契約から直接発生するものと理解する。これは，委任契約や雇用契約など他人の事務を処理する目的の契約を解釈したときに，そこに代理権授与の合意を認めうるかを問題とし，これを肯定するものといえる。この他に，代理権は委任契約から発生するものと考えた上で，労働者が使用者から代理権を与えられているような場合には，雇用契約と並行して黙示の委任契約が締結されているという説明をすることも可能である。
>
> 　これに対して，委任契約や雇用契約とは別個独立した，代理権授与行為が代理権発生の根拠であると説明する学説も存在する。このように考えることで，委任契約や雇用契約が無効でも代理権授与行為は有効であるという結論を導こうとするのである。また，この学説は，代理権授与行為は本人の一方的な意思

表示による単独行為であると説明し，代理人からは取り消せないという結論を導こうとする。これによると例えば，任意代理人が未成年のときに，その制限行為能力を理由に本人との委任契約が取り消された場合でも，おこなわれた代理行為は有効となる。いずれも，相手方の取引の安全を保護する意図から主張されている。

　しかし，同様の結論は他の見解によっても導くことができるとされており，こうした抽象的な議論の実益自体が疑われている。そこで，より具体的に問題となる点を中心に整理しておく。

　①取消しの意義　　本人から代理人との委任契約を取り消す場合，代理権の授与自体を取り消したいと考えているのが通常である。これに対して，代理人が本人との委任契約を取り消すのは，本人との関係で受任者として負っている善管注意義務（644条）を遡及的に免れたいからであって，相手方との関係では，もともと代理人は何ら責任を負っていないから，取消しにメリットはない。委任契約と代理権授与行為を別個独立に観念して，代理権授与行為について代理人は取り消せないとする説は，この点を重視する。つまり，本人による取消しによって代理権が遡及的に消滅するのはやむをえないが，代理人には受任者としての責任を免除される途を拓いておけば十分だということである。これは，そのとおりだろう。

　②遡及効の制限　　以上の議論の主たる意図は，取消し前にすでにされていた代理行為の効果をできるだけ維持して，相手方を取消しの遡及効から保護しようとするものである。しかし，委任契約と代理権授与行為を区別せず，委任契約を取り消すと代理権も遡及的に消滅することを原則としても，解釈によって，すでにされた代理行為の効果を維持することは可能である。まず，代理人が制限行為能力者である場合，102条の存在により，取消し以前にされた代理行為が有効であることは法によって保障されていると解釈することができる。それ以外の場合は，取り消される前は代理権授与の外観があることから，表見代理（109条）が成立する。このように考えると，相手方は善意・無過失でないと保護されないことになるが，もともと取引の安全を保護することが主眼だから，それで差し支えないし，むしろそのほうが望ましいともいえる。

　③取消し後の代理行為　　　代理権授与行為が単独行為であるとすると，代理人は自らの意思で代理人を辞めることはできなくなる。これは私的自治の観点から問題であるという指摘もあるが，いやなら代理行為をしなければよいだけであるから，実質的な批判ではない。むしろ問題なのは，単独行為だとすると，本人が代理権授与行為を撤回しないかぎり，代理人は本人との委任契約を取り消しても，代理人であり続けることであろう。これでは，相手方が取消しの事

199

実を知っていた場合や，知ることができた場合であっても，取消し後の代理行為が有効になってしまう。取引の安全の観点からは，委任契約が取り消された後にされた代理行為については，善意・無過失の相手方のみ保護すれば十分である。この結論を達成するためには，委任契約の取消しとともに代理権が消滅し，後は代理権消滅後の表見代理（112条）の問題となると考える方がよい。

　④無権代理人の責任との関係　　本人と任意代理人の間の委任契約が取り消され，代理関係が遡及的に無効となるとすると，任意代理人がそれまでにした代理行為について，無権代理責任（117条）を負わされる可能性が出てくる。代理人が制限行為能力者の場合は免責が明示的に規定されているが（同条2項3号），それ以外の場合が問題である。代理人が，本人に対して詐欺・強迫行為をおこなっているような場合や，本人が制限行為能力者であることを知りながら代理人となることを引き受けた場合については，本人が委任契約を取り消したときには代理人が責任を負うと考えることに，異論は少ないだろう。しかし，代理人が詐欺・強迫を受けていた場合や，本人が制限行為能力者であることを知らずに代理人となることを引き受けた場合には，委任契約が取り消されることによって無権代理人としての責任を負わされる結論は，代理人に酷であるとも考えられる。しかしこれは，117条の責任が厳格な無過失責任であるとされていることから生じている問題であり，代理権授与行為を独立に観念しても根本的な解決にはならない。

(2)　復代理人の選任

　復代理とは，代理人が，他の者を選任して（復任），本人のために行為させることである。復任を受けた者を，復代理人という。

　復代理人は，その権限内の行為について，本人を代表する（106条1項）。また，本人および第三者に対して，その権限の範囲内において，代理人と同一の権利を有し，義務を負う（同条2項）。

　復代理人は本人の代理人であって，代理人の代理人ではない。代理人が自己の代理人を選任することは，それが代理関係で禁じられていないなら，自由に行うことができる。これは復代理の問題ではない。

　どのような場合に復任が許されるか，また復任が許される場合に，代理人が本人に対して，復代理人の行為についてどこまで責任を負うかは，任意代理と法定代理で異なる。

(a)　任意代理の場合　　任意代理の場合，代理人は，本人の許諾を得たとき，

またはやむをえない事由があるときでなければ、復代理人を選任することができない（104条）。代理人は、本人から特に選ばれて代理行為の委託を受けたのであるから、自分で行為をするのが原則だからである（自己執行義務という）。復任が許される場合に、代理人が復代理人の行為についてどこまで責任を負うかは、本人が復任を許諾する趣旨や、本人と代理人の間の委任の目的によって変わってくる。つまり、代理関係の基礎にある法律行為の解釈の問題である。

(b) 法定代理の場合 法定代理の場合、代理人は、自己の責任で復代理人を選任することができる（105条前段）。法定代理人は、法により本人の利益のために行為する権限と責任を広く与えられており、反面で辞任の自由もないから、必要に応じて自己の責任で復代理人を選任することを認めている。さらに、代理人において、復代理人を選任するやむをえない事由があるときは、復代理人の選任および監督についての責任のみを負う（同条後段）。

> **Column 8-4** 復代理人の規定の改正
>
> 復代理の規定は、①どのような場合に復代理人を選任できるか、②復任が許される場合に代理人は本人にどのような責任を負うか、③復代理人は本人に対してどのような権利義務関係に立つか、という3点が問題となる。
>
> ①については、任意代理人は原則として復代理人の選任が許されず、法定代理人は復代理人の選任が自由である。この点は平成29年改正による変更はない。なお、委任のところに復受任者の選任に関する規定が新設されたが（644条の2第1項）、復代理人の選任と同じルールが採用されている。
>
> ②については、大きな変更があった。平成29年改正前は、任意代理人が復代理人を選任したとき本人に対して負う責任は、原則として復代理人の選任および監督に限定されていた（改正前105条1項）。ただし、本人の指名に従って復代理人を選任したときは、復代理人が不適任または不誠実であることを知りながら、その旨を本人に通知しまたは復代理人を解任することを怠ったときを除いて、責任を負わないものとされていた（同条2項）。
>
> しかし改正後は、本文でも述べたように、任意代理人が復代理人を選任したときにどのような責任を負うかは、本人と任意代理人との間にある法律行為、つまり委任契約などの代理権授与契約の解釈上、どのような義務が任意代理人に課されているかで決まってくるという立場から、任意代理人の責任に関する規定を置いていない。
>
> ③については、改正前の107条が改正後は106条に移設されただけで、平成

> 29年改正による実質的な内容の変更はない。委任のところに，代理権を付与する委任の受任者が代理権を有する復受任者を選任した場合の規定が新設されているが（644条の2第2項），任意代理に関して106条と同じルールを委任の側から書き直したものと考えられる。

(3)　利益相反行為の禁止

　代理人と本人の利益が相反する行為（利益相反行為）については，代理人の行為は，代理権を有しない者がした行為とみなされる（108条2項本文）。自己契約や双方代理に代表される利益相反行為とは，法律関係を形式的・客観的に評価した場合に，代理人が本人の最善の利益のために行動しない潜在的な危険性がある行為をいうのであって，代理人が本人の利益に反する意図を有していたかどうかは重要ではない。

(a)　自己契約と双方代理　　利益相反行為の典型例が，自己契約と双方代理である。

　自己契約とは，契約の一方当事者が相手方の代理人としても行為することである。例えば，A所有の不動産の売却をAから委託されたBが，自分自身を買主として，売買契約を締結する場合である。

　双方代理とは，当事者双方の代理人として行為することである。例えば，Xから不動産の売却を，Yから不動産の購入を，それぞれ委託されたZが，XY間で売買契約を締結する場合である。

　代理人は，本人の利益のために行動する者であるところ，自己契約や双方代理の関係は，形式的・客観的にみて，代理人が本人の最善の利益のために行動しない潜在的な危険性がある。このため，代理人が自己契約や双方代理にあたる行為をした場合は，代理権を有しない者がした行為とみなす（108条1項本文）ことで，本人への効果帰属を否定するのである。

　ただし，以下の2つの例外がある（108条1項ただし書）。

　第1に，債務の履行行為の代理の場合である。例えば，AがBに不動産を譲渡する契約を締結した後で，Bが，Aの代理人として，あるいは，Cが，AとBの双方の代理人として，移転登記の申請行為や不動産の引渡しに関与するような場合は，自己契約や双方代理に該当したとしても，本人の利益が害さ

れる危険がない。この場合には，代理権が認められる。

　第2に，本人の許諾がある場合である。利益相反行為にあたる場合でも，本人がその潜在的な危険を理解した上で，代理人に代理行為をさせる分には問題がないからである。

　(b)　**その他の利益相反行為**　　　自己契約や双方代理にあたらなくても，利益相反行為に該当するという場合が存在する。実際の例としては，賃貸人と賃借人の間に紛争が生じたときは賃借人の代理人を賃貸人が選任するという条項が含まれた賃貸借契約が締結され，実際に紛争が生じた場合に，賃貸人と，賃貸人によって選任された賃借人の代理人との間で，和解がされたという事例がある（大判昭和7・6・6民集11巻1115頁＜判例 8-1＞）。このような代理行為も，法律関係を形式的・客観的に評価した場合，代理人が本人の利益のために行動しない潜在的な危険性がある。そこで，民法108条2項本文は，利益相反行為一般について無権代理とみなすことにしている。ただし，代理人が本人からあらかじめ許諾を受けて行為をすれば，代理権が認められる（同項ただし書）。同項は平成29年改正で新設された条文であるが，判例は解釈によって同様の解釈を導いていた（＜判例 8-1＞）。

　なお，親権者，後見人の利益相反行為については，特別の規定が存在する（826条・860条）。この場合には，家庭裁判所が選任する特別代理人が，親権者や後見人に代わって法定代理権を行使する。例えば，未成年者Aの親権者Bが，自らの債務を担保するため，Aの有する不動産について抵当権設定契約を銀行と締結するのは，利益相反行為に該当する。この場合，Aの特別代理人Cを選任し，Cが銀行との間で抵当権設定契約を締結するのであれば利益相反行為にあたらない。

＜判例 8-1＞　**大判昭和7・6・6民集11巻1115頁**

【事案】　Yは，Xに家屋を賃貸していたが，賃料延滞のトラブルが生じたため，裁判所に和解のための呼び出しを申し立てた。その際Yは，賃貸借契約締結に際してXから受け取っていた白紙委任状を利用して，Xの代理人としてAを選任した。Aは，Xの代理人として，Yの代理人Bとともに裁判所に出頭して，裁判上の和解をおこなった。和解条項には，Xがこれまで延滞した賃料を月賦弁済することや，Xが弁済を怠ったときYは賃貸借契約を解除でき

ることなどが含まれていた。Xは，和解契約の不成立の確認を求めて訴えを提起した。第1審はXの請求を認容したが，第2審はこれを取り消し，Xの請求を棄却した。X上告。

【判旨】 破棄差戻し。最高裁は，Xが将来Yと和解をする場合について，あらかじめ自己の代理人となるべき者の選任をYに委任し，Yはこの委任に基づきAをXの代理人に選任し，裁判上の和解がされたというのであれば，そうした委任は無効であり，Aは代理権を有さないとして，その理由を次のように述べる。

「代理人をして相手方と交渉して契約事項を商議協定せしむるが如き場合に於て，相手方に其の選任を委任するときは，相手方は他の一方の当事者と反対の利害関係を有する為，之に不利益なる者を代理人に選任することなきに非ず。又其の選任せられたる者も誠意正心を以て本人たる他の一方の為に任務を尽すや否に付，疑あるのみならず往々相手方と通謀して故らに本人の不利益を図ることなきに非ず。然るときは相手方が他の一方の当事者の代理人として法律行為を為すと結果に於て大差なきを以て，民法第108条の趣旨に準拠して斯る委任は無効にして其の選任せられたる者は代理権を有せず。従て其の者が代理人として為したる契約は本人の追認あるに非ざれば，之に対して其の効力を生ぜざるものと解するを相当とす」。

【コメント】 このケースを形式的に考えるなら，YがXの代理人になったわけではないから，自己契約にはあたらない。しかし，代理人の選任を契約の相手方に委任すれば，相手方は本人に不利な者を選任するおそれや，選任された代理人が本人に不利に行動するおそれがある。つまり実質的には，契約の相手方が代理人となるのと同じ危険性があるので，108条を類推適用したのである。

(4) 代理権の濫用

代理人が，自己または第三者の利益を図る目的で代理権の範囲内で行為をした場合を，代理権の濫用という。代理権の濫用は，相手方がその目的を知り，または知ることができたときは，その行為は代理権を有しない者がした行為（無権代理）とみなされる（107条）。

代理権の濫用における代理人は，形式的・客観的には代理権の範囲内で行為しているため，代理行為の相手方からすると，本人に代理行為の効果が帰属するという信頼が生じる。その信頼を保護するため，原則としては代理権を認める。しかし，相手方が代理人の意図を知っているか，または知ることができた

ときは，そうした信頼保護の必要がないから，例外的に代理権を否定するのである。

　代理権の濫用にあたるかどうかは，主観的に本人以外の者（代理人自身や第三者）の利益を図る目的で行為をしたかどうかで決まるが，代理人の有する裁量権限とも関連する。何が本人の利益に合致するかの判断自体が代理人の裁量に委ねられているようなケースでは，代理権の濫用は認められにくい。例えば，Ａが，第三者Ｂの経営する会社Ｃの負う債務を担保するため，子Ｘの所有する不動産に親権者として抵当権を設定したという場合に，代理権の濫用にあたらないとした事例がある（最判平成 4・12・10 民集 46 巻 9 号 2727 頁◆ 判例 8-2 ）。

> ### Column 8-5　代理権の濫用について
>
> 　平成 29 年改正前の民法には，代理権の濫用に関する条文は置かれていなかった。このため，①代理権の濫用をどのように理解するか，②濫用により代理の効果が否定されるのはどのような場合か，といった問題は，すべて解釈に委ねられていた。
>
> 　①代理権の濫用の理解　　学説のなかには，代理人は，本人の利益を図る義務があるので，自己または第三者の利益を図る目的で行為をすれば，それは代理権の範囲外の行為であり無権代理になるとする説があった。しかし，代理権の濫用を原則として無権代理と扱うと，相手方から確認できない事情によって無権代理かどうかが決まることになり，取引の安全が害される。このため，判例・通説は代理権の濫用を原則として権限のある代理行為と扱い，相手方の主観に応じて例外的に代理行為を無効と扱うというルールを採用していた。
>
> 　現行の 107 条は，このルールを前提にしているが，代理権濫用が認められる場合には，代理行為を無効とするのではなく，無権代理とみなすことにした。この結果，代理権濫用が認められると，無権代理のルールが適用されることになる。
>
> 　②濫用により代理の効果が否定される場合　　改正前の判例は，改正前 93 条ただし書（現行 93 条 1 項ただし書）を類推適用し，相手方が代理人の権限濫用の意図を知っているか，あるいは知ることができたときは，代理行為を無効とするルールを採用していた。
>
> 　これに対して，権限を濫用する代理人は，本人に効果を帰属させる真意（内心的効果意思）を有しているはずであるとして，改正前 93 条ただし書の類推適用ではなく，信義則（1 条 2 項）を根拠にルールを導く学説も有力であった。
>
> 　信義則説の場合は，相手方を保護する主観的要件を自由に設定できる。そこ

で，相手方が代理人の権限濫用の意図を知っているか，あるいは重大な過失により知らなかった場合のみ代理の効果を否定するとする学説や，任意代理と法定代理を分けて，本人が代理人を選任するわけではない法定代理の場合には，代理人の権限濫用について効果不帰属の範囲を広く解する学説（任意代理では善意・無重過失の相手方が保護されるが，法定代理では善意・無過失の相手方しか保護されないとする。あるいは，法定代理では相手方の主観にかかわらず効果不帰属とする）などが主張されていた。

　現行の 107 条は，代理権濫用が認められる場合の相手方の主観的要件を善意・無過失としており，従来の判例法理を維持することを明らかにしている。

◆ **判例 8-2** ◆ **最判平成 4・12・10 民集 46 巻 9 号 2727 頁**

【事案】 未成年者 X と，X の親権者 A は，X の伯父であり，B 社の代表である C に日頃から世話になっていた。A は，Y の B に対する債権を担保するため，X を代理して，X の所有する土地に根抵当権を設定した。X が，根抵当権設定登記の抹消登記手続を請求した。第 1 審は X の請求を棄却したが，第 2 審は請求を認容した。Y 上告。

【判旨】 破棄差戻し。「親権者は，原則として，子の財産上の地位に変動を及ぼす一切の法律行為につき子を代理する権限を有する（民法 824 条）ところ，親権者が右権限を濫用して法律行為をした場合において，その行為の相手方が右濫用の事実を知り又は知り得べかりしときは，民法 93 条ただし書の規定を類推適用して，その行為の効果は子には及ばないと解するのが相当である」。

　「しかし，親権者が子を代理してする法律行為は，親権者と子との利益相反行為に当たらない限り，それをするか否かは子のために親権を行使する親権者が子をめぐる諸般の事情を考慮してする広範な裁量にゆだねられているものとみるべきである。そして，親権者が子を代理して子の所有する不動産を第三者の債務の担保に供する行為は，利益相反行為に当たらないものであるから，それが子の利益を無視して自己又は第三者の利益を図ることのみを目的としてされるなど，親権者に子を代理する権限を授与した法の趣旨に著しく反すると認められる特段の事情が存しない限り，親権者による代理権の濫用に当たると解することはできないものというべきである」。

第3節　無権代理の効果と追認

1 無権代理による効果不帰属

　無権代理とは，代理権を有しない者が，他人の代理人として行為することである。顕名があり，代理行為もあるが，代理権がないか，与えられた範囲を越えている場合である。契約の場合と単独行為の場合がある。

(1)　契約の場合

　代理権を有しない者が他人の代理人としてした契約は，本人がその追認をしなければ，本人に対してその効力を生じない（113条1項）。無権代理行為の効果は，本人に帰属しないのが原則である。ただし，本人が無権代理行為を追認した場合，および表見代理が成立する場合には，無権代理行為の効果が本人に帰属する。

(2)　単独行為の場合

　代理権を有しない者が他人の代理人として単独行為をした場合や，代理権を有しない者に対して単独行為をした場合も，本人に対して効力が生じない点は同じである。ただし，この場合は本人が無権代理行為を追認できる場合が限定されている（118条）。例えば，AB間の契約を解除する権利を，Aの代理人と称するCが無権限で行使した場合を考えると，Aが解除権の行使を追認できるのは，解除権行使時に，Cが無権代理人として行為することにBが同意していたか，Cの代理権についてBが争わなかった場合に限られる。追認の効果は行為時に遡及するから（116条），Aの追認を認めれば，Cが解除権を行使した時点で契約が解除されたことになる。その当時からBがCの代理権を認めていなかった場合には，こうした追認を認めることはBに予期しない不利益を課す可能性があるため，このような限定をしているのである。

2 追認および追認の拒絶

　無権代理行為は，本人が追認の意思表示をすれば，本人に対してその効力を生ずるようになる。他方で，本人が追認を拒絶する意思表示をすれば，本人に対する効力不発生という状態が確定する。本人への効果の帰属の有無を，本人の意思に委ねる趣旨である。

(1)　追認および追認拒絶の意思表示

　追認の意思表示，および追認拒絶の意思表示は，無権代理行為の相手方に対してしなければ，その相手方に対抗することができない（113 条 2 項本文）。追認によって権利義務関係が帰属するのは，本人と相手方の間であるため，無権代理人に対して追認や追認拒絶の意思表示をするだけでは，相手方にその効力を主張することができない。ただし，無権代理人に対して追認や追認拒絶の意思表示をした事実を，相手方が知ったときは，相手方に対して対抗できる（同項ただし書）。

(2)　相手方から権利関係を確定する制度

　無権代理行為の相手方が，無権代理が行われた事実を知った後，早期に権利関係を確定するための制度が用意されている。

　第 1 に，相手方は，本人に対して，相当の期間を定めて，その期間内に追認をするかどうかを確答すべき旨を催告する権利が与えられている。この場合において，本人が期間内に確答をしないときは，追認を拒絶したものとみなされる（114 条）。つまり，本人への効果不帰属という状態が確定する。

　第 2 に，相手方は，本人が追認をしない間は，無権代理行為を取り消すことができる（115 条本文）。取消しの意思表示がされた場合には，無権代理行為が初めから無効になるから，以後，本人による追認もありえなくなる。ただし，無権代理行為であることを行為時に知っていた相手方は，この取消権を有しない（同条ただし書）。

(3)　追認の効果

　無権代理行為が追認された場合は，別段の意思表示がないときは，行為時に遡って効力が生じる（116条本文）。当初から代理権を与えていたのと同じように扱うのである。

　ただし，追認によって第三者の権利を害することはできない（116条ただし書）。追認の遡及効によって本人への効果不帰属という状態がくつがえることで，第三者が不利益を被ることを防ぐためである。

　もっとも，このただし書の適用範囲には注意を要する。例えば，Ａの不動産が，Ｂの無権代理でＣに譲渡された後に，Ａが同じ不動産をＤに譲渡したという場合について，ＡがＢの無権代理行為を追認したときは，ＡからＣとＤに二重に不動産が譲渡されたことになる。しかし，この場合には，ＣとＤのいずれが先に不動産登記を備えたかによって両者の優劣が決まるため（177条），116条ただし書の適用はない。

第4節　表見代理

1 表見代理の意義

　表見代理は，無権代理行為が行われた場合に，行為の相手方の信頼を保護し，取引の安全を図るため，例外的に本人への効果帰属を認める制度である。後述する無権代理人への責任追及（本章第5節）と共に，行為の相手方の保護を図っている。

(1)　表見代理の特徴

　民法は，①代理権授与の表示による表見代理（109条），②権限外の行為の表見代理（110条），③代理権消滅後の表見代理（112条）の，3つの類型に分けて，それぞれの要件を定めている。

　表見代理は，代理権がない者を代理人と信じて，無権代理行為の相手方となった者を保護する制度であり，その背後には，権利外観法理（表見法理）の考え方がある。このため，表見代理の成立する3類型は，無権代理人に権限があ

るという虚偽の外観がどのように作出されたかに応じて，虚偽の外観に対する相手方の信頼の正当性を測る主観的要件を変化させている。虚偽の外観を作出した本人の帰責性（真の権利者に責任を負わせる根拠）とのバランスをとるためである。

(2) 表見代理の効果

表見代理が成立すると，無権代理行為は，初めから代理権があったものとして扱われる。したがって相手方が表見代理を主張して裁判上認められた場合には，相手方は無権代理人の責任（117条）を追及することはできなくなる。

表見代理は，代理権がないのにあると信じた相手方の信頼を保護するための制度である。このため，相手方からの転得者は，表見代理の保護を受けることはできない。Aの所有する不動産を，Bが無権代理によってCに売却したが，Cについて表見代理が成立しないという場合，この不動産をCから購入したDについて，表見代理の規定が適用されることはない。Dが，この不動産の登記上の所有名義がCになっていることを信頼して取引をしたというような事情は，虚偽の登記に対する信頼の問題であるから，94条2項の類推適用などで保護されうる。

2 代理権授与表示による表見代理

代理権授与の表示による表見代理（109条）は，他人に代理権を与えたという表示をした者に責任を負わせる表見代理である。本人自ら代理権授与の表示をしたことに，本人への帰責の根拠を認めている。任意代理を想定している。

(1) 代理権授与表示の典型的場面

第三者に対して他人に代理権を与えた旨を表示した者は，その代理権の範囲内において，その他人が第三者との間でした行為について責任を負う（109条1項本文）。ここでの「第三者」とは無権代理行為の相手方，「他人」とは無権代理人のことであり，「表示した者」が本人である。

例えば，Aが，所有する不動産を売却する代理権をBに与える旨の委任状を作成し，その委任状がCに提示されたという場合には，BとCの間で成立

した不動産の売買によって，Aは売主の責任を負うことになる。その委任状を作成したAが，実はBに代理権を与えていなかったと主張しても，それだけでは反論にならないことになる（このため，Aが代理権授与表示をしたことを主張・立証したCは，Bが真の代理人か，無権代理人であるかにかかわらず，Aの責任を追及できる）。

ただし，相手方が，代理人と称する者が無権代理人であることを知り，または過失により知らなかったときは，本人は責任を負わない（109条1項ただし書）。悪意または過失ある相手方については，信頼を保護する必要がないからである。上記の例で，Aが責任を免れるためには，Bに代理権を与えていなかったという事実を，Cが知っていたか，少なくとも知ることができたことを立証する必要がある。

⑵　表示された代理権の範囲を越える場合

第三者に対して他人に代理権を与えた旨を表示した者は，その代理権の範囲内においてその他人が第三者との間で行為をしたとすれば代理権授与の表見代理が成立する場合において，その他人が第三者との間でその代理権の範囲外の行為をしたときは，第三者がその行為についてその他人の代理権があると信ずべき正当な理由があるときにかぎり，表見代理の責任を負う（109条2項）。

代理権授与表示による表見代理は，代理権を授与したという外観に対する相手方の信頼を保護する制度である。このため，表見代理が成立するのは，その表示により授与されたように見える代理権の範囲内に限られるのが原則である（109条1項）。

しかし，真の代理人が代理権の範囲を越えて行為をした場合において，相手方が代理人の権限があると信ずべき正当な理由がある場合にも，表見代理は成立する（110条）。そして，代理権が授与されていないのに代理権授与の表示があった場合と，代理権が実際に授与されている場合とで，相手方の保護の程度を変える理由はない。

このため，無権代理人が，代理権授与表示に現れた代理権の範囲を越えて行為した場合にも，相手方に，無権代理人に代理権があると信ずべき正当な理由があると認められれば，表見代理の成立を認めているのである。

　109条2項は，平成29年改正により新設された条文である。それまで判例は，改正前109条（現行同条1項）と110条を適用することにより表見代理の成立を認めていた（最判昭和45・7・28民集24巻7号1203頁〈 **判例 8-5** 〉）。

(3)　白紙委任状の冒用

　委任状は，任意代理人の代理権を証明するために本人により交付される文書である。委任状には，本人の署名押印のほか，①代理人の氏名と，②代理権の範囲（委任事項）の2つが記されるのが通常である。ところが，委任状の代理人欄や，委任事項欄が空白のまま，後から補充される前提で交付されることがある。これを白紙委任状という。

　白紙委任状は，代理人が，本人から与えられた権限の範囲内で空欄を補充し，使用することが予定されている。しかし，代理人でない者の氏名が代理人欄に補充され，あるいは本人が委任したのとは異なる事項が委任事項欄に補充され，委任状として用いられることがある。このような無権代理について，白紙委任状を交付したことを代理権授与の表示として，表見代理が成立するかが問題となる。

　(a)　白紙委任状について考える際の視点　　代理権授与表示による表見代理は，代理権を与えたという虚偽の外観を作出した本人の重い帰責性を根拠に表見代理を認めるものだから，白紙委任状を交付したというだけで，常に代理権授与の表示があると評価することはできない。次の2つの視点が重要である。

　(ⅰ)　**代理人欄の濫用について**　　特定の者を代理人として想定していたにもかかわらず，代理人欄を空白にしたため，想定外の者の氏名が補充されて無権代理行為が行われた場合には，無権代理人が本人から信頼されその白紙委任状を預かったようなとき（直接交付型）は，本人からその無権代理人に代理権を授与したとの表示があったものと評価してよい。しかし，無権代理人がその白紙委任状を他から手に入れたとき（転得型）は，本人がその委任状を譲渡可能なものとして作成したのでない限り，本人から当該無権代理人に代理権を授与したとの表示があったと評価するのは困難である。

　(ⅱ)　**委任事項欄の濫用について**　　委任事項欄が空白の白紙委任状が交付され，本人が予定しない代理権の内容が委任事項欄に補充された場合は，本人が

意図しない代理権授与の外観が作出されているのだから，補充された事項について代理権の授与の表示があったと直ちに評価することはできない。もっとも，委任事項欄の濫用は，これが代理人によって行われた場合は110条が，代理人でない者が白紙委任状を取得して無権限で補充した場合には109条2項が，それぞれ問題になる。

(b) 白紙委任状に関する判例　　実際の判例の事例との関係では，次のようになる。

本人Yが，Aに依頼され，Bを保証契約締結の代理人とする白紙委任状を交付したところ，Bから白紙委任状の返還を受けたAが，Yの代理人と称して同内容の保証契約を締結した場合（最判昭和42・11・10民集21巻9号2417頁〈判例 8-3〉）は，保証契約締結の代理権をAに授与する表示があったといえるため，109条1項の要件を満たせば，表見代理が成立する（直接交付型＋委任事項欄非濫用型）。

本人Xが，Aに抵当権設定の代理権を与えるため，Aに白紙委任状を交付したところ，AからBに白紙委任状が無断で交付され，BがXの代理人と称して，別の抵当権の設定契約を締結した場合（最判昭和39・5・23民集18巻4号621頁〈判例 8-4〉）は，XからBに代理権を授与する表示があったとはいえないため，表見代理は成立しない（転得型＋委任事項濫用型）。

本人Yが，Aに不動産売買の代理権を与える白紙委任状をBに対して交付したところ，その白紙委任状をBが用いて，Yの代理人と称して，第三者Xとの間にXY間の交換契約を締結した場合（最判昭和45・7・28民集24巻7号1203頁〈判例 8-5〉）は，Bに対して不動産売買の代理権を授与する表示があったものとみることはできる（直接交付型）。そこで，Xにおいて，Bに交換契約の代理権があると信ずべき正当な理由があれば，109条2項により，表見代理が成立する。

〈判例 8-3〉**最判昭和42・11・10民集21巻9号2417頁**
【事案】AはXから融資を得るに際して，Yの代理人として，Yを連帯保証人とする連帯保証契約を締結したが，実際にはAがYから代理権を与えられた事実はなかった。AはYの交付した委任状を保持していたが，それは判旨にあるとおり，YがAに頼まれて，別件でBを代理人とする意図でBに交付し

た白紙委任状が，Ａに返還されたものであった。ＸがＹに対して，保証契約に基づく履行請求をした。第１審，第２審ともにＹ敗訴。Ｙ上告。

【判旨】 上告棄却。「ＹはＡから，同人がＢを通じて他から融資を得るについて保証して欲しい旨依頼されてこれを承諾し……，そこでＹは，右保証人となることなどについて，Ｂまたは同人の委任する第三者に代理権を与える目的で，自己の白紙委任状（内容が記載されていないもの。）および印鑑証明書などをＢに交付した……，しかし，Ｂを通じての融資が不成功に終ったので，Ａが，Ｂから右委任状などの返還を受け，Ｘとの間に本件消費貸借契約を締結するにあたり，Ｘに対しＹの白紙委任状，印鑑証明書などを交付し，自らＹの代理人として本件連帯保証契約を締結した……のであり，右事実関係によれば，ＹはＸに対し，Ａに右代理権を与えた旨を表示したものと解するのが相当である」。

> **判例 8-4** 最判昭和 39・5・23 民集 18 巻 4 号 621 頁

【事案】 ＸはＡから 12 万円を借り受けるにあたり，その債務の担保として土地，建物に抵当権を設定することとし，その登記手続のため本件土地，建物の権利証およびＸ名義の白紙委任状，印鑑証明書をＡに交付したが，Ａは自己のための抵当権設定登記手続をすることなく，Ｂを介して金融を得る目的でこれらの書類をＢに交付したところ，Ｂはこれらの書類を用い，Ｘの代理人であると偽り，Ｙとの間で，自己の債務を担保する根抵当権設定契約および停止条件付き代物弁済契約を締結した。Ｘが，Ｂに対しこのようにこれらの書類を使用することについて承諾を与えたことはない。

　ＸはＹに対して，本件土地，建物について根抵当権および停止条件付き代物弁済契約上の権利が存在しないことの確認と，根抵当権設定登記および停止条件付き代物弁済契約を原因とする所有権移転請求権保全仮登記の抹消登記手続を請求した。第１審はＸの請求を棄却したが，第２審は請求を認容した。Ｙ上告。

【判旨】 上告棄却。「本件の場合のように，右登記書類の交付を受けた者がさらにこれを第三者に交付し，その第三者において右登記書類を利用し，不動産所有者の代理人として他の第三者と不動産処分に関する契約を締結したときに，必ずしも民法 109 条の所論要件事実が具備するとはいえない。けだし，不動産登記手続に要する前記の書類は，これを交付した者よりさらに第三者に交付され，転輾流通することを常態とするものではないから，不動産所有者は，前記の書類を直接交付を受けた者において濫用した場合や，とくに前記の書類を何人において行使しても差し支えない趣旨で交付した場合は格別，右書類中の委

任状の受任者名義が白地であるからといって当然にその者よりさらに交付を受けた第三者がこれを濫用した場合にまで民法109条に該当するものとして，濫用者による契約の効果を甘受しなければならないものではないからである」。

◆判例 8-5 ◆ 最判昭和45・7・28民集24巻7号1203頁

【事案】Yは，Aの代理人Bを介し，Aに対し，Y所有の山林一筆を売り渡し，Aに対する本件山林の所有権移転登記手続に必要な権利証，白紙委任状等の書類を，Bを介してAに交付した。本件山林の所有権を取得したAは，さらにBを代理人として，Xとの間で本件山林とX所有の山林の交換にあたらせたが，Bは，Xに対しAの代理人であることを告げなかったばかりか，Yから何ら代理権を授与されていないにもかかわらず，Aから改めて交付を受けていた上記各書類を示して，Yの代理人のごとく装ったので，Xは，契約の相手方をYと誤信し，Xの山林をYに譲渡するのと引換えにYから本件山林の譲渡を受ける趣旨の交換契約を締結した。XからYへの所有権移転登記手続請求に対して，YはBの無権代理を主張して争った。

　原審は，X主張の109条所定の表見代理の成否について，上記白紙委任状等の書類は，Yが転々流通を予定していなかったにもかかわらず，Y→B→A→Bと順次交付され，Bによって濫用されたことから，109条の適用はないとして，請求を棄却した。X上告。

【判旨】破棄差戻し。最高裁は，以下のように述べて表見代理の成立の可能性を示した。

　BとAは，「いずれもYから信頼を受けた特定他人であって，たとい右各書類がAからさらにBに交付されても，右書類の授受は，Yにとって特定他人である同人ら間で前記のような経緯のもとになされたものにすぎない」。YはXに対して，「Bに本件山林売渡の代理権を与えた旨を表示したものというべき」であり，「X側においてBに本件交換契約につき代理権があると信じ，かく信ずべき正当の事由があるならば，民法109条，110条によって本件交換契約につきその責に任ずべきものである」。

【コメント】本文(2)で述べたとおり，平成29年改正前は，現行の109条2項に該当する条文がなかったため，判例は，改正前109条（現行109条1項）と110条を適用することによって同様のルールを導いていた。重畳適用と呼ばれる解釈である。

⑷　名義貸し

　109 条の適用が問題となるもう 1 つの場面として，第三者に自分の名称や商号の使用を許す，いわゆる「名義貸し」の場面がある。名義貸しには，厳密にいうと代理権の授与表示があったとは言えないケースも含まれる（最判昭和 35・10・21 民集 14 巻 12 号 2661 頁 判例 8-6 ）。しかし，名義を貸すことによて，名義を借りた者のした取引が，貸した者の取引に見えるような外観を作出されるので，109 条の類推適用によって，名義を貸した者が責任を負うことになる。

> 判例 8-6 　最判昭和 35・10・21 民集 14 巻 12 号 2661 頁
>
> **【事案】**「東京地方裁判所厚生部」は，同裁判所とは別個独立した組織体だが，同裁判所の職員である A らによって運営され，同裁判所厚生係室にあてられ厚生係の表札を掲げた一室において「東京地方裁判所厚生部」という名義で他と取引を継続してきた。そして，「厚生部」の事務に従事する職員らは，第三者と物資購入等の取引をするにあたっては，発註書，支払証明書といった官庁の取引類似の様式を用い，これら発註書や支払証明書には，庁用の裁判用紙を使用し，さらに，発註書の頭書には「東地裁総厚第○号」と記載し，なお，支払証明書には東京地方裁判所の庁印を使用する等の方法をとっていた。
>
> 　X 会社は，「東京地方裁判所厚生部」名義で A から注文を受けて，繊維製品を売却する契約を締結し，即日納品をした。ところが代金が支払われなかったので，X は Y（国）に対して，代金の支払を請求した。第 1 審，第 2 審ともに X 敗訴。X 上告。
>
> **【判旨】**破棄差戻し。「およそ，一般に，他人に自己の名称，商号等の使用を許し，もしくはその者が自己のために取引する権限ある旨を表示し，もってその他人のする取引が自己の取引なるかの如く見える外形を作り出した者は，この外形を信頼して取引した第三者に対し，自ら責に任ずべきであって，このことは，民法 109 条，商法 23 条〔現 14 条〕等の法理に照らし，これを是認することができる」。
>
> 　「〔戦後の〕社会情勢のもとにおいて，一般に官庁の部局をあらわす文字である『部』と名付けられ，裁判所庁舎の一部を使用し，現職の職員が事務を執っている『厚生部』というものが存在するときは，一般人は法令によりそのような部局が定められたものと考えるのがむしろ当然であるから，「厚生部」は，東京地方裁判所の一部局としての表示力を有するものと認めるのが相当である」。

　「東京地方裁判所当局が，『厚生部』の事業の継続処理を認めた以上，これにより，東京地方裁判所は，『厚生部』のする取引が自己の取引なるかの如く見える外形を作り出したものと認めるべきであり，若し，『厚生部』の取引の相手方である上告人が善意無過失でその外形に信頼したものとすれば，同裁判所は上告人に対し本件取引につき自ら責に任ずべきものと解するのが相当である」。

③ 権限外行為の表見代理

　代理人が代理権の範囲外の行為をした場合も無権代理になるが，行為の相手方（「第三者」）において代理人に権限があると信ずべき正当な理由があるときは，110条の表見代理が成立する。

(1) 基本代理権の存在

　権限外行為によって表見代理が成立するためには，無権代理行為をした者が，表見代理の基礎となる何らかの代理権を有している必要がある。この権限を基本代理権と呼ぶ。どのような権限が基本代理権にあたるかは，以下に見るように議論がある。

　(a) 任意代理権の場合　　基本代理権にあたる典型例は，本人が委任により代理人に与えた，私法上の法律行為を成立させるための任意代理権である。この場合，本人自身が代理人を選任しているため，代理人が越権行為をした場合の責任を，本人に負わせるのには理由がある。

　(b) 法定代理権の場合　　法定代理権が基本代理権になるかは議論がある。110条の文言上は法定代理を排除していない。大審院判例で，親権者の無権代理行為に本条の適用を認めたものがある（大連判昭和17・5・20民集21巻571頁）。

　しかし，法定代理権は本人が代理人に与えるわけではないため，法定代理人が無権代理をしても，本人に責任を負わせる根拠（帰責性）に乏しいとして，表見代理の成立を否定する説も有力である。

　最高裁判例では，夫婦間の日常家事に関する法定代理権（761条）について，表見代理の成立の可能性を理論上肯定したものがある（最判昭和44・12・18民集23巻12号2476頁〈 **判例 8-7** 〉）。ただし，110条の適用を直接に認めたわけで

217

はなく，表見代理の成立する範囲をかなり限定している。

> **判例 8-7**　最判昭和 44・12・18 民集 23 巻 12 号 2476 頁

【事案】A は，自己の経営する株式会社 B が倒産したため，B 社に多額の債権を有する C 社の経営者 Y に対して，自分の妻 X が婚姻前から特有財産として所有し，X 名義で登記されている土地建物を売却して，所有権移転登記をおこなった。その後，A と離婚した X は，Y に対して，その土地建物を売り渡した事実はないとして上記移転登記の抹消登記手続を請求した。これに対して，Y は，A は X から代理権を与えられていたと主張し，また仮にそうでないとしても，761 条により A は日常家事に関する法律行為について X を代理する権限があり，110 条により表見代理が成立すると主張した。第 1 審，第 2 審ともに Y 敗訴。Y 上告。

【判旨】上告棄却。最高裁は，761 条について，明文上は，単に夫婦の日常の家事に関する法律行為の責任のみについて規定しているにすぎないけれども，そのような効果の生じる前提として，「夫婦は相互に日常の家事に関する法律行為につき他方を代理する権限を有することをも規定しているものと解するのが相当である」とし，続けて，次のように述べる。

「そして，民法 761 条にいう日常の家事に関する法律行為とは，個々の夫婦がそれぞれの共同生活を営むうえにおいて通常必要な法律行為を指すものであるから，その具体的な範囲は，個々の夫婦の社会的地位，職業，資産，収入等によって異なり，また，その夫婦の共同生活の存する地域社会の慣習によっても異なるというべきであるが，他方，問題になる具体的な法律行為が当該夫婦の日常の家事に関する法律行為の範囲内に属するか否かを決するにあたっては，同条が夫婦の一方と取引関係に立つ第三者の保護を目的とする規定であることに鑑み，単にその法律行為をした夫婦の共同生活の内部的な事情やその行為の個別的な目的のみを重視して判断すべきではなく，さらに客観的に，その法律行為の種類，性質等をも充分に考慮して判断すべきである」。

「しかしながら，その反面，夫婦の一方が右のような日常の家事に関する代理権の範囲を越えて第三者と法律行為をした場合においては，その代理権の存在を基礎として広く一般的に民法 110 条所定の表見代理の成立を肯定することは，夫婦の財産的独立をそこなうおそれがあって，相当でないから，夫婦の一方が他の一方に対しその他の何らかの代理権を授与していない以上，当該越権行為の相手方である第三者においてその行為が当該夫婦の日常の家事に関する法律行為の範囲内に属すると信ずるにつき正当の理由のあるときにかぎり，民法 110 条の趣旨を類推適用して，その第三者の保護をはかれば足りるものと解するのが相当である」。

(c)　法人の代表権の場合　　法人の代表の代理権も基本代理権になる。この結果，代表者の代理権について定款等により制限されている場合に，法人と取引をした者は，その制限の範囲内だと信じるにつき正当な理由があるときは，110条による保護を受ける。不動産の取引に理事会の承認が必要である旨の定款がある法人の代表が，理事会の承認を受けずに不動産の売買契約を締結した場合に，契約の相手方は，その定款の内容について悪意であっても，理事会の承認があったと信じるについて正当な理由があれば，法人への効果帰属を主張できる（最判昭和60・11・29民集39巻7号1760頁）（第4章第2節**4**(2)(b)を参照）。

(d)　その他　　本人が，公法上の行為について代理権を与えても，基本代理権にはならないとするのが判例（最判昭和39・4・2民集18巻4号497頁）である。ただし，贈与契約に伴う登記申請行為の代理権は，基本代理権になるとした判例（最判昭和46・6・3民集25巻4号455頁）がある。

事実行為についての委託は，そもそも代理権の授与ではないから，表見代理は成立しない（最判昭和35・2・19民集14巻2号250頁）。

(2)　正当な理由

権限外行為について表見代理が成立するためには，行為の相手方において，代理人に代理権があると信ずべき正当な理由がある必要がある。相手方の信頼の正当性がこの要件で判断される。

(a)　一般的判断基準　　正当な理由の判断は，無権代理行為がなされた当時に存在した諸般の事情を客観的に観察して，通常人においてその行為が代理権に基づいてされたと信ずるのがもっともだと評価できるかどうかで判断される。相手方において，代理人に代理権があると信じたことに過失があるとはいえない場合とも言い換えることができる（最判昭和44・6・24判時570号48頁）。

(b)　具体的な判断要素　　代理人が，本人の実印や印鑑証明書を所持していることは，正当な理由を肯定する方向に働く事情である（最判昭和35・10・18民集14巻12号2764頁など）。これらは本人の意思確認の手段として重要な役割を果たすからである。

ただし，代理人が本人の配偶者であるなど，近しい親族であるという事情は，実印を所持していても正当な理由が認められない方向に働く（最判昭和27・1・

29民集6巻1号49頁など）。実印の持ち出しが容易な場合があるからである。

　本人と代理人の利益が相反するような取引であること，本人の負担が重い取引であることは，正当な理由が認められない方向に働く事情である。

　正当な理由が認められない方向に働く事情がある場合，相手方は，本人に代理権授与の有無を確認する義務を尽くしたかどうかが問題とされ，その義務の履行が十分でないと，正当な理由がないとして表見代理の成立が否定される（最判昭和51・6・25民集30巻6号665頁〈判例 8-8〉）。

〈判例 8-8〉**最判昭和51・6・25民集30巻6号665頁**

【事案】 A社の代表Bは，X社から，A社の継続的売買取引上の債務につき，連帯保証人を立てるよう要求されていた。同じ頃，Bは，A社が他から社員寮を賃借するについて，Yから保証人となることの承諾を得ており，その保証契約締結の権限をYから与えられて，実印の貸与を受け，市役所からYの印鑑証明書の交付を受けていた。そこでBは，その実印と印鑑証明書を利用し，A社がX社に対し現在負担しまたは将来負担する可能性のある商取引上の一切の債務についてYが連帯して支払う旨の本件根保証約定書（以下「本件約定書」という）を，Yの名をもって作成し，これにYの実印を押捺したうえ前記印鑑証明書を添えてX社に差し入れた。X社は，印鑑証明書により本件約定書のY名下の印影がYの実印によるものであることを確認して，Yが自らの意思に基づいて本件約定書に記名押印をし，本件根保証契約を締結するものであると信じた。Xから保証債務の履行を求められたYは，Bの行為は無権代理であることを主張したが，Xは110条の表見代理を主張した。第1審はXの請求を棄却したが，第2審は請求を認容した。Y上告。

【判旨】 破棄差戻し。最高裁は以下にみるように事実関係を丁寧に列挙し，本件ではXに，正当理由が認められないことを判示している。

　「印鑑証明書が日常取引において実印による行為について行為者の意思確認の手段として重要な機能を果たしていることは否定することができず，X会社としては，Yの保証意思の確認のため印鑑証明書を徴したのである以上は，特段の事情のない限り，前記のように信じたことにつき正当理由があるというべきである」。

　「しかしながら，原審は，他方において，㈠X会社がBに対して本件根保証契約の締結を要求したのは，Aとの取引開始後日が浅いうえ，Aが代金の決済条件に違約をしたため，取引の継続に不安を感ずるに至ったからであること，X会社は，当初，Bに対し同人及び同人の実父（原判決挙示の証拠関係によれ

220

ば，Aの親会社であるB製作所の経営者でもあることが窺われる。）に連帯保証をするよう要求したのに，Bから『父親とは喧嘩をしていて保証人になってくれないが，自分の妻の父親が保証人になる。』との申入れがあって，これを了承した（なお，YはBの妻の父ではなく，妻の伯父にすぎない。）こと，Yの代理人として本件根保証契約締結の衝にあたったBは右契約によって利益をうけることとなるAの代表取締役であることなど，X会社にとって本件根保証契約の締結におけるBの行為等について疑問を抱いて然るべき事情を認定し，㈡また，原審認定の事実によると，本件根保証契約については，保証期間も保証限度額も定められておらず，連帯保証人の責任が比較的重いことが推認されるのであるから，Yみずからが本件約定書に記名押印をするのを現認したわけでもないX会社としては，単にBが持参したYの印鑑証明書を徴しただけでは，本件約定書がYみずからの意思に基づいて作成され，ひいて本件根保証契約の締結がYの意思に基づくものであると信ずるには足りない特段の事情があるというべきであって，さらにY本人に直接照会するなど可能な手段によってその保証意思の存否を確認すべきであったのであり，かような手段を講ずることなく，たやすく前記のように信じたとしても，いまだ正当理由があるということはできないといわざるをえない」。

4 代理権消滅後の表見代理

　他人に代理権を与えた者（本人）は，代理権の消滅後にその他人（無権代理人）が第三者（相手方）との間でした行為について，表見代理の責任を負う（112条）。いったん与えられた代理権が，代理権の消滅事由（111条）により，失われた場合を想定している。

(1) 代理権消滅後の表見代理の趣旨

　他人に代理権を与えた者は，代理権の消滅後にその代理権の範囲内においてその他人が第三者との間でした行為について，代理権の消滅の事実を知らなかった第三者に対して表見代理の責任を負う。ただし，第三者が過失によってその事実を知らなかったときは，この限りではない（112条1項）。

　他人に代理権を与えた者，すなわち，任意代理における本人は，自ら代理人を選任して代理権を与えたという事情がある。他方で，代理権の消滅は，外部からはわからないことも多いため，代理権の消滅後に元代理人との間で無権代

理行為をした相手方の信頼を保護する必要がある。このため，本人の帰責性と相手方の信頼の双方を考慮して，表見代理の成立を認めるのである。

条文の書き方からは，無権代理行為の相手方は，行為の当時に代理権消滅の事実を知らなかった（善意であった）ということを立証しないと表見代理による保護を受けることができない。そして本人は，相手方が代理権消滅の事実を知らなかったことの立証に成功しても，知らなかったことに過失があることを示せれば，表見代理の成立を否定できる。

しかし，代理権の消滅が外部からはわかりにくいことを考慮して，原則として表見代理の成立を認め，本人が責任を免れるには，相手方が代理権消滅の事実を知っていたか，または知らなかったことに過失があったことを立証できなければならないと解する立場もありうる。

(2)　消滅した代理権の範囲を越える場合

他人に代理権を与えた者は，代理権の消滅後に，その代理権の範囲内においてその他人が第三者との間で行為をしたとすれば表見代理の責任を負う場合において，その他人が第三者との間でその代理権の範囲外の行為をしたときは，第三者がその行為についてその他人の代理権があると信ずべき正当な理由があるときに限り，表見代理の責任を負う（112条2項）。

代理権消滅後の表見代理は，代理権が存続しているという外観を信頼した相手方を保護するための制度であるから，以前与えられていた代理権の範囲内で表見代理が成立するのが原則である。

しかし，代理人が，代理権の消滅以前に，その権限の範囲外の行為をした場合は，相手方に代理権があると信ずべき正当な理由があれば，表見代理が成立する（110条）。そして，代理権の消滅以後であっても，相手方との関係では代理権が消滅していないものと扱われる場合（112条1項の場合）については，相手方は権限外行為についても同じ基準で保護を受けられるべきである。

そこで，代理権の消滅後に，以前与えられていた代理権の範囲を越えて無権代理行為が行われた場合には，112条1項と，110条の要件をいずれも満たした場合に表見代理の成立を認めることにしている。

112条2項は，平成29年改正により新設された条文である。それまで判例

は，改正前 110 条と 112 条（現行同条 1 項）との，重畳適用により表見代理の
成立を認めていた（最判昭和 45・12・24 民集 24 巻 13 号 2230 頁〈 判例 8-9 〉）。

〈 判例 8-9 〉**最判昭和 45・12・24 民集 24 巻 13 号 2230 頁**

【事案】 A は，X 名義を冒用して，X の所有する不動産に，B 銀行のために根
抵当権（甲根抵当権）を設定したが，X は，弟である A のこの無権代理行為を
追認した。ところがその後 A は，X の印章を偽造行使して，C を債権者とし，
X を債務者とする債権元金極度額金 100 万円の根抵当権（乙根抵当権）の設定
契約をおこない，同日その旨の登記がされた。乙根抵当権が実行され，不動産
は Y に競落され，所有権移転登記がされた。X は Y に対して，移転登記の抹
消登記手続を請求した。第 1 審，第 2 審とも乙抵当権の設定は X の意思に基
づかない無効なものとして，X の請求が認められた。Y 上告。

【判旨】 破棄差戻し。「債権者を C とする本件根抵当権〔乙根抵当権〕設定契約
およびその登記は，B 銀行に対する根抵当権〔甲根抵当権〕設定行為を X が追
認した後になされたものというべく，追認は，法律行為の行なわれる前にその
代理人を信頼して代理権を与えるものではないが，別段の意思表示のないとき
は契約の時に遡ってその効力を生ずるものであることは民法 116 条の定めると
ころであるから，第三者に対する関係においては，A に権限を付与した外観
を与えたものとも解され，C が A に X を代理して本件根抵当権設定行為をす
る権限があると信ずべき正当の事由を有したときは，民法 110 条および同 112
条を類推適用し，X は A のした右行為につき責に任ずべきものと解すべき余
地がある」。

第 5 節　無権代理人の責任

1 履行および損害賠償の責任

　他人の代理人と称する者と契約をした相手方は，本人への効果帰属が否定さ
れた場合には，無権代理人に対して責任（117 条）を追及できる。なお民法 117
条 1 項・2 項の文言は平成 29 年改正で改められたが，2 項 2 号ただし書の追加
を除けば実質的には変更されていない。

　なお，単独行為の無権代理の場合には，相手方から無権代理人に責任を追及
できる場合が限定されている（118 条）が，以下はもっぱら契約について扱う。

(1)　責任の趣旨と内容

　他人の代理人として契約をした者は，自己の代理権を証明したとき，または本人の追認を得たときを除き，相手方の選択に従い，相手方に対して履行または損害賠償の責任を負う（117条1項）。

　相手方から見ると，①他人の代理人として（顕名をして），②契約を締結した者（自称代理人）がいる場合，自分とその他人との間に権利義務関係が発生するという期待のもとで自称代理人と契約をしている。その期待が裏切られた場合は，契約の当事者である自称代理人に権利義務関係を引き受けさせるのが適当であるため，責任を法定している。無権代理行為をしたという事実（上記①②）のみで生じる，無過失責任である。

　相手方は，無権代理人に対して，履行もしくは損害賠償の責任を選択的に追及できる。もっとも，特定物の引渡債務など，本人でなければ履行できないものは，無権代理人に履行の責任を追及することはできないのは当然である。

(2)　無権代理の治癒による免責

　責任を追及された自称代理人は，自己の代理権を証明するか，本人の追認を得ることで責任を免れる。いずれの場合も，初めから代理権があったことになるからである。

　このほか，本人が表見代理の責任を負うことが裁判上確定した場合も，代理権があったのと同様に扱われるため，無権代理人は責任を免れる。しかし，表見代理を主張するかどうかは相手方の選択に委ねられるから，無権代理人は，表見代理の要件を満たしていることを理由に，免責を主張することはできない。

(3)　117条2項の免責事由

　自称代理人が，自己の代理権を証明できず，また本人の追認を得られない場合であっても，①無権代理行為が行われていることを相手方が知っていた場合，②無権代理行為が行われていることを相手方が過失によって知らず，かつ無権代理人自身も知らなかった場合，③無権代理人が制限行為能力者であった場合，には，無権代理人は責任を問われない（117条2項）。

　無権代理人の責任は，代理関係の成立についての相手方の信頼を保護するも

のであるから，無権代理であることを知っている相手方を保護する必要はない（117 条 2 項 1 号）。無権代理であることを知らないことに過失のある相手方も保護の必要性は低いが，無権代理人が自己に代理権のないことを知って行為をしていた場合には，相手方からの責任追及を認めても差し支えない（同項 2 号）。

　表見代理により本人の責任を追及するか，無権代理人の責任を追及するかは，相手方の選択に委ねられるが，無権代理について過失によって知らなかった相手方は，無権代理人が悪意の場合のみ無権代理人に対する責任を追及できるにとどまることになる（最判昭和 62・7・7 民集 41 巻 5 号 1133 頁 ◁判例 8-10▷）。

　無権代理人が制限行為能力者である場合に無権代理人の責任を免れる（117 条 2 項 3 号）のは，行為能力の制限を受けている者は自らが責任を追及されないという前提で，代理人となることを認められているからである（本章第 2 節 **2**(2)）。制限行為能力者を保護することが目的であるから，法定代理人の同意を得て代理人として行為した制限行為能力者は，無権代理人の責任を負うと考えられている。

◁**判例 8-10**▷ **最判昭和 62・7・7 民集 41 巻 5 号 1133 頁**

【事案】 Ｙは，夫Ａの代理人として，Ｘ信用組合との間で，Ｙの従妹が代表を務めるＢ会社のＸに対する債務を連帯保証する契約を締結したが，実際にはＡから連帯保証契約締結の代理権を与えられたことはなく，契約はＡの実印を無断使用して締結されたものであった。Ｂ社が倒産したため，ＸはＹに対して無権代理人としての保証債務の履行責任を追及した。

　原審は，「同条〔平成 29 年改正前 117 条〕第 2 項にいう『相手方が過失により代理権がないことを知らなかったとき』とは，相手方を保護することが，却って信義則ないし公平の原理に反することになる場合，すなわち，相手方に悪意に近いほどの重大な過失がある場合を指すものと解される」として，Ｘには重過失が認められないことを理由に請求を認めた。Ｙ上告。

【判旨】 破棄差戻し。最高裁は平成 29 年改正前 117 条の性質と同条 2 項の「過失」の解釈について，以下のように述べた。

　「同法 117 条による無権代理人の責任は，無権代理人が相手方に対し代理権がある旨を表示し又は自己を代理人であると信じさせるような行為をした事実を責任の根拠として，相手方の保護と取引の安全並びに代理制度の信用保持のために，法律が特別に認めた無過失責任であり，……同条 1 項が無権代理人に無過失責任という重い責任を負わせたところから，〔同条 2 項は，〕相手方にお

いて代理権のないことを知っていたとき若しくはこれを知らなかったことにつき過失があるときは，同条の保護に値しないものとして，無権代理人の免責を認めたものと解されるのであって，その趣旨に徴すると，右の『過失』は重大な過失に限定されるべきものではないと解するのが相当である」。

「また，表見代理の成立が認められ，代理行為の法律効果が本人に及ぶことが裁判上確定された場合には，無権代理人の責任を認める余地がないことは明らかであるが，……無権代理人の責任の要件と表見代理の要件がともに存在する場合においても，表見代理の主張をすると否とは相手方の自由であると解すべきであるから，相手方は，表見代理の主張をしないで，直ちに無権代理人に対し同法117条の責任を問うことができるものと解するのが相当である……。そして，表見代理は本来相手方保護のための制度であるから，無権代理人が表見代理の成立要件を主張立証して自己の責任を免れることは，制度本来の趣旨に反するというべきであり，したがって，右の場合，無権代理人は，表見代理が成立することを抗弁として主張することはできないものと解するのが相当である」。

² 無権代理人が本人を相続した場合

　無権代理が行われた後，本人が死亡し，無権代理人が相続人となる場合がある。この場合には，無権代理人が相手方に特別の責任を負うことがある。事案が複雑になるので，簡略な事例を使って考える。

(1)　無権代理人による本人の単独相続

　親Aの不動産を，子Bが無権代理でCに売却し，移転登記をした後，追認あるいは追認拒絶の意思を表示することなくAが死亡して，Bが単独でAの財産を相続したという場合を考える。

　このとき，Bは相続により，Aの法的地位を包括的に承継した（896条参照）として，Aが有していた追認拒絶権を行使できるかが問題となる。追認拒絶権の行使が認められるなら，BC間の売買は無権代理だったことになるから，Aの所有権は失われておらず，移転登記は不実の登記として抹消請求が認められることになる。

(a)　資格融合説と資格併存説　　この問題を考える際には，本人が死亡し，

無権代理人が相続した場合に，本人と無権代理人の法的地位の関係をどのように考えるかという問題と関連づけて議論される。

　最判昭和 40・6・18 民集 19 巻 4 号 986 頁 ◁ 判例 8-11 ▷ は，本人を無権代理人が単独相続した場合，あたかも本人自身が単独で相手方と契約をしたのと同じように扱う（資格融合説）。上記の例では，A 自身が C と契約したのと同じように扱われ，B に A の追認拒絶権を行使する余地はない。無権代理人に追認拒絶権を行使させることは，信義則上許されないという点が根拠として挙げられる。

　これに対して学説では，本人を相続した無権代理人は，本人の法的地位と，無権代理人の法的地位を，同一人格のなかに併存させるという立場（資格併存説）が有力である。そうすると，上記の例における B は A の追認および追認拒絶権を有すると同時に，自身の無権代理行為について無権代理人としての責任を負っていることになる。

◁ 判例 8-11 ▷ 最判昭和 40・6・18 民集 19 巻 4 号 986 頁

【事案】 A は子 X に対し何らの代理権を付与したことがなく，代理権を与えた旨を他に表示したこともないのに，X は A の代理人として，B に対し A 所有の土地を担保に他から金融を受けることを依頼し，A の印鑑を無断で使用して本件土地の売渡証書に A の記名押印をし，A に無断で同人名義の委任状を作成し同人の印鑑証明書の交付を受け，これらの書類を一括して B に交付した。B が同書類を使用して，本件土地を Y に売り渡し，所有権移転登記がされた。その後 A は死亡し，A の他の共同相続人全員の相続放棄の結果，X が単独で A を相続した。X は，Y に対して所有権移転登記の抹消登記手続を請求した。第 1 審，第 2 審ともに X 敗訴。X 上告。

【判旨】 上告棄却。「無権代理人が本人を相続し本人と代理人との資格が同一人に帰するにいたった場合においては，本人が自ら法律行為をしたのと同様な法律上の地位を生じたものと解するのが相当であり（大判昭和 2・3・22 民集 6 巻 106 頁参照），この理は，無権代理人が本人の共同相続人の一人であって他の相続人の相続放棄により単独で本人を相続した場合においても妥当すると解すべきである」。

(b)　資格併存説のなかの対立　　もっとも，資格併存説のなかにも，2 つの立場の対立がある。

　第 1 は，本人を相続した無権代理人は，追認拒絶権を有するけれども，それ

を行使することは信義則に反して許されないとする立場である（資格併存信義則説）。上の例では，Bは追認拒絶権の行使が許されないため，結局のところ登記の抹消は認められない。結論としては，資格融合説とあまり変わらないことになる。

　第2は，本人を相続した無権代理人は，追認拒絶権の行使が許されるとする立場である（資格併存貫徹説）。上の例でも，Bは追認拒絶権の行使が許される結果，BからCに対する抹消登記請求が認められることになる。もっとも，CはBに無権代理人の責任（117条）を追及できる可能性がある。

　(c)　**背景にある考え方の違い**　　資格融合説，資格併存信義則説の背景には，自ら無権代理行為をした者が，追認拒絶権を行使することは，信義則に反する行為であるという考え方がある。

　これに対して，資格併存貫徹説は，相続という偶然の事情によって，相手方が受けられる救済の内容を変える必要はないという考え方が背景にある。上の例でいえば，Cは，Aの生前は，Aが追認拒絶権を行使すれば不動産を取得できずAから登記の抹消を請求されれば応じなければならない立場にあったのであり，ただBに無権代理人の責任（この場合は損害賠償責任）を追及できるのみであった。Aが死亡したからといって，Cに不動産を取得させる必要はないというわけである。

　若干の補足をしておく。

　すでに述べたように，無権代理人の責任は，相手方が無権代理について悪意であるか，善意だが過失がある場合には追及できない（117条2項1号・2号）。資格併存貫徹説では，上の例でBに無権代理人の責任すら追及できない場合が生じることになる。

　本人が生前に追認あるいは追認拒絶の意思表示をしてから死亡した場合には，本人の意思どおりに権利関係が確定する。資格融合説でも，Aが追認拒絶の意思表示をしていれば，CはBの抹消登記請求に応じる必要がある（追認拒絶の場合について最判平成10・7・17民集52巻5号1296頁）。

(2)　**無権代理人による本人の共同相続**

　事例を変えて，親Aを無権限で代理した子Bが，Aを保証人とする保証契

約を締結したとする。Aが追認あるいは追認拒絶の意思表示をしないまま死亡し，BとCがAを共同相続した場合に，BとCは，保証契約が無権代理であったことを理由に，保証債務の履行を拒絶できるかが問題となる。ここでも，Aが生前有していた追認拒絶権を，BやCが行使できるかが問題となる。

判例（最判平成5・1・21民集47巻1号265頁<判例 8-12>）は，本人の死亡により共同相続が生じ，共同相続人の1人に無権代理人がいるという場合は，資格併存説の考え方に立つ。つまり，この例では，本人Aの地位の共同相続により，Bは本人と無権代理人の地位を併せ持ち，Cは本人の地位を有する。したがって，BもCも，生前Aが有していた追認あるいは追認拒絶権を有していることになる。

ただし判例によれば，共同相続された追認権は，共同相続人全員に不可分に帰属し，共同相続人全員が共同で行使しなければ，追認の効果が生じない。このため，他の相続人全員が追認をしているのに，無権代理人が追認を拒絶することは信義則に反し許されないが，他の共同相続人全員の追認がなければ，無権代理行為が有効になることはない。

したがって，上の例では，Cが追認をした場合には，Bは保証債務の履行を拒絶できないことになるが，Cの追認がない場合には，Bは無権代理人の責任を負うことになる。

<判例 8-12> **最判平成5・1・21民集47巻1号265頁**

【事案】 PはQへの融資に係る貸金債権850万円について，Yの父であるRが連帯保証人となることを要求し，Yは，Rから代理権を授与されていなかったにもかかわらず，Qの求めに応じて，借用証書に連帯保証人としてのRの名による署名捺印をした。XがPから，Qに対するこの貸金債権の譲渡を受けたところ，RがYの無権代理を主張したため，XはYの無権代理人の責任（117条）を追及したが，請求は棄却された（第1審）。その後，Rが死亡し，Rの妻Sとともに，YがRの権利義務を2分の1の割合で相続した。そこでXは主張の一部を変更し，YがRから相続を受けたことで，連帯保証債務の2分の1の範囲については，R自らが行為をしたのと同様の効果が生じたとして，保証契約の履行を求めた（第2審）。Xの請求が認められたため，Yが上告。

【判旨】 破棄自判。「無権代理人が本人を他の相続人と共に共同相続した場合において，無権代理行為を追認する権利は，その性質上相続人全員に不可分的に

帰属するところ，無権代理行為の追認は，本人に対して効力を生じていなかった法律行為を本人に対する関係において有効なものにするという効果を生じさせるものであるから，共同相続人全員が共同してこれを行使しない限り，無権代理行為が有効となるものではないと解すべきである。そうすると，他の共同相続人全員が無権代理行為の追認をしている場合に無権代理人が追認を拒絶することは信義則上許されないとしても，他の共同相続人全員の追認がない限り，無権代理行為は，無権代理人の相続分に相当する部分においても，当然に有効となるものではない。そして，以上のことは，無権代理行為が金銭債務の連帯保証契約についてされた場合においても同様である」。

「これを本件についてみるに，前記の事実関係によれば，Ｙは，Ｒの無権代理人として本件連帯保証契約を締結し，Ｒの死亡に伴い，Ｓと共にＲの権利義務を各２分の１の割合で共同相続したものであるが，右無権代理行為の追認があった事実についてＸの主張立証のない本件においては，Ｙの２分の１の相続分に相当する部分においても本件連帯保証契約が有効になったものということはできない」。

【コメント】同日に類似のケースでもう１つ最高裁判決が下されている（最判平成5・1・21判タ815号121頁）。本人Ａの子Ｂが，Ｃとの間で，Ａの所有する不動産を，Ａに無断でＣに譲渡する契約を締結したところ，その後Ａが死亡し，Ｂが他の共同相続人とともに共同相続したというケースである。最高裁は上記 判例 8-12 とほぼ同じ判示をして，ＢからＣに対する抹消登記手続請求を認めている。このことから最高裁は，相続財産が金銭債権でも不動産でも，同じルールが適用されると考えていることがわかる。

③ 本人が無権代理人を相続した場合

親Ａが，子Ｂの不動産を無権代理でＣに売却した後に死亡し，無権代理人Ａの法的地位を本人Ｂが相続したという場合には，ＢはＣに対して，Ａの無権代理を理由に追認を拒絶できる。この場合，Ｂの追認拒絶権行使が信義則に反するといった事情は認められないからである（最判昭和37・4・20民集16巻4号955頁 判例 8-13 参照）。

ただし，Ａは無権代理人であり，Ｂはその法的地位を相続により承継するから，Ｂが追認拒絶権を行使した場合には，ＣはＢに対して，無権代理人の責任を追及することができる。

ここで，117条は，相手方の選択に従い，無権代理人に履行または損害賠償

の責任を追及できると規定している点が問題になる。相手方からの履行責任の追及を認めるということは，上の例でCがBに対して不動産の移転登記請求をすると，Bはこれに応じなければならず，Bは追認を拒絶したにもかかわらず不動産を失うことになる。

　学説上は，このような場合は，履行請求を拒絶できるとする立場が有力である。Aが死亡しなければ，Bが追認を拒絶した場合にCはAに対して損害賠償請求しかできなかったのであり，Aの死亡という偶然の事情によって，救済範囲の拡大を認める必要性はないからである。

　この点について直接の判例はないが，他人物売買の売主の地位を権利者が相続したという場合に，権利者は，信義則に反する特別の事情がない限り，履行義務を拒否できるとした判例がある（最大判昭和49・9・4民集28巻6号1169頁）。

> **＜判例 8-13＞ 最判昭和 37・4・20 民集 16 巻 4 号 955 頁**
>
> **【事案】** Xは，Yの先代Aから家屋を買い受け，所有権移転登記を受けた。しかし，YからXに対して，本件家屋はYの所有でありAは権限なくこれをXに売り渡したものであるとして，所有権移転登記の抹消登記手続請求の訴えが提起され，Yが勝訴して判決は確定した。そこでXは，Aは無権代理人として117条の責任を負うところ，Aが死亡したことにより，Yが相続人としてAの債務を承継したとして，家屋の所有権移転登記手続ならびに家屋の明渡しを請求した。第1審はXの請求を棄却したが，第2審は請求を認容した。Y上告。
>
> **【判旨】** 一部破棄差戻し。「原判決は，無権代理人が本人を相続した場合であると本人が無権代理人を相続した場合であるとを問わず，いやしくも無権代理人たる資格と本人たる資格とが同一人に帰属した以上，無権代理人として民法117条に基いて負うべき義務も本人として有する追認拒絶権も共に消滅し，無権代理行為の瑕疵は追完されるのであって，以後右無権代理行為は有効となると解するのが相当である旨判示する」。
>
> 　「しかし，無権代理人が本人を相続した場合においては，自らした無権代理行為につき本人の資格において追認を拒絶する余地を認めるのは信義則に反するから，右無権代理行為は相続と共に当然有効となると解するのが相当であるけれども，本人が無権代理人を相続した場合は，これと同様に論ずることはできない。後者の場合においては，相続人たる本人が被相続人の無権代理行為の追認を拒絶しても，何ら信義に反するところはないから，被相続人の無権代理

行為は一般に本人の相続により当然有効となるものではないと解するのが相当である」。

4 第三者が本人と無権代理人を相続した場合

夫Ａが妻Ｂを無権代理して，その後ＡとＢが相次ぎ死亡し，子Ｃが両者の地位を相続したという例を考える。この場合には，ＡＢいずれが先に死亡したかで，扱いを変えるのが判例の立場である。

まず，Ａが先に死亡し，それからＢが死亡した例を考える。この場合のＣに着目すると，Ｃは無権代理人Ａの地位を先に相続し，それから本人Ｂの地位を相続している。そこで，こうした場合は無権代理人が本人を相続した場合と同じように考えるというのが判例（最判昭和63・3・1家月41巻10号104頁
〈判例 8-14〉）の立場である。つまり，Ｃは追認拒絶権の行使は認められない。

そうすると，Ｂが先に死亡し，それからＡが死亡した場合には，本人が無権代理人を相続したものと扱われると推測できる。このため，Ｃは追認拒絶権を行使できることになる。

もっとも，このように本人と無権代理人のいずれが先に死亡したかで，自ら無権代理行為をしたわけではない相続人の，追認拒絶権の行使の可否が決まることを疑問視する見解も有力である。

〈判例 8-14〉 最判昭和63・3・1家月41巻10号104頁
【事案】Ｐの妻Ｑは，Ｐから必要な代理権を授与されていなかったにもかかわらず，Ｐの代理人として，Ｐの所有する土地をＲに対して譲渡した。その後，Ｑは死亡し，Ｐおよび子であるＸがＱの法律上の地位を相続により承継した。さらにその後，Ｐが死亡し，ＸらはＰの法律上の地位を相続により承継した。本件土地はＲから転売され，最終的にＹの所有となり，所有権移転登記がされた。ＸからＹへの所有権移転登記の抹消登記手続請求がされ，原審はこれを認めたため，Ｙが上告した。
【判旨】破棄差戻し。「無権代理人を本人とともに相続した者がその後更に本人を相続した場合においては，当該相続人は本人の資格で無権代理行為の追認を拒絶する余地はなく，本人が自ら法律行為をしたと同様の法律上の地位ないし効果を生ずるものと解するのが相当である。
けだし，無権代理人が本人を相続した場合においては，本人の資格で無権代

理行為の追認を拒絶する余地はなく，右のような法律上の地位ないし効果を生ずるものと解すべきものであり……このことは，信義則の見地からみても是認すべきものであるところ……無権代理人を相続した者は，無権代理人の法律上の地位を包括的に承継するのであるから，一旦無権代理人を相続した者が，その後本人を相続した場合においても，この理は同様と解すべきであって，自らが無権代理行為をしていないからといって，これを別異に解すべき根拠はなく……更に，無権代理人を相続した者が本人と本人以外の者であった場合においても，本人以外の相続人は，共同相続であるとはいえ，無権代理人の地位を包括的に承継していることに変わりはないから，その後の本人の死亡によって，結局無権代理人の地位を全面的に承継する結果になった以上は，たとえ，同時に本人の地位を承継したものであるとしても，もはや，本人の資格において追認を拒絶する余地はなく，前記の場合と同じく，本人が自ら法律行為をしたと同様の法律上の地位ないし効果を生ずるものと解するのが相当であるからである。

　これを本件についてみるに，前記の事実関係によれば，Ｑは，Ｐの無権代理人として，本件各土地を含む前記土地をＲに売却した後に死亡し，Ｘ及びＰがＱの無権代理人としての地位を相続により承継したが，その後にＰも死亡したことにより，Ｘがその地位を相続により承継したというのであるから，前記の説示に照らし，もはや，ＸがＰの資格で本件売買の追認を拒絶する余地はなく，本件売買は本人であるＰが自ら法律行為をしたと同様の効果を生じたものと解すべきものである」。

⑤ 無権代理人が本人の後見人に就任した場合

　本人Ａの所有する建物を賃借する賃貸借契約を，無権代理人ＢがＣとの間で締結した後に，Ａについて成年後見が開始し，Ｂが後見人に就任する場合を考える（成年後見開始前から，Ｂが事実上の後見人として行為しているといった場合が想定される）。このとき，Ｂは上記賃貸借契約が無権代理であることを理由に，Ａの法定代理人として追認拒絶権を行使できるかが問題となる。Ｂが追認を拒絶することは信義則上許されないとした判例（最判昭和47・2・18民集26巻1号46頁）があるが，追認拒絶を認めないことで不利益を受けるのはＡであるから，一般論としては追認拒絶を認めるべきとする学説が有力である。最近の判例では，事案との関係では傍論としてではあるが，後見人が追認を拒絶するこ

とが信義則に反するのは例外的な場合であり，諸般の事情を勘案して決せられるべきであるとしたものがある（最判平成 6・9・13 民集 48 巻 6 号 1263 頁）。

1　Ａは，所有する甲土地を売却しようと，息子のＢに，①売却先の選定，②契約の締結，③買主への移転登記をＡに代わっておこなうよう依頼し，甲土地の権利書と実印，および白紙委任状を交付した。自らの事業の資金繰りに苦しんでいたＢは，甲土地を自らの仲間に安値で売り他所に高値で転売し，差額を仲間内で分配することを計画して知人Ｃに相談し，Ａを売主，Ｃを買主とする甲土地の売買契約を，市場価格を著しく下回る代金額で，Ａの代理人として締結した。

2　さらにＢは，Ａの所有する乙土地にも目をつけ，これを自らの負っている債務の担保にすることを計画し，Ａの自宅から，乙土地の権利書を持ち出した。事実 1でＡの交付したＡの実印と白紙委任状はＢの手元に残っていたため，Ｂはこれを補充し，ＡがＢに対して，乙土地に抵当権を設定するための代理権を与えたという内容の偽委任状を作成した。Ｂは，その偽委任状を自らの債権者であるＤ（Ｂの事業の取引先）に示して，ＤのＢに対する債権を被担保債権とする抵当権を乙土地に設定する契約を締結し，その旨の登記を行った。その際，Ｄは，Ａに直接連絡をとって意思を確認する等はおこなわなかった。

⑴　ＣがＡに対して，甲土地の移転登記を請求した場合に，Ａは，Ｃとの売買契約の効果が自らに帰属しないとして，この請求を拒絶できるか。

⑵　Ａは，Ｄとの抵当権設定契約の効果が自らに帰属しないとして，乙土地の抵当権設定登記の抹消を請求できるか。Ｄが卸売業者である場合と，取引銀行である場合で，違いが生じるか。

⑶　Ａが死亡して，ＢがＡの単独相続人となった場合に，ＣがＢに⑴と同様の請求をしたときと，ＢがＤに⑵と同様の請求をしたときは，それぞれどのように考えるべきか。

第 9 章

無効・取消し

第1節　無効と取消しの比較
第2節　無　　効
第3節　取　消　し

この章では，無効および取消しについて解説する。どのような場合に法律行為・意
思表示が無効とされ，あるいは取り消しうるものとされるかについては，これまでの
章ですでに解説した。そこで本章では，無効・取消しの意味および内容についてより
詳しくみるほか，追認などの概念について解説する。

第1節　無効と取消しの比較

1 民法で予定されている無効と取消し

(1)　無効原因・取消原因

　民法は，法律行為の効果を否定する法技術として，無効と取消しを定めてい
る。個々の無効原因・取消原因については，すでに解説したが，ここで改めて
整理しておく。

(a)　無効原因　　法律行為ないし意思表示の無効原因として，民法総則が定
めているのは，以下の場合である。①表意者の意思無能力（3条の2），②公序
良俗違反（90条），③強行規定違反（90条・91条），④心裡留保による意思表示
の相手方が悪意または有過失の場合（93条1項ただし書），⑤通謀虚偽表示（94
条1項）。

　また，明文の規定のない無効原因として，法律行為の内容の不確定を挙げることができる。

　この他，消費者契約法は，その8条から10条において消費者契約中の不当条項を無効としている。

　(b)　取消原因　　法律行為ないし意思表示の取消原因として，民法総則が定めているものとしては，①制限行為能力者による法律行為（5条2項・9条本文・13条4項・17条4項），②錯誤（95条1項），③詐欺・強迫による意思表示（96条1項）がある。

　また，特別法上の取消原因としては，消費者契約法4条1項～3項の定める誤認または困惑による意思表示などがある。

　(c)　無効と取消しの振り分け　　特定の場合に，その法律行為・意思表示を無効とすべきか取り消すことができるものとすべきかは，結局のところ，立法政策の問題である。意思表示の瑕疵については，民法は，表示行為に対応する効果意思が存在するかどうかで，無効と取消しを振り分けている。しかし，これは現在では必ずしも貫徹されていない。全体的な傾向としては，法律の理想からみて，何人の意思をも問わず当然に効力を認めるべきでないという客観的事情がある場合は無効とされ，特定人の意思によって効力を否定すべきものと考えられる事由がある場合は取消可能とされることが多い。この観点から，かつて錯誤の効果が——効果意思の欠けた意思表示は無効であるという理論に忠実に——無効とされていた点は批判されており，平成29年改正によって取消しへと改正された。

　近時では，無効を，公序良俗違反や強行法規違反の場合のように公益の観点から法律行為の効力を否定するもの（公益的無効）と，意思無能力，公序良俗違反のうち暴利行為，消費者契約法上の不当条項の場合のように特定の者の利益を保護するために法律行為の効力を否定するもの（私益的無効）とに区別し，私益的無効の効果をできるだけ取消しに近づけようという見解も存在する。なお，消費者契約法には団体訴訟制度が定められているため，消費者契約法上の不当条項の無効が私益的無効かどうか，疑問が生じる可能性がある。たしかに，団体訴訟制度は，消費者全体の利益を擁護するという，いわば公益的な目的のための制度である。しかし，団体訴訟の結果が直接に個別の消費者の訴訟に反

映されるわけではないし，不当条項の無効自体が消費者全体の利益の保護を目的とするわけでもない。団体訴訟制度としては公益的なものであっても，条項の無効の意味としてはなお私益的なものであるといってよいだろう。

(2) 無効と取消しの一般的相違点

無効と取消しの一般的相違点としては，以下のものを挙げることができる。

①無効の場合には，当該法律行為・意思表示は，特定人の行為をまたず最初から当然に効力を有しないが，取消しの場合には，当該法律行為・意思表示は一応有効とされ，特定人（取消権者）の行為（取消権の行使）によってはじめて（遡って）効力を失う（121条）。

②無効は，追認によって有効とすることができないが（119条），取り消しうる法律行為・意思表示は追認により確定的に有効となる（122条）。無効の法律行為をした者が，それを有効とする意思表示をした場合には，無効の法律行為と同じ内容の法律行為が，追認の時点で新たにおこなわれたものとみなされる（119条ただし書）。

③無効は，時の経過によって影響を受けないが，取消しの場合は，一定期間の経過によって取消権が消滅し，有効に確定してしまう（取消権の消滅。126条）。

2 無効と取消しの二重効

(1) 総　　説

無効と取消しの相違点に関連して，無効な行為の取消しが認められるかという問題がある。例えば，制限行為能力者が意思無能力の状態で法律行為をした場合（これについては(2)も参照），詐欺または強迫によって公序良俗違反の法律行為をした場合に，無効と取消しのいずれも主張できるのか，それともいずれか一方しか主張できないのか。

これについて，有効・無効の概念を自然科学的な意味での存在・不存在と考えれば，無効な行為の取消しは論理的にありえないことのようにも思われる。しかし，無効や取消しという概念は，法律行為・意思表示の効力を否認するという法的評価をする場合の1つの論理構成のための概念にすぎないと考えれば，無効な行為の取消しを認めることは可能である。そこで，今日の通説は，いず

れの要件も満たしている以上，無効と取消しの選択的主張（二重効）は可能であるとしている。

(2)　意思無能力無効と制限行為能力取消しの競合

　一般的には二重効を認めるとしても，意思無能力無効と制限行為能力取消しの競合の場合については別の考慮がありうる。この問題については，①無効な行為の取消しはありえないとして意思無能力無効しか認められないとする見解，②期間制限の有無（126 条参照）など，制限行為能力取消しのほうが不利になるものもあり，制限行為能力取消しに限定すると，わざわざ後見開始の審判を受けた方が不利になり，公平に反するとして，意思無能力無効と制限行為能力取消しの選択的主張（二重効）を肯定する見解の他，③意思無能力無効を認めると制限行為能力制度を設けた意味がなくなってしまうとして，制限行為能力取消ししか認められないとする見解がある。③の見解は，制限行為能力者になれば，成年後見人等の保護者による保護を受けられること（またそうであるがゆえに長期の主張期間を与える必要はない），意思無能力無効についても 126 条の類推あるいは信義則により主張期間を制限すべきと考えられること，制限行為能力制度には，意思無能力者を定型化することによって相手方の信頼保護や取引安全の保護を図る目的もあることをも理由として挙げる。

3　契約関係の清算と同時履行の抗弁権

　無効・取消しを主張する当事者の目的の多くは，単に法律行為の効果を否定することのみにあるのではなく，すでに履行がされてしまったものを，法律行為がされる前の状況に戻す点にある。その際の原状回復関係は，121 条の 2 で処理される（詳しくは本章第 3 節 **4** (2)を参照）。では，双方の債務の履行がされているのを原状に復する場合，両当事者の原状回復請求権は同時履行の関係に立つと考えるべきだろうか。契約解除については，546 条が明文でこれを定めている。無効・取消しについてはどのように解すべきか。

　これにつき，最判昭和 28・6・16 民集 7 巻 6 号 629 頁（未成年者の取消しの場合について），最判昭和 47・9・7 民集 26 巻 7 号 1327 頁（第三者の詐欺による取消しの場合について）は，同時履行関係を肯定している。無効・取消しを法律行

為に基づいてされた給付をもとに戻す清算関係として把握するならば，両当事者の原状回復請求権もまた，もとの契約の双務的拘束を反映して，同時履行の関係に立つものと解すべきであろう。ただし，詐欺・強迫による意思表示を取り消した場合については，295条2項を類推適用して，詐欺者・強迫者の同時履行の抗弁権を認めるべきでないとする見解がある。

第2節　無　　効

1 無効な法律行為の効果

(1) 無効な法律行為の基本的効果

　無効とは，何人の主張もまたずに，かつ絶対的に，効力のないものである。法律行為が無効である場合，法律行為としての効力は生じず，そのことを，誰からでも，誰に対してでも，いつまでも主張できるのが原則である（このような無効を絶対的無効と呼ぶことがある）。例えば，売買契約が無効であれば，代金の支払も目的物の引渡しも請求できないし，仮にすでに事実上履行してしまったときは，それは法律上の原因なく履行したことになるので，不当利得（給付利得）としてその返還を請求できる。また，履行として引き渡した自己の所有物を，相手方からさらに転得した第三者があっても，その第三者に対して，自己の所有権を主張できる。

(2) 相対的無効

　無効の基本的効果は制限される場合がある。これを相対的無効という。ここでは，無効の主張権者が制限される場合と無効主張の相手方が制限される場合とに分けて説明する。

(a) 無効を主張できる者が制限される場合（取消的無効）　　法律行為の無効は，誰からでもこれを主張することができる。しかし，法文上「無効」とされていながら，特定人しかその主張をすることができないと解釈される場合がある。平成29年改正前民法下での判例（最判昭和40・9・10民集19巻6号1512頁）・通説は，錯誤無効（当時）の主張に関して，表意者自身において錯誤を理

239

由とする意思表示の無効を主張する意思がない場合には，原則として，相手方や第三者から無効を主張することは許されないとしていた。錯誤無効は，錯誤によって意思表示をした者を保護するための制度だからである。現行法では，意思無能力無効について，同様の理由から，原則として表意者からしか無効主張をすることができないものと解すべきであろう。

(b)　無効主張の相手方が制限される場合　　無効な法律行為は，すべての者に対する関係でその効力を生じないのが原則である。しかし民法は，無効の効果が当事者間でのみ認められ，第三者との関係では無効の効果を主張しえない場合を定めている。93条2項，94条2項が，心裡留保，通謀虚偽表示による無効を善意の第三者に対抗できない旨定めるのは，この例である。

2　一 部 無 効

意思無能力者のした契約や殺人契約のように，法律行為の内容の全部について無効原因がある場合には，法律行為全体が無効となる。これに対し，法律行為の内容の一部に無効原因があるだけの場合には，どの範囲で無効が認められるかが問題となる。この問題は，契約条項の一部の無効と契約の全部の無効とに分かれる。

(1)　契約条項の一部の無効

ある契約条項の一部に無効原因がある場合に，その条項の一部が無効となるのか，全部が無効となるのかが問題となる。この問題は，(a)代金，契約期間など契約の中核的部分の合意についての一部無効と，(b)付随的条項についての一部無効とに分かれる。

(a)　代金，契約期間など契約の中核的部分の合意についての一部無効　　ここでは，条項全部の無効か，条項の量的一部の無効かが問題となる。

(i)　まず，効果について明文の規定がある場合にはそれによる。例えば，金銭消費貸借契約上の約定利息が，利息制限法1条所定の利率によって計算した利息を超える場合，利息の約定は，その超過部分について無効とされる。その他，民法278条1項後段（永小作権の存続期間），360条1項後段（不動産質権の存続期間），580条1項後段（買戻しの期間），604条1項後段（賃貸借の存続期間）

なども参照。

(ii)　効果について明文の規定がない場合は，無効判断の基礎にある規範の目的，禁止されている行為に対する予防効果，不当な合意をさせた者に対する制裁や帰責といった諸要素の他，無効とすることによる契約自由への介入は必要最小限度にとどめるべきであるという要請を考慮して判断すべきである。

　例えば，相手方の窮迫・軽率・無経験などに乗じて，はなはだしく不相当な財産的給付を約束させる行為は，暴利行為として公序良俗違反（90条）とされる。近時，わが国の下級審裁判例には，著しく高利の利息を定める金銭消費貸借契約について，利息制限法1条超過部分にとどまらず，金銭消費貸借契約自体を無効とするものがあらわれている（東京地判平成14・9・30判時1815号111頁，東京地判平成17・9・27判時1932号99頁等）。ここでは，著しい高利での貸付けに対する予防効果や貸主に対する制裁・帰責の観点が重視されているといえるだろう。また，暴利行為かどうかの判断は，合意された財産的給付の不相当性という客観的諸事情と，相手方の窮迫・軽率・無経験などに乗じたという主観的諸事情の全体的判断によっておこなわれるから，法律行為の全体が暴利行為の性質を帯び，そのため法律行為の全部が無効となるという理由づけ（ドイツでおこなわれる理由づけである）も可能だろう。

　また，臨時農地価格統制令3条1項に違反した農地の売買について，統制価格を超過する代金額の部分だけが無効となるにとどまり，統制価格の範囲内では，なお契約は有効であるとした判例がある（最判昭和31・5・18民集10巻5号532頁）。形式的には，超過部分のみが違法だからであるといえるだろうが，規範の目的はあくまで価格の調整にとどまるから，その目的は一部無効で十分に達成されるというのが，実質的な理由であろう。

> **Column 9-1　ヤミ金融への元金返済と損益相殺**
>
> 　前述したように，近時の下級審裁判例には，著しく高利の利息を定める金銭消費貸借について，金銭消費貸借契約自体を無効とするものがあらわれている。この場合には，利息の約定も全部無効となるため，貸主は，利息制限法所定の制限内での利息も取得できない。さらに，元金部分に関して，貸付金の交付が不法原因給付にあたり，貸主は返還を求められないとする裁判例がある（東京高判平成14・10・3判時1804号41頁）。これに対して，元金返済済みの場合に

ついて，東京地判平成 14・9・30 判時 1815 号 111 頁は，借主が貸主に支払っ
た金額から元金部分を除いた利息部分を，不当利得法上の損失とする。しかし，
これによると，借主に返済させさえすれば，最悪でも元金は確保可能となり，
熾烈な取立てを助長しかねない（しかも，その元金の原資自体が違法な貸付けの
収益であることも多い）。

　近時最高裁は，著しく高利（年利数百％から数千％）の貸付けおよび弁済名
目での金員の受領は不法行為を構成するとの請求がおこなわれた事件において，
貸付金は違法に金員の交付を受けるための手段にすぎず，元金分も含め原告ら
が交付した金員に相当する財産的損害が生じているとの原審の認定に従った上
で，「反倫理的行為に該当する不法行為の被害者が，これによって損害を被る
とともに，当該反倫理的行為に係る給付を受けて利益を得た場合には，同利益
については，加害者からの不当利得返還請求が許されないだけでなく，被害者
からの不法行為に基づく損害賠償請求において損益相殺ないし損益相殺的な調
整の対象として被害者の損害額から控除することも……民法 708 条の趣旨に反
するものとして許されない」とした（最判平成 20・6・10 民集 62 巻 6 号 1488
頁）。本判決に対しては，差額説の立場からは損害は存在しないこととなるの
ではないかとの疑問が生ずるが，ここでは，貸付金としての金員の交付は違法
行為の手段にすぎず，その後の返済は借入金の返済とはおよそ評価されないと
いう立場を前提として，元利金名目で交付された金員は，借入金の返済とは切
り離された，被害者の損害と評価されているものと思われる。また，損益相殺
（的調整）の否定に関しては，クリーンハンズという 708 条の趣旨から，損益
相殺（的調整）という形であっても，法の助力は得られないとしたものであろ
う。ただ，元金部分についての解決が，事案により「全か無か」になってしま
うが，それでよいか（しかもその基準も必ずしも明確とはいえない）といった問
題はなお残る。本判決の趣旨が，不当利得に基づく請求にも及ぶかどうかも含
め，今後の展開が注目される。

(b)　付随的条項についての一部無効

（ⅰ）　効果について明文の規定のある場合はそれによる。例えば，消費者契約
法 9 条 1 号は，消費者契約の解除に伴う損害賠償の額の予定条項または違約金
条項について，当該消費者契約と同種の消費者契約の解除に伴い当該事業者に
生ずべき平均的損害の額を超える部分についてのみの無効を定める。また，宅
地建物取引業法 38 条 2 項（損害賠償額の予定等の制限）も参照。

（ⅱ）　効果について明文の規定がない場合は，ここでも，無効判断の基礎にあ

242

る規範の目的，不当条項の予防および条項作成者に対する制裁・帰責といった諸要素の他，契約自由への介入は必要最小限度にとどめるべきであるという要請を考慮して判断することになる。

　例えば，消費者契約法8条1項2号は，事業者の故意または重過失による債務不履行によって消費者に生じた損害を賠償する責任の一部を免除する条項（責任制限条項）を，無効とする。では，軽過失も含めて，事業者の債務不履行によって消費者に生じた損害を賠償する責任の一部を免除する条項が定められた場合はどうか。この条項の全部が無効となるのか，それとも，故意または重過失の場合の責任制限のみが無効（軽過失の場合の責任制限は有効）となるのだろうか。

　これについては，契約自由への介入は必要最小限度にとどめるべきであり，規範に抵触する部分のみを無効とすれば規範の目的は達成されるとして，故意または重過失の場合の責任制限のみを無効とすべきという見解（一部無効説）と，消費者契約であることを重視して，事業者による不当条項の作成および使用を抑止する必要は大きく（とりあえず包括的に不当な条項を定めておけば，後は裁判所が許容限度ぎりぎりに効力を維持してくれるというのでは，不当条項の予防効果はない），自ら許される限度を超える条項を作成した事業者の帰責性は重いとして，条項の全部を無効とすべきとする見解（全部無効説）がある。

　(iii)　(ii)で全部無効説をとった場合には，無効部分の補充が問題になる（なお，論理的には，条項の全部無効によって契約に欠缺が生じるかどうかの判断が先行する）。該当する任意規定があれば，原則としてそれにより補充される。上記の責任制限条項の例では，416条がその任意規定にあたる。

　これに対して，該当する任意規定が存在しない場合，あるいは，存在するが当該契約に適合的でない場合には，補充的契約解釈によって無効部分が補充される（補充的契約解釈については，第6章第3節**3**を参照）。

(2)　契約の全部の無効

　ここでの問題は，ある契約条項が無効となる場合に，その条項のみが無効となるのか，それに伴って契約全体も無効となるのかである。

(a)　結合契約の一部の無効と契約全体の無効

かつて，親が借金をし，そ

243

の返済のために娘が芸娼妓として働くことを約束するということがおこなわれていた。ここでは，金銭消費貸借契約と，娘を芸娼妓として働かせ，その報酬で借金を返済する旨の契約とがおこなわれている。この2つの契約を全体として芸娼妓契約という。このうち，後者の芸娼妓としての稼動契約は，人身の自由を著しく拘束するものとして公序良俗に反し無効である。このとき，金銭消費貸借契約も無効となるのだろうか。たしかに，金銭消費貸借契約それ自体には問題はない。しかし，金銭消費貸借契約と稼動契約とは密接に関連した不可分の関係にあり，また，金銭消費貸借契約を有効にしておくと，女性を芸娼妓としての拘束から実際に免れさせることは極めて困難である。それゆえ，金銭消費貸借契約も無効とし，芸娼妓契約は全体として無効とされている（以上については，第6章第4節 **3** (1)(a)および最判昭和30・10・7民集9巻11号1616頁 ◁ **判例 6-3** ▷ も参照）。

　否定例ではあるが，注目される近時の判決としては，個品割賦購入あっせん（物品購入の際の個別クレジットのこと。現在の割賦販売法では個別信用購入あっせんという）において，購入者と販売業者との間の売買契約が「デート商法」であることにより公序良俗違反とされる場合であっても，購入者とあっせん業者（クレジット会社）との間の立替払契約の効力に関しては，①販売業者とあっせん業者との関係，②販売業者の立替払契約締結手続への関与の内容および程度，③販売業者の公序良俗に反する行為についてのあっせん業者の認識の有無および程度等に照らし，販売業者による公序良俗に反する行為の結果をあっせん業者に帰せしめ，売買契約と一体的に立替払契約についてもその効力を否定することを信義則上相当とする特段の事情があるときでないかぎり，売買契約と別個の契約である購入者とあっせん業者との間の立替払契約が無効となる余地はないとしたものがある（最判平成23・10・25民集65巻7号3114頁）。

　(b)　中核的部分の無効と契約全体の無効　　代金など契約の中核的部分が全部無効となった場合には，補充をせずに契約全部が無効となる。現在では，主観的な価値と離れて客観的に定まる正当な価格のような補充の基準は存在しないし（取引相場や路線価といったものも，目的物の客観的な価格ではない），仮に存在したとしても，効力の維持は当事者の意思に反するからである。

　(c)　付随的条項の無効と契約全体の無効　　契約自由への介入は必要最小限

度にとどめるべきであるという考え方から，付随的契約条項が全部無効となった場合，原則としては，その条項のみが無効となり，契約自体は有効なままである。付随的契約条項が全部無効となったことによって，契約に欠缺が生じた場合には，(1)(b)(iii)で述べたように，任意規定または補充的契約解釈によって，欠缺が補充される。しかし，この変更を考慮しても，契約に拘束することが一方当事者にとって要求できないほど過酷となる場合は，契約全部を無効とすることが要請される。かかる契約の効力維持は，当事者に対して，当初実際には意図していなかった内容の契約を強制する側面をもつからである。ドイツ民法306条3項は，普通取引約款についてこの旨を明文で定める。ただし，任意規定または補充的契約解釈による補充は，双方の利益を適切に考慮しておこなわれるから，実際に契約全部が無効とされるのは稀だろう。

　なお，英文契約書などでは，契約に定める条項が無効であっても，他の条項は影響を受けず，有効なまま存続する旨の条項が定められることがある（分離／可分性条項 Severability）。わが国において，この条項にどの程度の実益があるのかは疑問だが，民法に明文の規定がないことからすれば，上記のような解釈を契約当事者の意思によって後押しする意味はあるかもしれない。

3 無効行為の追認

　119条本文は，「無効な行為は，追認によっても，その効力を生じない」と定める。無効な行為の遡及的追認はできないということである。その趣旨は，無効とは，法律行為または意思表示が，その成立当初から法律上当然に，効力を生じないことに確定していて，いかなる者の意思をもってしても，事後にこれを動かすことはできないという点にある。

(1)　非遡及的追認

　119条ただし書によれば，無効な法律行為または意思表示であっても，「当事者がその行為の無効であることを知って追認をしたときは，新たな行為をしたものとみな」される。例えば，虚偽表示の当事者が後にこれを追認した場合，統制法規違反で無効な行為を当該法規の廃止後に追認した場合などである。もっとも，公序良俗違反の場合のように，内容の不当性を理由として法律行為が

245

無効とされる場合には，その不当性が除去されていなければ，何度追認をしても，新たな行為としての効力は生じない。

(2)　遡及的追認

119条の趣旨が前記のとおりであるとすれば，ここには，無効とは，当事者の意思を超えた客観的・公益的なものであり，それを当事者の意思で動かすことは適当でないという前提があると考えられる。そうであるとすれば，遡及的追認を許さない無効は，そのような公益的な理由から行為が無効とされる場合にかぎられ，一方当事者を保護するために行為が無効とされる場合には，第三者の利益を害さないかぎり，遡及的追認を認めてもよいと解せられる。

例えば，意思無能力無効のように，表意者保護の趣旨に基づく無効（私益的無効）については，追認に遡及効を認めてよい。もっとも，これらの場合に，無効を主張できる者が制限されると解するならば（相対的無効），表意者が追認したければ，無効を主張しなければよいだけということになる。それにもかかわらず表意者があえて積極的に追認した場合には追認に遡及効が認められ，相手方が119条の適用を主張して法律行為は追認時からしか効力を生じないと主張することは許されない，と解すべきである。さもないと，無効を主張できる者を限定した意味がなくなるからである。

また，無権代理の場合における「無効」は，単に本人に効果を帰属させるための要件（効果帰属要件）が欠けているにすぎない。このような場合には，本人が自己に効果帰属することを認めるならば，遡及的に有効とすることがむしろ当事者の意思にかなう。116条はこの旨を明文で定めたものである。

以上の遡及効は第三者の権利を害することができないと解すべきである（116条ただし書は無権代理「無効」につきこの旨を明文で定める）。ただし，物権変動に関しては対抗問題になると解すべきである（116条に関する第8章第3節 **2** (3)も参照）。

なお，無権利者が他人の権利を自己の権利として処分しても，売買契約は有効だが，処分行為（権利の移転）は無効である。では，後に真の権利者が追認した場合，その処分行為は遡及的に有効になるだろうか。これにつき，最判昭和37・8・10民集16巻8号1700頁〈**判例 9-1**〉は，無権代理行為の追認に関

する 116 条を類推適用し，処分の時に遡って効力を生ずるものとした。

> ◆ 判例 9-1 ◆ 最判昭和 37・8・10 民集 16 巻 8 号 1700 頁
>
> 【事案】A は，自己の営業資金を Y から借り受けようとして，B および C に援助を依頼し，B を債務者，A および C を連帯保証人として Y から金 40 万円を借り受けた。その際，Y に対して担保を差し入れる必要があったが，A および B はこれを有していなかったので，C は，その父である X 所有の本件不動産を自己の所有名義に移した上，これを担保として Y から上記金員を借り受けようと考えた。そこで，C は X に無断でその印鑑を持ち出し，X から C への本件不動産の贈与契約書を偽造し，所有権移転登記手続を済ませたうえ，Y のための根抵当権設定登記手続を了した。X が Y に対して，本件根抵当権の不存在の確認およびその設定登記の抹消登記手続を求めて訴えを提起した。第 1 審は請求を認容したが，第 2 審は，判旨に記載の理由により，請求を棄却した。X より上告。
>
> 【判旨】上告棄却。「或る物件につき，なんら権利を有しない者が，これを自己の権利に属するものとして処分した場合において真実の権利者が後日これを追認したときは，無権代理行為の追認に関する民法 116 条の類推適用により，処分の時に遡って効力を生ずるものと解するのを相当とする」。「本件において原審が，挙示の証拠を綜合して X は，昭和 30 年 6 月頃に至り，その長男 C が X 所有の本件不動産につき，無断で所有権移転登記の手続および本件抵当権の設定をしている事実を知ったのであるが，その後遅くとも同年 12 月中，Y に対し，右抵当権は当初から有効に存続するものとすることを承認し，前記 C のなした本件抵当権の設定を追認したことを認めた上，前記判示と同趣旨の見解のもとに，右不動産の所有者である X がこれを追認した以上，これにより，右抵当権の設定は X のために効力を生じたものと判断したのは正当である」。

4　無効行為の転換

(1)　意　　義

　無効行為の転換とは，無効な法律行為が，他の有効な法律行為としての要件を備えている場合に，当事者も他の法律行為の効力を欲するであろうと認められるときに，その法律行為としての効力を認めることである。これは，法律行為に裁判官が介入して，当事者の当初の意思と完全には一致しない効果が与えられるという点で，一部無効と類似し（無効行為の転換では別の法律行為の効果が認められ，一部無効では無効部分を除去した残部の効果が認められる），裁判官による

法律行為の改訂がどこまで認められるかという問題にかかわる。

　無効行為の転換の要件としては，①当初意欲した法律行為の無効，②他の行為の要件の充足，③無効行為と他の行為が実質的目的を同じくしており，当事者がもし無効を知っていれば他の行為としての効果を欲したと考えられ（当事者の仮定的意思との合致），相手方もこれを認識することができ，かつ合理的に考えてこれを許容しなければならなかったこと，④転換が法律の趣旨に反しないことが必要である。

(2)　不要式行為への転換

　不要式行為への転換は，当初の無効の行為が不要式行為であると要式行為であるとを問わず，比較的広く認められる余地がある。地上権設定契約としては無効なものを賃貸借契約として有効と認め，約束手形の振出しとして無効なものについて準消費貸借契約の成立を認める等が，その例である。また，継続的保証における特別解約権の行使を任意解約権の行使に転換することも肯定してよい（この逆は，解約事由が相手方にとって予期できないから，否定されるべきだろう）。これに対して，債務不履行解除を641条に基づく解除に転換できるかについては，同条による解除は注文者の利益を考慮した特殊なものであり，注文者は解除に際してその旨を明らかにする義務があること，債務不履行なしと信じて仕事を継続する請負人にとって不利益となるおそれがあることから，反対するのが判例（大判明治44・1・25民録17輯5頁）・通説である。

(3)　要式行為への転換

　要式行為への転換の可否は，各種の要式行為について，その形式を緩和しても要式行為とした立法の趣旨に反しないかどうかを考慮して判断すべきである。

　まず，手形行為のように，一定の形式そのものを必要とするものへの転換は認められない。

　これに対して，遺言，認知，縁組などのように，意思表示が確定的におこなわれることを保障するために方式が必要とされる場合は，転換が認められやすい。これに関して，秘密証書遺言から自筆証書遺言への転換が明文で認められている他（971条），判例は，愛人との間の子を本妻との間の嫡出子として届け出る

ことは認知としての効力があるとしたが（大判大正 15・10・11 民集 5 巻 703 頁，最判昭和 53・2・24 民集 32 巻 1 号 110 頁），同様の子を他人の嫡出子として届け出て，後にその他人の代諾によりこれと養子縁組をしても，認知としての効力はないとした（大判昭和 4・7・4 民集 8 巻 686 頁）。また，他人の子を嫡出子として届け出た場合については，養子縁組について必要とされる方式（799 条〔739 条準用〕。戸 66 条〜68 条の 2）がふまれていないとして，養子縁組としての効力はないとされている（大判昭和 11・11・4 民集 15 巻 1946 頁，最判昭和 25・12・28 民集 4 巻 13 号 701 頁，最判昭和 49・12・23 民集 28 巻 10 号 2098 頁，最判昭和 56・6・16 民集 35 巻 4 号 791 頁）。

5 無効の主張期間

　無効は，いつまでもこれを主張することができ，時の経過によって影響を受けることがない。これに対しては，各種事情を考慮して無効主張が一定の期間内に制限される場合を認めるべきとの主張がある。また，意思無能力・心裡留保・虚偽表示による無効については，表意者保護の目的・取引安全の要請という点で，錯誤・詐欺・強迫による取消しの場合と異ならないから，126 条を類推適用すべきとの見解もある。ただ，実際問題としては，無効を原因とする原状回復請求権・物権的請求権に対して，消滅時効あるいは目的物の取得時効・即時取得の主張が可能だから，その意味では永遠に無効主張が可能だというわけではない。

　法律行為の無効を原因とする原状回復請求権（121 条の 2）は，法律行為時から 10 年，無効原因を知った時から 5 年で消滅時効にかかるが（166 条 1 項），意思無能力無効を原因とする原状回復請求権については，取消的無効の考え方（無効の主張権者について本節 **1** (2)(a)を参照）に基づき，主観的起算点・客観的起算点のいずれについても，無効主張時と考える余地がある。

第3節　取　消　し

1　取消しの意義

120条以下に規定されている取消しとは，ひとまず有効に存在している意思表示ないし法律行為を，取消権者の取消しの意思表示によって，遡及的に無効とすることをいう。取り消すことのできる法律行為は，取消権者が取消しの意思表示をする場合にだけ，効力がないものとされ，その意思表示のあるまでは，その行為は効力あるものとして取り扱われる。そして，取消権者が取消権を放棄し，または取消権が消滅すれば，その行為は効力を失わないものとして確定する。また，取消しは取消権者の一方的意思表示によって法律関係の変動を生じさせるものであるから，取消権は形成権であり，取消しは単独行為である。

2　取　消　権　者

取消しとは，制限行為能力者や瑕疵ある意思表示をした者といった一定の者を保護するための制度であるから，取消しの意思表示は，とくにその資格を認められた者（取消権者）しかすることができない。

(1)　行為能力制限違反を理由とする取消しの場合

行為能力制限違反を理由とする取消しをすることができるのは，制限行為能力者またはその代理人，承継人もしくは同意権者である（120条1項）。制限行為能力者が他の制限行為能力者の法定代理人としてした行為は，上記に加えて，当該他の制限行為能力者またはその承継人も，取り消すことができる（120条1項かっこ書。13条1項10号，102条ただし書も参照。102条ただし書に反する代理行為の取消しについては，第8章第2節*2*(2)を参照）。

制限行為能力者自身による取消しも，完全に効力を生じる。取り消すことのできる取消行為となるのではない。その理由は，取り消すことのできる取消しのようなものを認めれば，法律関係を複雑にし，相手方をはなはだしく不安定・不利益な地位に陥れること，もとの行為を白紙に戻すことは制限行為能力

者に特別の不利益を与えないこと，120条は文理上も単独で取消しをすることができる者を列挙したとみられることである。

制限行為能力者の代理人とは，未成年者の法定代理人（親権者，未成年後見人），成年後見人，取消権行使の代理権を委ねられた保佐人や補助人を指す。また，かつては同意権者に取消権があるか議論があったが，平成11年民法改正による成年後見制度の導入に伴い，同意権者の取消権が明示されたため，保佐人，同意権付与の審判を受けた補助人も取消権者となることが明確となった。

承継人には，相続人などのように前主から権利義務等の法的地位を包括的に承継する包括承継人と，前主から特定の法的地位のみを承継する特定承継人とがある。120条1項の承継人は，包括承継人と特定承継人の両方を含むが，取消権のみを承継する特定承継人というのは考えられない。取消権を承継する特定承継人としては，契約上の地位の移転を受けた者が考えられる。

(2)　錯誤，詐欺または強迫を理由とする取消しの場合

錯誤，詐欺または強迫を理由とする取消しをすることができるのは，錯誤，詐欺または強迫によって意思表示をした者，その代理人，承継人である（120条2項）。代理人とは，意思表示をした者の法定代理人および任意代理人である。承継人については(1)を参照。

なお，保証人が主債務者の取消権を行使しうるかについて，保証人は120条2項の承継人ではないから取消権を行使することはできないが，主債務が取り消されるかどうかが確定するまでは履行拒絶権を有する（457条3項）。

3 取消権の行使

取消しは，取り消すことができる行為の相手方が確定している場合には，相手方に対する意思表示によっておこなう（123条）。ここでの相手方とは，取り消されるべき意思表示ないし法律行為の相手方をいう。例えば，未成年者AがBに売却した不動産がCへ転売された場合でも，Aの取消しの意思表示は，Bに対しておこない，そのうえでCに対して取消しの効果を主張することになる。同様に，第三者Cの詐欺によってAがBへ不動産を売却したときのAの取消しの意思表示は，Cではなく，Bに対しておこなわれなければならない。

取消しの意思表示は，訴えその他の特別な形式によることを必要としない。

4　取消しの効果

(1)　遡及的無効

取消しがおこなわれると，当該意思表示ないし法律行為ははじめから無効であったものとみなされる（121条。法律行為の有効性と意思表示の有効性との関係については，第7章第1節❶を参照）。その結果，当該法律行為から生じていた債権債務は遡及的に消滅し，すでにされていた給付については，原状回復の問題が生じる。

(2)　原状回復義務

取消しにより法律行為が遡及的に無効となる結果，取り消すことのできる行為に基づいて金銭や物などの給付がすでにおこなわれてしまっていた場合には，給付を受領した者は，これらを手元に置いておく法的な根拠がなくなるため，受領した金銭や物を相手方に返還しなければならない。

法律上の原因なく金銭や物を取得した場合の返還の問題は，不当利得の守備範囲であり，703条・704条という一般規定が存在する。しかし，これらの規定は，一方当事者が相手方に一方的に給付をおこなう場合を想定して設けられた規定であり，契約などの巻き戻しを想定したものではないため，民法は，無効または取り消しうる法律行為の巻き戻しの場合について，121条の2の規定を別途設けている（したがって，民法は，不当利得のうち少なくとも給付利得に関しては，衡平説〔公平説〕ではなく，類型論を基礎としているということができる）。

121条の2第1項によれば，無効な行為（取り消されて無効になった場合も含む）に基づく債務の履行として給付を受領した者は，相手方を原状に復させる義務（原状回復義務）を負う。原状回復義務として，給付受領者は，現物返還が可能なときは現物の返還を，現物返還が不可能なときは価額償還をしなければならない。受領した金銭や物に利息や果実を付さなければならないかに関して，平成29年改正は，あえて規定を設けず，解釈に委ねたが（545条2項・3項参照），類型論からは，利息や果実を付すべきとしたうえで575条を類推適用し，利息と果実を等価とみて清算するべきではないか。

　ただし，贈与などの無償行為が無効とされた場合には，返還義務が軽減されており，その行為が無効であることを給付受領時に知らなかったとき（給付受領後に取り消された場合には，取消原因が存在することを給付受領時に知らなかったとき）には，その行為によって現に利益を受けている限度において，返還義務を負うにすぎない（121条の2第2項）。無効原因・取消原因の存在を知らない給付受領者は，受領した給付を自分の物と考えているため，消費したり，処分したり，滅失させたりしてもやむをえないと考えられたためである。ただし，売買などの有償行為の場合には，双方を原状に回復する趣旨から，特則の適用は無償行為に限られている。「現に利益を受けている限度」については，次に述べるところを参照。

　さらに，行為の時に意思能力を有しなかった場合，および，制限行為能力者であった場合にも，返還義務が軽減されており，その行為によって現に利益を受けている限度においてのみ，返還義務を負う（121条の2第3項）。

　「現に利益を受けている限度」（現受利益）とは，無効な行為・取り消しうべき行為によって事実上得た利得が，そのまま，あるいは形を変えて，残存しているときにかぎり，それだけを返還すればよいという意味である。すなわち，受け取った金銭や物が残っている場合にはそれをそのまま返還し，受け取った金銭で購入した物が存在する場合には，購入に充てた金銭相当額を返還しなければならない。これに対して，受け取った金銭等を浪費し，すでに残っていないという場合には現受利益はなく，返還義務もない（大判昭和14・10・26民集18巻1157頁 判例 9-2 ）。他方，受け取った金銭を生活費や債務の弁済に充てるなど必要な出費に充てた場合には，これによって他の財産の消費を免れたのであるから（出費の節約），現受利益が存在し，返還義務を負う（大判昭和7・10・26民集11巻1920頁）。なお，浪費によって返還義務を免れることへの不公平感から，浪費か否かの判断は慎重にされるべきであるとの主張がある。

　利益が現存するか否かの主張・立証責任には見解の対立がある。多数説は，利益が現存しないこと（つまり利益の減少や消滅）の主張・立証責任は，原状回復を請求された制限行為能力者にあるとする。これは，相手方が現受利益の存在を立証するのは困難であり，その立証を求めるのは公平でないこと，利益の消滅は消滅原因を主張する者が立証すべきであることを理由とする。これに対

して，前掲大判昭和 14・10・26 は，相手方（原状回復請求権者）に利益の現存についての主張・立証責任があるとしたものと解されている。しかし，下記のようにこの判決は，平成 11 年民法改正前に無能力者（現在の制限行為能力者に相当）とされていた浪費者について，無能力者が浪費者として準禁治産宣告を受けたものであるときは，利益は現存しないと推測するのが条理に適するとしたものである。したがって，制限行為能力者に主張・立証責任を負わせたうえで浪費者であることを根拠に事実上の推定をしたとみるか，あるいは，浪費者という特殊な場合に関する判断であって，一般化はできないと解すべきであろう。

> **判例 9-2** 大判昭和 14・10・26 民集 18 巻 1157 頁
>
> **【事案】** X は準禁治産者である A に対して金 250 円を貸し付け，これに基づいて提起した訴えにつき勝訴の確定判決を得た。その後 A は死亡したため，家督相続した Y が，上記貸付けを取り消し，それを理由として請求異議の訴え（現民執 35 条）を提起し，勝訴の確定判決を得た。そこで X は，A は X から受け取った金銭により不当な利得を得ているとしてその返還を請求したが，Y は上記金銭は A がすべて浪費したから現受利益がないと抗弁した。原審は，A の浪費を認めるべき証拠はないとして請求を棄却した。X より上告。
>
> **【判旨】** 破棄差戻し。「浪費者は財産を無益なることに消費する性癖を有する者なるが故に，果して A が浪費者の理由に依り準禁治産者の宣告を受けたるものなりとせば，X より交付を受けたる金員は反証なき限り一応無益なることに消費し，其の金員に因りては現存の利益を受けざりしものと推測するを以て常理に適すべく，従て X に於て現存の利益を主張し其の返還を請求せむには，須らく其の交付したる金員が浪費に供せられざりし事実を立証すべき責任あるものと云はざるべからず」。

> **Column 9-2** 改正前民法における原状回復義務の範囲
>
> ここで平成 29 年改正前民法適用事案の場合の処理について概説しておこう。
> 本文でも述べたように，法律上の原因なく金銭や物を取得した場合の返還の問題は，不当利得の守備範囲である。改正前には 121 条の 2 の規定がなかったため，一般規定である 703 条・704 条により原状回復がおこなわれる。それらによると，当事者が法律行為に無効原因・取消原因があることを知っていたか否かで，返還義務の範囲は異なる。善意者は，「利益の存する限度」（現受利益。本文で説明した「現に利益を受けている限度」と同義）において返還すればよく（703 条），悪意者は，受けた利益に利息を付し，損害がある場合にはそれも賠償しなければならない（704 条）。

> ただし，制限行為能力者に関しては，現在の 121 条の 2 第 3 項に相当する規定があり，制限行為能力者は，行為能力制限違反を理由として取り消した場合には，「現に利益を受けている限度」においてのみ返還義務を負う（改正前 121 条ただし書）。この規定は，制限行為能力者が悪意だった場合を念頭に置くものである。この場合に，仮に 704 条を適用すると，制限行為能力者に契約の締結を原因とする不利益を負わせることになるため，制限行為能力者保護のために，返還義務の範囲を現受利益の範囲にかぎったのである。

5 取り消すことができる法律行為の追認

(1) 意 義

取り消すことができる行為は，120 条に規定する者が追認したときは，以後，取り消すことができない（122 条）。追認がされると，取り消すことのできる行為は，確定的に有効となる。

(2) 追 認 権 者

追認をすることができるのは 120 条の規定する者である。すなわち，行為能力制限違反の場合の追認権者は，制限行為能力者またはその代理人，承継人もしくは同意権者である。錯誤，詐欺または強迫による意思表示の場合の追認権者は，錯誤，詐欺または強迫によって意思表示をした者，その代理人，承継人である。

(3) 要 件

(a) 取消しの原因となっていた状況の消滅 追認は，取消しの原因となっていた状況が消滅した後でなければ，おこなうことができない（124 条 1 項前段）。それ以前に追認しても，追認自体が瑕疵を帯びるためである。具体的には，制限行為能力者は行為能力者となった時点以後に，錯誤・詐欺・強迫を受けた表意者は，錯誤を知った時点，詐欺の事実に気づいた時点，強迫による畏怖から脱した時点以後に追認をおこなわなければならない。なお，この要件を具備せずにされた追認は，無効であり，取り消しうる追認になるのではない。

これに対して，法定代理人，保佐人，補助人が追認する場合，制限行為能力

者が法定代理人，保佐人または補助人の同意を得て追認する場合には，このような制限は不要である（同条2項）。これらの者は取消原因の影響を受けていないからである。

(b)　**取消権を有することの了知**　　追認は，取消権を有することを知っておこなわれなければならない（124条1項後段）。追認は，取消権の放棄の性質をもつため，放棄する権利の存在を知っておこなわれなければならないからである。

(4)　方　　法

追認の方法は，取消しと全く同様であり，相手方に対する意思表示によっておこなわなければならない（123条）。

(5)　効　　果

追認により，取り消すことのできる行為は，以後，取り消すことができなくなる（122条）。

6 法定追認

取り消すことのできる法律行為について，社会一般から追認と認められうるような一定の事実があった場合には，取消権者の意思いかんを問題とせず，法律上追認とみなされる（125条）。これを法定追認という。このような行為として125条が列挙する行為は，黙示の追認があると通常みうる行為であるが，相手方の信頼を保護し，法律関係の早期安定を図るために，取消権発生の認識の有無や追認意思の有無を問うことなく，追認を擬制したものである。法定追認の要件は以下のとおりである。

(1)　取消権者による一定の行為

125条が列挙するのは，①全部または一部の履行（1号），②履行の請求（2号），③更改（3号），④担保の供与（4号），⑤取り消すことができる行為によって取得した権利の全部または一部の譲渡（5号），⑥強制執行（6号）である。①は，取消権者が債務者として自ら履行した場合の他，債権者として相手方の

履行を受領した場合を含む。同様に，④は，取消権者が債務者として担保を提供した場合の他，債権者としてその供与を受けた場合を含む。これに対して，②は，取消権者が請求した場合にかぎられ，相手方から請求された場合を含まない。⑥につき，判例は，取消権者が債権者として執行した場合にかぎられ，債務者として執行を受けた場合を含まないとするが（大判昭和4・11・22新聞3060号16頁），学説上は，訴訟上異議の主張をすることができるのにあえてしなかったという点を捉えて，法定追認に該当するとの見解も有力である。

(2) 追認可能な状態において生じたこと

上記の各行為は，制限行為能力者または瑕疵ある意思表示をした者自身がおこなうときには，追認をすることができる時以後に，されなければならない。一般に，取消権発生の認識がなかったときでも，法定追認とされるが（大判大正12・6・11民集2巻396頁〔未成年当時にした借入れについて，成年になった後に，取消可能なことを知らずに一部弁済をした事例〕），平成29年改正前民法下の通説は，成年被後見人について，取消可能な行為の了知を要求していた改正前124条2項の趣旨から，法定追認の場合でも了知を必要とすると考えていた。追認につき取消権を有することの了知を必要とする現在の124条1項のもとでどのように考えるかは，今後の解釈に委ねられているが，相手方の信頼を保護し，法律関係の早期安定を図るという法定追認の趣旨からすれば，成年被後見人の場合も含め，取消権を有することの了知は不要と解すべきではないか。

(3) 異議をとどめなかったこと

取消権者が，上記の各行為をする際に，追認となることに異議をとどめた場合には，法定追認は生じない（125条柱書ただし書）。

7 取消権の行使期間

取り消すことのできる法律行為をいつまでも放置しておくことは，相手方や第三者の立場を不安定なものとする。そこで，法律関係を早期に安定させるために，取消権には行使期間の制限が設けられている。これにより，取消権は，追認または法定追認がなくとも消滅し，取り消すことのできる行為は確定的に

有効になる。

(1)　短期行使期間

　取消権は，追認をすることができる時から 5 年が経過すると，消滅する（126 条前段）。追認をすることができる時とは，行為者本人の取消権については，制限行為能力者が行為能力者となった時，錯誤を知った時，詐欺の事実に気づいた時，強迫による畏怖の状態から脱した時である。平成 29 年改正前と異なり，取消権を有することを了知したことを必要とする（124 条 1 項参照）。法定代理人，同意権者の取消権については，これらの者が制限行為能力者の行為を知った時が起算点となる。

　制限行為能力の場合は，法定代理人ないし同意権者の取消権が消滅すれば，制限行為能力者本人の取消権も消滅するとするのが通説である。

　なお，抗弁権の永久性について第 12 章第 3 節 **3** (3)を参照。

(2)　長期行使期間

　取消権は，行為の時から 20 年を経過すると，消滅する（126 条後段）。

　取消権は，(1)に述べた短期，ここに述べた長期の，どちらか早い方の期間が経過すると，消滅する。

(3)　期間の法的性質

　両期間の法的性質について，かつては，126 条の「時効によって」という文言を根拠に，これを消滅時効と解するのが通説であった。しかし，現在の通説は，取消権のような形成権は，権利者の一方的意思表示のみで権利内容の実現ができ，更新を考える余地がないことから，両期間ともに除斥期間であるとしている（第 12 章第 3 節 **3** (1)も参照）。

(4)　取消し後の原状回復請求権との関係

　126 条の期間制限と取消しの結果として生じる原状回復請求権の関係については，議論がある。

　期間制限は，単に取消権を行使すべき期間を定めるものであると考えれば，

取消権者は 126 条の期間内に取消権を行使すればよく，取消権の行使によって生じる原状回復請求権については，一般債権として，取消しの時から 5 年ないし 10 年の消滅時効（166 条 1 項）にかかることになる（二段階構成）。これに対しては，これでは取消権を早期に消滅させて，法律関係を確定しようとする 126 条の趣旨が没却されるという理由から，取消しの目的は給付した物の返還であって，取消権の行使はその前提にすぎないと考えて，取消権者は 126 条の期間内に取消しの意思表示をおこない，かつ返還請求しなければならないとする有力説がある（一段階構成）。

　二段階構成によれば，取消しの後なお 5 年ないし 10 年間返還請求ができるということにより，第三者に不利益を生じる可能性はたしかにある。しかし，126 条の期間内に取消しの意思表示がおこなわれれば，行為は無効に確定するのであって，取り消されるかどうかの不安定性の除去という同条の趣旨は満たされている。取消しにより確定した無効という結果の実現に際しての第三者の不利益に対しては，177 条・192 条・94 条 2 項類推適用などで対応することも十分可能なのではないか。

8 相手方の催告権

　制限行為能力者と取引をした相手方については，取り消すかどうかを催告する権利が与えられているが（20 条），錯誤・詐欺・強迫の場合には，相手方に催告権はない。詐欺・強迫については，被害者保護の観点から，相手方に催告権を与えるべきではないが，錯誤の場合には，相手方の催告権の導入を検討してもよいのではないか。

練習問題

　1　Ａは，貸金業者Ｂから，返済期を 1 年後として，100 万円を借りた。年利は数千％にも及ぶものであったが，Ａは他からも多額の借入れがあり，どうしても金銭が必要だったため，この合意に応じた。
　(1)　1 年後，ＢはＡに対して約定どおりの金利で貸金返還請求ができるか。
　(2)　1 年後，Ａが約定どおりの金利で返済したとする。
　　①　ＡはＢに対して本件金銭消費貸借の無効を理由として，利息および元本全額

の返還請求ができるか。

②　AはBに対して不法行為を理由として，利息および元本相当額の損害賠償請求をおこなうことができるか。

2　無効と取消しの二重効について説明した後，意思無能力無効と制限行為能力取消しの二重効について論じなさい。

第 10 章

条件・期限

> この章では，法律行為の効力発生に関する合意として，条件および期限について解説する。

1 条件および期限の意義

　法律行為をするにあたって，その効果をただちに発生させずに，将来一定の事実が発生した時または一定の期限が到来した時に，その効果を発生させようとする合意がおこなわれることがある。また逆に，効果を発生させておくが，将来一定の事実が発生した時または一定の期限が到来した時に，その効果を消滅させようとする合意がおこなわれることもある。このような合意も，私的自治の原則から，効力を認められる。

　このような合意は，法律行為の効力の発生または消滅を，どのような事実にかからせるかによって2つに分けられる。将来の不確定な事実の成否にかからせる場合を条件といい，将来発生することの確実な事実にかからせるものを期限という。

2 条　　件

(1) 条件の意義

　条件とは，法律行為の効力の発生または消滅を，将来発生するか否か不確実な事実の成否にかからせる旨の特約をいう。

(2) 停止条件と解除条件

　条件には，一定の事実が発生することによって，法律行為の効力が発生する

261

停止条件（条件成就まで効力発生が停止されている）と，一定の事実が発生することによって，法律行為の効力が消滅する解除条件（条件成就によって，発生していた法律関係が解消される）とがある。例えば，「試験に合格したら時計を与える」というのが停止条件であり，「落第したら奨学金の提供をやめる」というのが解除条件である。

(3) 条件に親しまない行為

　条件をつけることも私的自治の原則により許されるが，条件がつけられると，効力の発生や存続が不安定になるため，かかる不安定が不当と考えられる場合には，条件をつけることは許されない。このような法律行為を「条件に親しまない行為」という。これは私的自治の原則に対する制約であるので，それを正当化する理由が問題となる。条件に親しまない行為は，この観点から大きく次の2つに分類されている。

　(a) **公益上の不許可（主に身分行為）**　　条件をつけることが，強行規定または公序良俗に反する結果となる場合には，条件をつけることは許されない。例えば，婚姻，離婚，養子縁組などの身分行為は，条件をつけることを認めると身分秩序を不安定にするという理由から，条件に親しまないとされている。また，手形行為（手12条1項他），相続の承認・放棄などは，条件をつけることを認めると社会の取引秩序を混乱させるという理由から，条件に親しまないとされている。どちらも，法律行為の直接当事者自身にとってだけでなく，広く第三者の利害を不安定にするおそれがあるからである。

　なお，身分行為が条件に親しまない理由について，婚姻や離婚は，その効果が発生する時点で確定的な意思がなければならない行為であるということを理由とすべきであるという見解も存在する。

　(b) **私益上の不許可（単独行為）**　　取消し，追認，解除等の相手方のある単独行為は，相手方の地位を著しく不安定にするため，条件をつけることは，一般に許されないと解されている。相殺については明文の規定がある（506条1項）。その他，買戻し，選択債権の選択などもこれに属する。

　ただし，（相手方のある）単独行為であっても，相手方が同意した場合，または相手方を特別に不利に陥れるものでない場合（条件の成就または不成就が相手

方の行為のみにかかっている場合）には，条件をつけることができる。例えば，履行遅滞にある他方当事者に対して，1週間以内に履行すべき旨の催告をすると同時に，催告期間内に履行がされなければ，改めて解除の意思表示をすることを要せずに解除の効果を生ずるという，停止条件付き解除の意思表示は許され，実際にも慣用されている。

(c) **条件がつけられた場合の効果**　条件に親しまない行為に条件がつけられた場合には，条件意思が法律行為における効果意思の一体的内容をなすものである点に鑑みて，法律行為全体が無効となる（無条件の行為として有効となるのではない）と解されている。ただし，特別の規定がある場合はそれに従う（手12条1項・77条1項1号，小15条1項）。

(4) 条件付き法律行為の効力

(a) **不遡及の原則**　条件が成就すると，停止条件付き法律行為は，停止条件が成就した時からその効力を生じ（127条1項），解除条件付き法律行為は，解除条件が成就した時からその効力を失う（同条2項）。逆に，条件が成就しないことが明らかになったときは，停止条件付き法律行為は効力が発生しないので無効となり，解除条件付き法律行為は無条件となってその効力は消滅しないことに確定する。

条件成就の効力は原則として遡及しないが，当事者の合意によって条件成就の効果を遡らせることは可能である（同条3項）。この場合の遡及の効果は，第三者に対する関係においても発生するが，物権の移転などについては別に対抗要件の問題を生ずる。

(b) **条件の成否未定の間の期待権**　条件の成否が未定の間であっても，条件成就の場合を考えれば，一方の当事者は，条件の成就によって一定の利益を受ける期待を有する。民法はこれを一種の権利（期待権）として保護している。そして，条件の成否未定の間に一方の当事者がもつこととなる，期待権によって保護される利益を，条件付き権利という。

(i) **不可侵義務**　128条によれば，条件付き法律行為の各当事者は，条件の成否が未定である間は，条件が成就した場合にその法律行為から生ずべき相手方の権利を害することができない。例えば，停止条件付き贈与契約の目的物

を贈与者が毀損し，あるいは第三者に譲渡するなどして，当事者の一方が相手方の利益を侵害した場合，期待権を有する者は，債務不履行ないし不法行為に基づき，損害賠償を請求することができる。

128条は当事者間についてのみ規定しているが，期待権が法的に保護に値する利益である以上，これを侵害したときは，第三者の債権侵害と同様に，当該第三者は不法行為に基づいて損害賠償義務を負う。また，第三者が，条件付き法律行為と衝突する内容の処分行為によって権利を取得した場合は，対抗問題となる。

このような効果は，条件の成否確定前に，確定的に生ずるのではなく，この効果もまた条件付きで発生するものと解されている。したがって，条件付きの損害賠償請求権が生じ，条件が成就すればこれが確定的なものとなり，不成就に確定すれば損害賠償請求権は発生しなかったことになる。このように解さないと，条件付き権利の効力が不当に強くなりすぎるためである。

(ii)　**処分，相続，保存，担保の可能性**　　条件付き権利義務は，一般の規定に従い，処分し，相続し，保存し，または担保の対象とすることができる（129条）。「一般の規定に従い」とは，その条件の成就によって取得する権利と同一の方法によって，という意味である。例えば，条件付きの不動産所有権であれば，仮登記（不登105条2号）によって保全することができるし，条件付きの債権であれば，債権と同様の方法で他人に譲渡することができる。

(c)　**条件成就の擬制**　　期待権の保護として，条件成就の擬制が認められている。130条1項によれば，条件が成就することによって不利益を受ける当事者が故意にその条件の成就を妨げたときは，相手方は，その条件が成就したものとみなすことができる。この条件成就の擬制の要件としては，①条件成就によって不利益を受ける当事者が，条件成就を妨害したこと，②故意に妨害したこと，③妨害と条件成就が妨げられたこととの間に因果関係があること，④条件を不成就にしたことが信義則に反することを挙げることができる。

130条1項に関してしばしば問題となるのが，不動産仲介契約における委託者の直接取引である。例えば，Yが，不動産業者Xに，Yの所有する不動産の売却のあっせんを依頼し，5000万円以上で売却できたら報酬金を与えると約束した。そこでXは買主Aを見つけてきて，5000万円での成約までもう一

歩という状況に至ったところで，報酬を節約しようと考えたＹが直接Ａに
4900万円で売却してしまったという場合，Ｘは，条件が成就したものとみな
して報酬を請求することができる（最判昭和39・1・23民集18巻1号99頁）。た
だし，この場合，常に報酬全額を請求できるとはかぎらず，Ｘの媒介活動の
寄与度に応じた請求が認められるにとどまる可能性がある。このことから，こ
れは130条1項を本来適用すべき場合とは異なり，Ｙの債務不履行（付随義務
違反）に基づく損害賠償請求の問題とすべきであるとする見解もある。

　なお，当事者の一方が条件成就の擬制を主張した場合には，それによってそ
の者の損害がなくなるから，期待権侵害（128条）を理由とする損害賠償の請
求はできなくなる。

　(d) 条件不成就の擬制　　以上とは反対に，条件の成就によって利益を受け
る当事者が，不正に（＝信義則に反して故意に）条件を成就させた場合，相手方
は，条件不成就とみなすことができる（130条2項）。平成29年改正前民法に
は規定がなかったが，同年改正において，判例法理（最判平成6・5・31民集48
巻4号1029頁　＜判例 10-1＞）をもとに条文化された。

＜判例 10-1＞　**最判平成6・5・31民集48巻4号1029頁**
【事案】 XYはどちらも著名なかつらメーカーであるところ，ＸはＹとの間で，
①Ｘは櫛歯ピン付きの部分かつらの製造販売をしない，②これに違反した場
合，ＸはＹに対し違約金1000万円を支払う旨の裁判上の和解調書を作成した。
Ｙの取引先関係者Ａは，Ｙの指示の下に，通常の客を装ってＸの店舗に赴き，
まず，櫛歯ピンとは形状の異なるピンの付いた部分かつらの購入契約を締結し
た。その後，Ａは，部分かつら本体の製作作業がかなり進んだ段階で，さら
にＹの意を受けて，上記形状のピンの付いた部分かつらであれば解約したい，
解約できないなら櫛歯ピンを付けてほしい旨の申入れをした。困惑したＸの
従業員は，この要求を拒み切れず，契約の変更を承諾し，櫛歯ピン付きの部分
かつらをＡに引き渡した。Ｙは，これにより，上記和解条項の条件が成就し
たとして，Ｘに対する執行文の付与を申請し，その付与を受けた。これに対
して，Ｘは，条件は成就していないとして，和解調書の執行力の排除を求め
た。第1審は請求棄却。第2審は請求認容。Ｙより上告。
【判旨】 上告棄却。「ＸがＡに櫛歯ピン付き部分かつらを販売した行為が本件
和解条項第1項に違反する行為に当たるものであることは否定できないけれど
も，Ｙは，単に本件和解条項違反行為の有無を調査ないし確認する範囲を超

えて，A を介して積極的に X を本件和解条項第 1 項に違反する行為をするよう誘引したものであって，これは，条件の成就によって利益を受ける当事者である Y が故意に条件を成就させたものというべきであるから，民法 130 条の類推適用により，X らは，本件和解条項第 2 項の条件が成就していないものとみなすことができると解するのが相当である」。

(5)　特殊な条件

民法は，特殊な条件として，既成条件，不法条件，不能条件，純粋随意条件を規定している。

(a)　既成条件　法律行為の当時すでに客観的に確定している条件を既成条件という。条件とは，成否不確定な将来の事実にかかるものをいうから，既成条件は，本来の意味の条件ではない。131 条によれば，既成条件が停止条件とされた場合，法律行為の当時に条件がすでに成就しておれば，法律行為は無条件のものとなり（131 条 1 項前段），条件不成就に確定しておれば，法律行為は無効となる（同条 2 項前段）。既成条件が解除条件とされた場合には，法律行為の当時に条件がすでに成就しておれば，法律行為は無効となり（同条 1 項後段），条件不成就に確定しておれば，法律行為は無条件となる（同条 2 項後段）。

なお，131 条 3 項は，既成条件に関して，当事者が条件の成就・不成就を知らない間は，128 条・129 条を準用すると定める。しかし，既成条件においては法律効果は有効か無効かに確定しているため，131 条 3 項は無意味な空文であると解されている。

(b)　不法条件　例えば「もし人を殺したら一定の金員を贈与する」など，不法な条件を付した法律行為は無効である（132 条前段）。また，「もし人を殺さなければ一定の金員を贈与する」など，不法な行為をしないことを条件とする法律行為も無効である（同条後段）。このような条件を付することにより，法律行為全体が不法性を帯び，公序良俗違反（90 条）とされるためである。ただし，ここでは，条件それ自身だけで不法と判断されるのではなく，条件付き法律行為の公序良俗違反は，その法律行為を全体としてみて，判断されなければならない。したがって，自己または第三者が不法な行為をしたときはその賠償または塡補の趣旨で一定金額を支払うという契約は，本条にも 90 条にも反し

ない。また，不法行為をしないことを条件とする法律行為についての判断は，慎重におこなわなければならない。

(c) **不能条件**　　例えば「もし死んだ息子を生き返らせたら一定の金員を贈与する」など，将来において実現することが社会通念上不可能と考えられる条件を，不能条件という。不能条件が停止条件とされた法律行為は無効となり（133条1項），不能条件が解除条件とされた法律行為は無条件となる（同条2項）。

(d) **純粋随意条件**　　条件の成否が一方当事者の意思によって決まる場合，その条件を随意条件という。このうち，一方の当事者が欲しさえすれば成就させることができるものを純粋随意条件といい（例えば，「気が向いたら」100万円を与えると約束した場合），一方当事者の意思に基づくさらに他の事実が加わらなければならないものを単純随意条件という（例えば，「京都に住めば」この家を買うと約束した場合）。

債務者の意思のみにかかる純粋随意条件を停止条件にした場合，法律行為は無効となる（134条）。上記の「気が向いたら」100万円を与えるという約束がその例であるが，この場合，債務者は「気が向かない」と言いさえすれば常に請求を拒絶できるため，このような法律行為には，当事者に法的拘束力を生じさせる意思があるとは考えられないからである（なお，単純随意条件を停止条件にした法律行為は有効である。上の例の「京都に住む」という条件が成就した後に，債務者の意思で請求を拒絶することはできないからである）。

これに対して，債務者の意思のみにかかる解除条件付き法律行為，債権者の意思のみにかかる停止条件付き法律行為・解除条件付き法律行為は，有効である。また，双務契約において，一方当事者の意思のみにかかる停止条件が付された場合は，当事者は常に債務者であるとともに他面では債権者であるから，必ずしも当該双務契約の無効がもたらされるわけではない。

3 期　　限

(1) 期限の意義

期限とは，法律行為の効力の発生や消滅，または債務の履行を，将来発生することの確実な事実にかからせる旨の特約である。

(a) **始期と終期**　　期限には，始期と終期とがある。始期とは，法律行為の

267

効力の発生または債務の履行時期がかかるところの期限をいう。債務の履行時期に関するものを履行期限といい（例えば，毎月末に家賃を支払うという場合），法律行為の効力の発生に関するものを停止期限という（例えば，来月1日から賃貸借契約の効力が生じるという場合）。履行期限が到来すると，法律行為から生ずる権利の行使が可能になる（135条1項）。停止期限が到来すると，法律行為の効力が発生する。

　終期とは，法律行為の効力の消滅がかかるところの期限をいう。例えば，3年後まで賃貸するという場合がその例である。法律行為に終期がつけられたときは，その法律行為の効力は，期限が到来した時に消滅する（同条2項）。

　(b)　**確定期限と不確定期限**　　期限は，確定期限と不確定期限とに分けられる。到来する時期の定まっているものを確定期限といい（例えば，来年1月1日にという場合），到来することは確実だが，いつ到来するかは不確実なものを不確定期限という（例えば，私が死んだら，今度雨が降ったら，などという場合）。

　(c)　**条件か不確定期限かの区別が微妙な場合**　　期限となる事実は，将来発生することの確実な事実であり，この点で条件と異なる。しかし，「将来成功したら返済する」という，いわゆる出世払い債務について，これは不確定期限付き法律行為なのか，条件付き法律行為なのかが議論されてきた。

　もし，「将来成功したら」の文言が，将来成功したら返済するが，成功しないときは支払う必要がないという意味であれば，支払債務の発生を成功という不確実な事実の成否にかからせているから，これは停止条件である。これに対して，成功の見込みのある間は猶予するが見込みがなくなったら猶予しないという意味であれば，支払債務の発生を，成功の時または成功不能の確定した時の到来という将来到来することの確実な事実にかからせているから，不確定期限である。

　このいずれであるかは，当事者が特約に与えた趣旨など諸般の事情から決定されるべき法律行為の解釈の問題であるが，判例には，出世払い債務を不確定期限付き消費貸借と解するものが多い（大判明治43・10・31民録16輯739頁，大判大正4・3・24民録21輯439頁）。

(2) 期限に親しまない行為

　期限は，条件ほどではないものの，やはり相手方等の地位を不安定にするため，法律行為の性質によっては，期限に親しまないものがある。期限に親しまない行為の範囲は，条件に親しまない行為の範囲と類似しているが，多少の違いがある。法律行為に始期がつけられると，効果がただちに発生しないことになるため，効果がただちに発生することを必要とするものについては，始期をつけることができない（婚姻，縁組など）。しかし，始期は条件と違って，将来効力の発生することは確実だから，手形行為は，停止条件はつけられないが，始期をつけることはできる。また，遡及効のある行為（取消し，解除など）について始期をつけることは，無意味であるので許されない（506条1項は相殺につきこの旨を定める）。

(3) 期限付き法律行為の効力

　(a)　**期限到来後の効力**　　期限到来の効力には遡及効がなく，その旨の当事者の特約も無効である。さもないと，期限をつけたことが無意味になるからである。

　(b)　**期限到来前の効力**　　期限の到来によって利益を受ける者の地位について，民法には規定がない。しかし，始期の到来によって権利を取得すべき者および終期の到来によって権利を回復すべき者の地位（いわば期限付き権利）は，条件付き権利者の地位よりも一層確実なものであるから，期限付き権利についても128条・129条を類推適用すべきものと解されている。

(4) 期限の利益

　(a)　**期限の利益の意義**　　期限付き法律行為の場合に，期限が到来しないことによって，当事者の一方または双方が有している利益のことを，期限の利益という。例えば，履行期限を定めて無利息で金銭が貸与された場合，債務者は期限の到来まで返済する必要はない。したがって，この場合には，債務者が期限の利益を有することになる。これに対して，利息付き消費貸借の場合には，債務者は上記のような期限の利益を有するが，債権者も，期限の到来まで待つことによって所定の利息を手に入れられるという利益をもつ。また，無償寄託

の場合は，債権者（寄託者）が期限の利益を有する（662 条 1 項・663 条 2 項参照。662 条 2 項は有償寄託を想定したもの）。当事者のどちらが期限の利益を有するかは場合によって異なるが，債務の履行につき期限を定めた場合，多くは，債務者が期限の利益を有する。そのため，民法は，特約や法律行為の性質から反対の趣旨がみられないかぎり，期限は債務者の利益のために存在するものと推定した（136 条 1 項）。

(b)　期限の利益の放棄　　期限の利益は，これを放棄することができる（136 条 2 項本文）。期限の利益を放棄した場合には，期限が到来したのと同じ効果が生じる。

　期限の利益が一方当事者のためにだけ存在する場合には，当該当事者が自由にこれを放棄できる。無利息消費貸借の借主は，期限前にいつでも返還できるし，無償寄託の寄託者は，期限前にいつでも返還請求できる。

　期限の利益が当事者双方のために存在する場合には，場合を分けて考える必要がある。①債務者から放棄する場合，債務者は，期限の利益の喪失による相手方の損失を填補して，期限の利益を放棄することができる。例えば，定期預金の場合に，銀行は，期限までの利息をつければ，期限前でも弁済できる（大判昭和 9・9・15 民集 13 巻 1839 頁。136 条 2 項ただし書）。また，利息付き消費貸借の借主が期限の利益を放棄して期限前に返還するには，期限までの利息を付さなければならない（ただし，これはあくまで一般論である。実際には，貸主は事業者であることが多く，事業者は，返済されたお金をまた別の借主に貸して利息を得るのが通常なので，期限前の返済によって特段の損害が生じないことも多い。591 条 3 項は，消費貸借の貸主は，借主の期限前の返済によって損害を受けたときは，借主にその賠償を請求できると定めるが，これも，期限までの利息相当額を損害として当然に請求できるという意味ではない）。②債権者から放棄する場合には，相手方（債務者）の失われる利益を填補しうる場合かどうかで異なる。例えば，有償寄託の寄託者（寄託物返還請求権の債権者）は，期限までの寄託料を支払って，期限の利益を放棄し，寄託物の返還を請求できる。これに対して，利息付き消費貸借の借主が元本の利用について有する期限の利益は，損害賠償によって填補できないから，貸主（貸金返還請求権の債権者）から一方的に期限の利益を放棄して，期限までの利息はつけなくてよいから貸金を返還せよと要求することはできない（なお，

そもそも，貸主からする期限の利益の放棄といった場合に，利息請求権の放棄のみならず，弁済期の繰り上げまでもが，当然にそこに含まれるのかどうかは，検討の余地があるように思われる）。

(c)　**期限の利益の喪失**　　債務者は，次の事実が生じた場合には，期限の利益を主張することができない。すなわち，①債務者が破産手続開始の決定を受けたとき，②債務者が担保を減失させ，損傷させ，または減少させたとき，③債務者が担保を供する義務を負う場合において，これを供しないときである（137条）。債務者が，資産を失うとか担保に欠乏をきたすなどにより信用の基礎を失った場合，ないし，債権者債務者間の信頼関係を破った場合に，債権者がなお期限の到来までその債権の行使ができないものとすることは，債権者にとって酷である（債権を十分に回収できない）だけでなく，公平の観念にも反するから，このような場合に債権者を保護しようとするものである。なお，①については破産法103条3項が適用され，民法137条の適用の余地はない。

期限の利益喪失の効果は，当然に期限到来の効果が生じるというのではなく，債権者の一方的意思表示によって期限到来と同じ効果を生じさせることができるというものである。したがって，喪失事由があっただけでは，債務者が履行遅滞に陥ることもないし，消滅時効の進行を始めることもない。履行遅滞や消滅時効の進行は，債権者の意思表示がされてからのことである（大判昭和9・11・1民集13巻1963頁〔事案は期限の利益喪失特約に関するもの〕）。

なお，上記3つの場合以外にも，当事者の特約で，一定の事実が生じた場合には期限の利益を失うものと定められる場合がある（期限の利益喪失特約，期限の利益喪失約款）。例えば，債務者が他の債権者から強制執行を受けた場合には期限の利益を失うなどという特約である。これには効果との関係で，①喪失事由が発生した場合に当然に期限到来と同じ効果が発生するものと（喪失事由の発生により債務者は遅滞に陥り，消滅時効は進行を始める），②喪失事由が発生した場合に，債権者は，その一方的意思表示によって期限到来と同じ効果を生じさせることができるというものとがある。

期　　　間

> この章では，期間の意義および計算方法について解説する。

1 期間の意義

(1) 期間の意義

　期間とは，ある時点からある時点まで継続した時の区分である。例えば，マンションの一室につき 1 年間の約定で賃貸借契約を締結する場合のように，法律行為によって期間が合意されることがある。その他，法律の規定（成年，時効）や裁判所の命令によって期間が定められることも少なくない。

　期間を定める法律行為，法律の規定，裁判所の命令において，期間の計算方法が定められている場合はそれによる。その定めがない場合のために，民法は，期間の一般的・補充的な計算方法を定めている（138 条）。

(2) 計算方法の適用範囲

　期間の計算方法に関する 138 条〜143 条の規定は，私法的な関係について適用されるだけでなく，特別の規定（例えば，戸 43 条，年齢計算 1 項，刑 23 条）がないかぎり，公法関係の期間にも適用される。大判昭和 5・5・24 民集 9 巻 468 頁は，衆議院解散後の総選挙期日の起算日について，初日不算入の原則（140 条）が適用されるとした。

2 期間の計算方法

(1) 短期間の計算方法

　139 条は，「時間によって期間を定めたときは，その期間は，即時から起算

する」と定める（自然的計算法）。分や秒を単位とする場合も同様と解されている。例えば，午前7時15分から8時間後といえば，午後3時15分が満了点である。

(2) 長期間の計算方法

日・週・月・年を単位とする場合については，暦に従って計算する方法（暦法的計算法）が採用されている。不正確だが，便宜だからである。

(a) **起算点**　日・週・月・年によって期間を定めたときは，期間の初日は算入せず，翌日から起算する（140条）。初日の端数は切り捨てるという意味である。これを初日不算入の原則という。例えば，12月1日の早朝に，今から7日間本を貸すといった場合は，12月2日から起算し，12月8日の終了時が満了点となる。これに対して，初日が端数とならない場合には，初日から起算することとなる（同条ただし書）。例えば，11月中に，「来月12月1日から7日間」と約束したときは，初日を算入する。

戸籍法43条や年齢計算ニ関スル法律1項等は，この原則の例外を定めている。例えば，10月1日に生まれた者は，翌年9月30日の終了時に満1歳となる。したがって，20歳の誕生日を迎える者は，誕生日には，すでに成年となっている。

(b) **満了点**　141条は，「期間は，その末日の終了をもって満了する」と定める。

(ⅰ) 日・週をもって定めた場合　起算日から所定の日数を数えて，その最後の日が末日である（143条1項が週を加えるのは無意味である）。

(ⅱ) 月・年をもって定めた場合　日に換算することをせずに，「暦に従って」（各月，各年の長短を問題とせずに）計算する（143条1項）。その際，月または年の初日から計算する場合は，最後の月または年の末日が期限の末日となり，その末日の終了をもって期間は満了する。これに対して，月または年の初日以外の日から起算する場合は，最後の月または年においてその起算日に応当する日の前日が末日となる（同条2項本文）。もし最後の月に応答日がない場合は，その月の末日に，期間が満了する（同項ただし書）。例えば，1月31日を起算日として1か月といった場合は，2月28日（閏年なら29日）が期間の末日となる。

(i)(ii)を通じて，期間の末日が日曜日，国民の祝日に関する法律に規定する休日その他の休日にあたるときは，その日に取引をしない慣習がある場合にかぎり（立法当時のわが国においては，休日には原則として休養し取引しないという風習がまだ一般的になっておらず，日曜日や休日にも業務をおこなう例が多かったために挿入された文言である），その翌日が期間の末日となる（142条）。かつて，上訴期間に関連して，年末年始の休業期間（12月29日から1月3日）が休日に含まれるかどうかが争われたが，現在の民事訴訟法95条3項は，期間の末日がこれらの日にあたるときは，期間は，その翌日に満了するとしている。なお，民法142条の「取引」とは，広く履行と関係する公法上・私法上の行為を意味し，商取引にかぎられない。

また，上記(i)(ii)のようにして算出された末日の終了時点（午後12時）が期間の満了点である（141条）。ただし，弁済または弁済の請求に関しては，法令または慣習により取引時間の定めがあるときは，その取引時間内にかぎり，これらをおこなうことができる（484条2項）。

(3) 過去に遡る場合の計算方法

民法は，初日から過去に遡る場合——例えば，社員総会の日の1週間前（一般法人39条），時効期間満了前6か月（158条）——の計算方法を規定していないが，この場合にも民法の規定を類推適用すべきと解されている。例えば，一般社団法人の社員総会の招集通知は，社員総会の1週間前までに発せられなければならないが，3月15日に総会が開催されるという場合には，14日を起算日として，そこから逆に計算して8日が末日となり，その始まり，つまり午前0時（7日午後12時）が満了点になり，その時までに発せられる必要がある。

(4) 連続しない2個以上の時間帯を合算した1つの期間の計算方法

時以下または日をもって定められた期間の場合は，自然的計算方法により単純に合算すべきである。これに対して，月または年をもって定められた期間の場合には，各部分を合算して通常の意味での暦法的計算をすることは不可能であるので，日数と月や年との間での一律的換算方法を考える必要がある。例えば，ドイツ民法191条は，1月を30日，1年を365日とする旨を定めており，

わが国でもこれと同様に処理すべきとの見解がある。これによれば，1年のうちに9か月間といった場合は，270日の意味となる。

第 *12* 章

時　効

　この章では，時効の意義や存在理由など，時効についての総論的な事柄の他，取得時効・消滅時効とはそれぞれどのようなものか，時効の障害事由としての時効の完成猶予・更新，完成した時効の利益を受けるか否かに関する意思の表明としての時効の援用・時効利益の放棄について解説する。

第1節　時　効　総　論

1 時効の意義

　時効とは，一定の事実状態が所定の期間継続した場合に，それが真実の権利関係と一致するか否かを問わずに，その事実状態に対応する権利関係を認める法制度である。時効には，権利者であるかのような権利行使の事実状態を根拠として，その者を権利者と認める取得時効と，権利不行使の事実状態を根拠として，権利の消滅を認める消滅時効とがある。

2 時効制度の正当化根拠

　法律は，本来，他人の物を占有する者には物を所有者に返還させ，債務を負う者にはその債務を弁済させることに努めるものである。それにもかかわらず，法律が時効制度を認めているのは，どのような理由によるのだろうか。従来，時効制度の正当化根拠として主に，以下の3点が挙げられてきた。

(1) 社会の法律関係の安定

　ある事実状態が長期間継続すると，それを基礎として，さまざまな法律関係が形成される。その場合に，後になってこれをくつがえして，真実の権利関係に引き戻すことは，従前の事実状態を前提に生活関係を営む当事者や従前の事実状態を前提に権利関係を有するに至った第三者が不利益を被り，ひいては社会の法律関係の安定が害される。そこで，社会の法律関係の安定のために，一定の期間継続した事実状態をそのまま法律関係に高めて，これをくつがえさないこととしたのである。

　もっとも，このような説明に対しては，時効の要件として，長期間継続した事実状態を前提に生活関係が築かれたことは要求されていないし，第三者の出現や第三者の信頼（善意・無過失など）も要求されていないとの批判があり，これのみで時効制度の存在理由を十分に説明することはできない。

(2) 権利の上に眠る者は保護に値しない

　次に，時効制度の正当化根拠として，たとえ真実に反しているとしても，長期間自分の権利を主張しなかった者は，法律による保護に値しないといわれることもある（権利の上に眠っていた者は保護に値しない）。

　しかし，必ずしも権利者の怠慢を責められない場合もありうるし，そもそも権利者は権利を行使する義務を負っているわけではない。たしかに，権利者が権利を失う反面として保護に値する者が存在する場合には，権利者の怠慢を一種の帰責事由とすることもできるだろうが，このような第三者の出現は，時効の要件として要求されてはいない。さらに，権利者が権利の存在を知らなくても時効が進行・完成する場合がある点や，権利者側で権利行使に出られない事

情が常に必ずしも完成猶予事由とされていない点なども考慮すると，権利者の怠慢だけで時効制度を正当化することはできない。

(3)　証明困難の救済

(2)が時効の利益を受けるのは非権利者・非弁済者であると考えるのとは反対に，これは，真の権利者・弁済者の保護を考えるものである。すなわち，長期間継続している事実状態は真の権利関係に合致している蓋然性が高いという考えに立って，時効とは，長期間の経過により証拠が散逸することによって，本当は権利を有し，義務を負わない者が，所有権等の取得や弁済の事実を証明することが困難になり，不利益を受けることがないよう保護するための制度であると考えるのである。

しかし，長期間継続した事実状態が真の権利関係を反映していない場合も珍しくはなく，しかもそれが証拠上明らかな場合すらある。そのような場合に，非権利者や義務者が保護されるべき理由を，この見解は説明できない。

3 時効制度の法的位置づけ

以上の時効制度の正当化根拠は，時効制度の法的位置づけにもかかわっている。これは，実体法説と訴訟法説とに大別することができる。

(1)　実 体 法 説

実体法説とは，時効を，実体法上の権利の得喪という実体法上の効果が生ずる制度であるとする見解である。この説は，その論拠を，主に社会の法律関係の安定と権利の上に眠る者は保護に値しないという点に求めている（本節**2**(1)(2)）。この説はさらに，確定効果説（攻撃防御方法説）と不確定効果説とに分かれるが，この点については，本章第5節**1**(1)で解説する。

この見解に対しては，「社会の法律関係の安定」および「権利の上に眠る者は保護に値しない」の箇所で挙げた批判が妥当する。また，この見解は，時効制度の正当化理由として，証明困難の救済をあわせて挙げることが多いが，この点について，非権利者・非弁済者保護の論拠と真の権利者・弁済者保護の論拠をともに挙げるのは，一貫性を欠いているという批判がされている。

(2) 訴訟法説

訴訟法説とは，時効を，裁判で援用することにより，他の権利得喪原因の証明を要することなく，権利得喪の裁判を受けることを認める制度であり，そのような意味で訴訟法上の意味をもつ制度であるとする見解である。この説は，その論拠を，証明困難の救済に求めている（本節**2**(3)。訴訟法説に基づく援用の性質理解については，本章第5節**1**(1)を参照）。

この見解に対しては，「証明困難の救済」の箇所で挙げた批判の他，民法は，権利を「取得する」（162条），権利が「消滅する」（166条1項・2項）と定めており，これは実体法上の権利の得喪を意味すると考えられるから，現行民法の解釈論として訴訟法説をとるのは無理がある，との批判がある。

4 多元的理解

以上の説明からも明らかなように，時効制度の正当化根拠のいずれか1つあるいは法的位置づけの1つの側面のみによって時効制度全般を正当化することは困難である。そこで，今日では，3つの正当化根拠に照らし，時効制度ごとに多元的な正当化を考えるべきだとする見解が有力である（取得時効と消滅時効を区別し，それぞれをさらに区分して考える。ただしその中身は論者により多様である）。

第2節 取 得 時 効

取得時効とは，一定期間継続した事実状態を実体法上の権利関係に高めて権利を取得させる実体法上の制度である。所有権その他の財産権の取得原因の1つである。

1 所有権の取得時効

(1) 長期取得時効

20年間，所有の意思をもって，平穏に，かつ公然と他人の物を占有した者は，その所有権を取得する（162条1項）。社会秩序を安定させるため，また権利者を証明困難等の事情から救済するために，永続した事実状態を尊重し，その状態に法的保護を与えることが制度の趣旨である（本章第1節**2**参照）。「所有

の意思」をもってする占有を「自主占有」、そうでない場合を一括して「他主占有」と呼んでいる。

(2)　短期取得時効

占有の開始時に占有者が善意・無過失であった場合、時効完成に必要な期間は10年間に短縮される（162条2項）。短期取得時効は、歴史的にみると、長期取得時効とは異なる固有の存在意義を担って発達してきた。すなわち、取引行為に基づいて物の占有を取得したものの、前主の無権利や取得権原に無効原因があるなどの理由で、権利を前主から承継取得できない場合における取引の安全を保護する機能を果たしてきたのである。とくに即時取得（192条）制度を欠く不動産取引の安全を保護する場面で、重要な意義をもっていた。比較法的にみると、今日でも短期取得時効の要件を「取引行為」による占有取得に限定する例も少なくない。日本法の解釈においてもそのような趣旨の主張をする学説がみられる。しかし、現行法が旧民法の「正権原」要件（旧民法財産編182条、証拠編140条1項）を「善意・無過失」に改めた趣旨は、相続等のように、取引行為に基づかない占有取得にも短期取得時効の適用の余地を認めることにあった。判例・通説は、一貫して、単なる誤信に基づく事実行為による占有取得にも短期取得時効を適用している。例えば、AがB所有の山林を自己所有の山林であると過失なく信じて樹木を伐採し、伐採した木材を10年以上占有していた場合につき、時効による木材の取得が認められている（大判大正8・10・13民録25輯1863頁）。

②　要　件

(1)　物　の　占　有

(a)　「他人の物」要件　　民法典は、時効を実体法上の制度、つまりは権利の取得原因の1つとして規定している。時効取得の対象物が「他人の物」とされているのもそのためである。もっとも、取得時効は、そもそも権利者が誰であるのか不明確な場面において、長期間の継続占有者が真の権利者でもあるのだろうという蓋然性から、あるいは既成事実をそれ自体として尊重して、占有者に権利を取得させる制度である。それゆえに、取得時効の完成を主張するた

めの前提として，当該物が占有者以外の他人の所有に属することを積極的に立証する必要はないと解されている（大判大正 9・7・16 民録 26 輯 1108 頁）。

(b) 自己の物の時効取得 「他人の物」であることを時効取得の主張者が証明する必要はないとして，実体法上の要件としても「他人性」は要求されないのであろうか。これが，自己の物につき取得時効が認められるべきかという問題である。たしかに，通常は，自己の所有物を占有する者が，わざわざ取得時効の効果を援用することに意味があるとは思えない。しかし，所有権取得を基礎づける権原の証明が証拠の散逸等により困難な場合や，たとえ権原の証明ができたとしても，権原に基づく所有権取得の効果を第三者に対抗できない場合においては，自己の物について取得時効を援用することにも意味が認められる。

（i）**契約当事者間における主張** 例えば，不動産を購入した買主が，代金の一部支払と引換えに目的不動産の引渡しを受け，残代金を支払わないまま，12 年間占有を続けた場合，時効取得した所有権に基づき登記の移転を売主に求めることはできるか。判例は，永続した事実状態を尊重するという趣旨は売買契約の契約当事者間にも等しく妥当するとして，時効の主張を認めている（最判昭和 44・12・18 民集 23 巻 12 号 2467 頁）。しかし，これでは売主—買主間で契約法上売主に与えられていた同時履行の抗弁権が機能せず，当事者間の公平が害されるから，「自己の物」の時効取得を否定すべきだという反対説もある（請求権競合論に関する法条競合説をとり，売主—買主間ではもっぱら契約責任の規律のみが妥当するという理由づけで同じ結論を導くこともできる）。

（ii）**対抗問題との関連** また，不動産の第一買主が前金の支払と引換えに引渡しを受けたものの，残代金を支払わないため登記名義の移転を受けていなかったところ，売主が同一の不動産を第二買主に重ねて譲渡し，登記名義を移転してしまったケースで，第一買主が 10 年間係争不動産の占有を継続していた場合には，取得時効の効果を第二買主に主張することはできるか。判例は，これも肯定する（最判昭和 42・7・21 民集 21 巻 6 号 1643 頁 判例 12-1 ）。

これに対して，二重譲受人相互間の優劣は 177 条で決定済みであるはずなのに，第一譲受人は自己の登記懈怠をわずか 10 年間の占有継続でカバーすることができる結果となるのは妥当ではなく，第二譲渡時にはじめて第一譲受人の

占有は「他人の物」要件を満たすとして，自己の物の時効取得を否定する学説
も有力である。

◇**判例 12-1**◇　最判昭和 42・7・21 民集 21 巻 6 号 1643 頁

【事案】 Y が A から贈与された家屋と敷地を占有していたが所有権移転登記を
していなかったところ，A が自己の債務を担保するため家屋に設定した抵当
権が実行され，X が競落し，代金を完済して所有権取得登記をした。その後，
X が，Y に対して家屋と敷地の明渡しを求めた。第 1 審，第 2 審ともに X 勝
訴。Y 上告。

【判旨】 破棄差戻し。「民法 162 条所定の占有者には，権利なくして占有をした
者のほか，所有権に基づいて占有をした者をも包含するものと解するのを相当
とする。……けだし，取得時効は，当該物件を永続して占有するという事実状
態を，一定の場合に，権利関係にまで高めようとする制度であるから，所有権
に基づいて不動産を永く占有する者であっても，その登記を経由していない等
のために所有権取得の立証が困難であったり，または所有権の取得を第三者に
対抗することができない等の場合において，取得時効による権利取得を主張で
きると解することが制度本来の趣旨に合致するものというべきであり，民法
162 条が時効取得の対象物を他人の物としたのは，通常の場合において，自己
の物について取得時効を援用することは無意味であるからにほかならないので
あって，同条は，自己の物について取得時効の援用を許さない趣旨ではないか
らである」。

【コメント】 このように取得時効は，売買その他の権原に基づく主位的主張に
加えて，予備的に主張されるのが通常であり，実際の裁判で取得時効が争われ
るのは，177 条で敗れた二重譲渡の未登記第一譲受人と登記を得た第二譲受人
との間であることが比較的多い。

(c)　**公　物**　　道路，公園，河川，海浜のように直接公衆の共同使用に供さ
れる物は公共用財産，官公署，官公立学校，病院の敷地・建物のように国また
は公共団体の使用に供される物は公用物と呼ばれる。これらの公物は時効取得
の対象となりうるか。判例は，公物としての形態・機能を全く喪失し，その物
を公共用財産として維持すべき理由がなくなったときは，黙示的に公用が廃止
されたものとして，時効取得を肯定するが（最判昭和 44・5・22 民集 23 巻 6 号
993 頁，最判昭和 51・12・24 民集 30 巻 11 号 1104 頁），より広く認めようとする学
説も有力である。

(2) 一定期間の占有継続

(a) 占有継続の推定　占有は所定の期間継続することを要するが，2つの時点において占有があったことが証明されれば，その両時点を結ぶ期間中は占有の継続が推定される（186条2項）。本条の推定は，法律上の事実推定である。

(b) 中　断　占有者が「任意にその占有を中止し，又は他人によってその占有を奪われた」場合，取得時効は中断する（164条）。もっとも，占有を奪われた場合，占有回収の訴えを提起して勝訴し，現実の占有を回復すれば，その間占有が継続したものと擬制される（203条ただし書）。

(3) 占有の態様

(a) 所有の意思　所有の意思とは，所有者として物を所持する意思を意味する。所有者であると信じて所持することとは区別される。これに対して，所有者としてではなく，例えば賃借人や受寄者などが賃貸借契約または寄託契約に基づき他人の物として所持する占有は，他主占有である。

所有の意思の有無は，占有取得の原因たる事実によって外形的・客観的に決定され，占有者の内心の意思は問題にならない（最判昭和45・6・18判時600号83頁）。例えば，売買・贈与等所有権の移転を目的とする契約に基づいて買主・受贈者等が物を占有する場合は，権原の客観的性質から自主占有と評価される。そもそも取得時効は，占有者の意思に基づいて権利を取得させる制度ではなく，既成事実を法律関係に高め，安定的に形成された客観的状態の維持を目的としている。そのような局面においては，占有者の主観を重視する必要はなく，「所有の意思」を客観的に判断することは時効制度の趣旨にも適合していると考えられる。

ただ，所有権移転の効果発生に法定の条件が付されている場合の「所有の意思」の認定については，所有権の移転を目的とする契約の締結だけでは足りないとされる場合もある。すなわち，農地を農地以外のものに転用する目的で買い受けた者が時効期間占有を継続した場合，特段の事情のないかぎり，代金を支払い当該農地の引渡しを受けた時に，所有の意思をもって占有を始めたものと解される（最判平成13・10・26民集55巻6号1001頁）。

(b) 平穏かつ公然　取得時効制度の存在意義の1つは，占有それ自体への

物権的保護の付与と同様に，物をめぐる支配秩序の平和維持にある。こうした制度趣旨からは，強暴・隠秘の占有のように，社会秩序を攪乱または潜脱する形で取得された占有は保護を受ける適格性を欠くものと考えられる。したがって，時効期間にわたって平穏かつ公然の占有が継続する必要がある。通説は，強盗や泥棒の占有でも強暴・隠秘の事情がやめば平穏かつ公然の占有となり，その時点から時効の進行が開始しうると解している。しかし，占有の性質は占有開始時の態様を基準に決定するのが民法典の原則であるし，犯罪行為に対する抑止・予防という観点からも，この場面で取得時効を容易に認めないことが時効制度の趣旨にも合致するはずである。強盗や泥棒はどれだけ長く占有を継続しても，占有が同一主体の下にとどまるかぎり，所有権を取得することはないとも考えられる。

(c)　**占有の態様等に関する推定**　　占有が，所有の意思をもって，かつ善意・平穏・公然に開始されたことは推定される（186 条 1 項）。つまり取得時効を主張する者が，自己の占有を主張・立証すれば，その占有は取得時効に必要な態様を備えたものと暫定的に承認される。186 条 1 項にいう「推定」は推定事実についての証明責任が相手方に転換される点において法律上の事実推定と同じであるが，前提事実と推定事実が同一の法律効果の要件事実（162 条 1 項）を構成している点に特徴がある（「暫定真実」と呼ばれる）。なお，無過失は推定されない（大判大正 8・10・13 民録 25 輯 1863 頁）。

したがって，(2)(a)に述べた占有継続の推定と相まって，取得時効を主張する者は，現在における占有と過去の（時効に必要な期間以前の）ある時点における占有を主張・立証すれば，請求原因としては足りる。取得時効を争う相手方が，占有が他主・強暴・隠秘・悪意のものであることの証明責任を負う。自主占有推定の覆滅には，占有者の権原が他主占有権原であることを主張・立証すればよい。もし他主占有権原を証明できない場合であっても，他主占有を基礎づける事情，すなわち，所有者であれば通常はとらない行動をとり，あるいは所有者であればすべきことをしていないなど，「外形的・客観的にみて占有者が他人の所有権を排斥して占有する意思を有していなかったものと解される事情」（他主占有事情）の存在を主張・立証すれば，その占有は，占有者の内心の意思いかんを問わず，他主占有とされる（最判昭和 58・3・24 民集 37 巻 2 号 131

頁)。

　例えば，通常の取引関係においては，取得時効を主張する者が，権原に基づく所有権移転登記を申請していないという事情や，農地の譲受人が農地の所有権移転に必要とされる都道府県知事への許可申請をしていないという事情等は，「所有者であればすべきことをしていない」という評価に結びつきやすい。

　もっとも，これらの事情は，あくまでも他主占有事情という総合的評価を根拠づける一要素にすぎない。例えば，他人の土地に建物を建てて居住していた者が，土地所有者に対して所有権移転登記を求めたことがなく，また固定資産税を負担したことがなかったからといって，双方に特別な人間関係（親族関係等）が認められる場合には，ただちにこれらの事実から他主占有事情ありと評価してよいとはかぎらない（最判平成7・12・15民集49巻10号3088頁）。

(4)　他主占有の自主占有への性質変更

　(a)　総　論　　賃借人のように，他主占有権原に基づき目的物を占有する者が，「自己に占有をさせた者」に対して所有の意思があることを表示し（185条前段），または新たな権原によりさらに所有の意思をもって占有を始めた場合（185条後段）には，他主占有の性質がその時点から自主占有に変更する。185条後段の「新たな権原」として想定されている主要なものは，売買・贈与・交換等の所有権取得を目的とする法律行為である。農地を賃借していた小作人が，長期にわたって小作料を支払っていた自称管理人を介して農地を買い受け，所定の許可を得て移転登記を経由した場合，たとえその自称管理人に代理権限がなくとも，「新たな権原」による占有の性質変更により土地所有権を時効取得しうる（最判昭和51・12・2民集30巻11号1021頁）。

　また農地を賃借していた者が，所有者からその農地を買い受け，その代金を支払ったときは，農地調整法所定の手続がとられていなくても，買主は，特段の事情がないかぎり，売買契約を締結し代金を支払った時に，新たな権原により所有の意思をもってその農地の占有を始めたものと解される（最判昭和52・3・3民集31巻2号157頁）。売買契約の締結に加えて代金支払が要求されている理由を判決文から読みとることはできないが，代金支払と引換えに簡易の引渡し（182条2項）がされたという評価をすることは可能であろう。

(b)　**相続を契機とする性質変更**　被相続人の占有が他主占有である場合，その地位を承継する相続人が取得時効を主張するには，その前提として占有の性質が他主占有から自主占有へと変更する必要がある。占有の性質変更には，相続人が新たな権原で占有を始めるか，あるいは所有の意思のあることを表示しなければならない。185 条の適用においては，相続を契機として，自主占有権原を有するものと誤信している相続人の取得時効に対する利益が保護されるか，とくに問題となる。

判例は，相続が 185 条後段の「新たな権原」に当然に該当するわけではないとしつつも，占有者が，被相続人の占有を相続により承継したばかりでなく，「新たに目的物を事実上支配することにより占有を開始した」場合は，「新たな権原」による占有と評価することができるものとしている（最判昭和 46・11・30 民集 25 巻 8 号 1437 頁）。占有態様の変化が外観から明白にみてとれない場合でも，「新たに目的物を事実上支配することにより占有を開始した」と評価できる場合には，性質変更が生じることになる。これに対して，学説の中には，自主占有への変更は，原権利者に対する 185 条前段の「表示」を要するものとし，原権利者に時効の完成猶予に必要な措置をとる機会を保障する必要性を強調する見解もある。

被相続人の他主占有を相続人が相続を契機として承継する場合，相続人の占有には 186 条 1 項による自主占有の推定は働かない。自主占有への変更を主張するには，「取得時効の成立を争う相手方ではなく，占有者である当該相続人において，その事実的支配が外形的客観的にみて独自の所有の意思に基づくものと解される事情を自ら証明すべき」である（最判平成 8・11・12 民集 50 巻 10 号 2591 頁）。

また，共同相続人の 1 人が，遺産を構成する不動産を単独相続したものと信じて疑わず，所有者として行動してきたうえ，他の共同相続人からも特に異議が述べられたことがない等の事情がある場合には，その相続の時から自主占有を取得したものと解される（最判昭和 47・9・8 民集 26 巻 7 号 1348 頁）。

これに対して，他の共同相続人の存在を知りながら，あえてそれらの者の名義で虚偽の相続放棄の申述をすることにより，遺産を構成する不動産につき単独の相続登記をして占有する相続人の占有は，占有者に単独の所有権があると

信ぜられるべき合理的な事由があるとはいえず，単独の自主占有とは認められない（最判昭和54・4・17判時929号67頁）。

⑸ 占有の承継

⒜ 選択可能性　2人以上の主体の間で占有の承継があった場合，占有の承継人は，自己の占有のみを主張するか，自己の占有に前の占有者の占有をあわせて主張するかを選択することができる（187条1項）。例えば，A → B → Cと不動産が譲渡され，Bが3年間，Cが8年間占有を継続したとする。仮にAB間の譲渡が無効でも，BCが善意・無過失で自主占有を開始している場合，Cは前主Bの占有期間を加えて11年間の自主占有継続により，短期取得時効を主張できる。

187条は，法律行為等による特定承継による場合のみならず，相続のような包括承継にも適用があると解されている（最判昭和37・5・18民集16巻5号1073頁）。例えばAがC所有の不動産上に意図的に越境して無権原で占有を始めて5年間占有を継続した後，Aが死亡してBが相続により占有を承継した後さらに10年間継続して占有したとしよう。このとき，Bは，自ら行った10年間の占有だけを主張してもよいし，Aの占有をあわせて15年間の占有継続を主張してもよい。

⒝ 瑕疵の承継　もっとも，前主の占有をあわせて主張する場合，前主の占有の瑕疵（例えば，悪意や有過失，他主占有，強暴・隠秘の占有など，取得時効の成立を阻害する事情）も承継する（187条2項）。上の例（BがAを相続した後C所有の不動産を10年間占有した事例）では，Aが悪意であり，Bがあわせて主張する占有も悪意占有とみなされるため，結局短期取得時効は成立しない（長期取得時効には占有期間が足りない）。

⒞ 無瑕疵の承継　被相続人Aが善意・無過失でC所有の不動産に越境し，8年間占有を継続した後死亡し，相続人のBが自ら5年間占有したが，B自身は越境の事実につき悪意である場合はどうであろうか。このときBは，自己の占有に前主Aの占有をあわせて，無過失で開始した占有を13年間継続したとして，取得時効の効果を主張できるか。

162条2項は，時効完成に必要な期間全体にわたって占有者の善意・無過失

を要求しておらず，占有開始時に善意・無過失でありさえすれば，占有継続中に悪意に変じたとしても，短期取得時効の成立に影響しないことを前提としている。そして，このことは，同一の占有主体が時効完成に必要な期間占有を継続した場合だけではなく，占有主体に変更がある場合にもあてはまるとされる。すなわち，承継された2個以上の占有があわせて主張される場合でも，占有開始時において占有態様を評価すべきであり，前主が善意・無過失である場合は占有承継した本人が悪意であっても，善意・無過失の継続占有の効果を主張することができると解されている（最判昭和53・3・6民集32巻2号135頁）。

これに対して，悪意占有者が前主の善意・無過失の占有をあわせて短期取得時効の効果を主張することは許されないとする見解（「無過失」承継否定説）もある。

3 時効完成の効果

(1) 権利の原始取得

時効による権利の取得は，原始取得であり，前主の権利を承継取得するのではない。例えば，未登記の永小作権，地上権，賃借権等の用益権が設定された土地について，占有者がこれらの用益権が存在しないものとして占有を開始し継続した場合，用益権の負担のないまっさらの所有権を時効取得するものと考えられる。もっとも，時効が原始取得原因であるからといって，論理必然的に時効取得者の取得する権利が常に負担のない所有権であることにはならない。たしかに，民法典は承役地の時効取得により地役権が，抵当不動産の時効取得により抵当権が消滅するものと定めている（289条・397条）。しかし，時効取得者が取得する権利の範囲は，取得時効の基礎となった占有の内容によって決まり，例えば占有者が地役権の負担を容認して占有を継続した場合には，地役権の負担付きで所有権を時効取得するものと解される（大判大正9・7・16民録26輯1108頁）。また，抵当権の存在を容認しながら抵当不動産の占有を継続した場合は不動産の所有権を時効取得しても抵当権は消滅しないと解されている（最判平成24・3・16民集66巻5号2321頁）。

(2)　時効の遡及効

時効の効果は，時効が完成した時点あるいは当事者が援用の意思表示をした時点ではなく，起算点に遡る（144 条）。すなわち，時効の基礎たる事実の開始した時点，所有権の取得時効の場合には占有開始時に，権利を取得したものとされる。なお，時効を援用する者が自己に都合のよい時点から逆算して，任意に起算点を選択することはできないと解されている（最判昭和 35・7・27 民集 14 巻 10 号 1871 頁）。

4　所有権以外の財産権の時効取得

(1)　意　　義

所有権以外の財産権を「自己のためにする意思」をもって，平穏に，かつ公然と行使する者は，162 条の区別に従い，20 年または 10 年間の経過により，権利を取得する（163 条）。取得時効の対象となる財産権は，性質上継続して行使することが可能な権利にかぎられる。したがって，財産権であっても一回的な給付を目的とする債権や解除権・取消権などの形成権については，時効取得を観念する余地がない。

(2)　財　産　権

(a)　用益物権　　占有権限を内包する用益物権である地上権・永小作権が本条の財産権にあたることに，異論はない。地上権や永小作権の登記がされている場合は，たとえ現実に土地工作物や竹木を設置または植栽していなくとも，また耕作を開始していなくても，「自己のためにする意思」での権利行使があるとみてよい。

登記がなく，単に地代を支払って占有利用している場合はどうか。地代支払の事実だけでは賃貸借との区別がつかないので，客観的にみて用益物権行使の意思を推認しうる事情があるかどうか（例えば，地上権であれば，建物の築造，永小作権であれば，耕作・牧畜を目的としているか）が基準となる。地代が地上権・永小作権の対価であることが明らかであれば，現実の利用行為が停止されている場合でも，要件充足を認めてよいであろう。

地役権については，「継続的に行使され」かつ「外形上認識することができ

るもの」にかぎり時効取得することができる（283条）。さらに判例は，「継続的に行使され」という要件を満たすには，承役地たるべき他人所有の土地の上に通路の開設を要し，「開設」要件として，要役地所有者が開設することが必要であるとしている（最判昭和30・12・26民集9巻14号2097頁）。

(b)　賃借権・使用借権　　土地の賃借権については，目的物を継続的に利用しているという外形的事実が存在し，かつそれが賃借の意思に基づくことが客観的に表現されているときは，163条に従い土地賃借権の時効取得が認められる（最判昭和43・10・8民集22巻10号2145頁）。賃借意思を客観的に表現するものとして，典型的には，賃料を継続的に支払ってきた事実が必要であると考えられている。土地所有者にその事実の了知可能性があったかどうかは，重要視されていないようである。しかし，学説においては，他人物不動産の賃貸事例や無断転貸事例において，時効主張者による使用収益の事実を真正の権利者が了知する可能性があったかどうかに配慮する必要性を強調するものもある。

使用借権についても，使用貸借意思に基づくことが客観的に表現されているときには，時効取得を認められる（最判昭和48・4・13集民109号93頁）。どのような事情をもって使用貸借の意思を証明するかについては，賃貸借の場合よりも，若干困難な問題を伴う。時効取得が認められる場合は，黙示の使用賃借契約を認定できることも多いであろう。また使用借権は権利としての保護が賃借権より弱く，その取得を主張する実益に乏しいから，実務上使用借権の時効取得はあまり問題になっていない。

第3節　消滅時効

消滅時効とは，権利が行使されない状態が一定期間継続した場合に，その権利の消滅を認める制度である。民法は，消滅時効にかかる権利として，債権とそれ以外の権利とを規定している。

> ### Column 12-1　消滅時効制度の構成
>
> 消滅時効制度の構成については，わが国でも議論がある。わが国の民法は，消滅時効によって権利そのものが消滅すると定めている（消滅構成。166条等参照）。しかし，これに対して，権利が消滅するのではなく，義務者が単に抗

弁権を取得するだけだという構成（抗弁権構成）も存在する（ドイツ，フランスなど）。抗弁権構成のメリットとしては，援用権者の範囲の確定という困難な問題が生じない，時効完成後の弁済を当然に有効とできる（不当利得とならない），時効の完成した債権による相殺が可能となる（わが国の民法508条参照）といったものがある（なお，ドイツでは，消滅構成によれば，時効完成を職権で探知しなければならなくなるともいわれる）。わが国では，消滅構成によりながら，援用が必要とされ（145条参照），また，時効消滅した債権が自然債務と解される（通説）などにより，実質的に抗弁権構成に近い効果が認められている。

　また，消滅時効の起算点については，これを，平成29年改正前民法のように，債権者が権利を行使することができる時（改正前166条1項），すなわち，権利の行使につき法律上の障害がなくなった時という客観的に定まる時期として，その代わりに，原則として10年ないし20年という比較的長期の時効期間を定める考え方と，3年あるいは5年などの短期の期間を定める代わりに，債務者または債権発生原因について債権者に認識可能性がない場合には時効の停止を認め，あるいは認識可能な時から進行を開始するという主観的な考え方がある（ドイツ，フランスなど）。現在の民法は，平成29年改正において，この2つを組み合わせるという二元的なシステムを採用したが，客観的起算点については，債権発生原因についての認識可能性がない間に時効が完成してしまうという問題があるため，わが国の判例は，権利の性質上，その権利行使が現実に期待できない場合には消滅時効は進行しないとして，不当性を緩和しようとしている。しかしそれでも，　Column 12-2　でみるように，蓄積性・潜伏性損害についてはなお問題があり，判例も難しい対応を迫られている。

1 要　　件

(1)　債権の消滅時効の要件

　債権の消滅時効の要件は，債権の不行使と，その状態が一定期間継続することである。後者については，その起算点および期間が問題となる。これにつき，民法は，債権者が権利を行使することができることを知った時（主観的起算点）から5年と，権利を行使することができる時（客観的起算点）から10年という2つの消滅時効期間を設け，いずれか早い方の期間の経過により，権利が消滅することとした（166条1項）。このような二元的システムを採用した趣旨は，主観的起算点から進行する消滅時効だけでは，債権者の認識がない限り，永遠に時効が完成しないことになり妥当でないと考えられたためである。

(a)　時効期間の起算点

（i）客観的起算点　　説明の便宜上，客観的起算点を先に説明する。166 条
1 項 2 号によれば，消滅時効の客観的起算点は，権利を行使することができる
時とされている。判例によれば，これは，権利の行使につき法律上の障害がな
く，さらに権利の性質上，その権利行使が現実に期待できる時をいう（最大判
昭和 45・7・15 民集 24 巻 7 号 771 頁，最判平成 8・3・5 民集 50 巻 3 号 383 頁）。これ
は客観的に判断される。

　したがって，債権者の病気・不在，証書の紛失その他個人的な事実上の障害
は，消滅時効の進行を止めない。ただし，法定代理人の不存在その他一定の主
観的事情および天災事変のある場合には，時効の完成猶予が認められる（本章
第 4 節**2**を参照）。また，債権者が権利の存在あるいは権利を行使しうること
（履行期の到来など）を知らなくとも，客観的起算点からの消滅時効は進行する
（大判昭和 12・9・17 民集 16 巻 1435 頁）。

　また，法律上の障害であっても，債権者の意思によって除去しうるものは，
時効の進行を止めない。例えば，同時履行の抗弁権の付着している債権につい
ても，履行期から消滅時効は進行する。自分の債務の履行を提供して自分の債
権について請求することは，債権者がしようとすれば自由にできることだから
である。

　なお，不作為債権，例えば 4 階建ての建物を作らない債務のようなものは，
債務者の違反行為がない間は，債権者としてはとくに積極的に行使することの
できないものであるから，違反行為があった時から消滅時効は進行を開始する
と解すべきである。また，夜間午後 11 時から午前 8 時まではピアノを弾かな
い債務のように，違反結果が残らない場合は，違反行為があった時から損害賠
償債権の消滅時効が進行するものと解すべきである。

　（ア）期限付きまたは停止条件付き債権　　期限付きまたは停止条件付き債
権については，期限の到来，停止条件の成就によって法律上の障害がなくなり，
その時から消滅時効が進行する。確定期限付き債権は，期限の到来から消滅時
効が進行する。不確定期限についても，期限到来の時から進行し，債務者が期
限の到来を知ったか否かは問題とならない（したがって，債務者が履行遅滞に陥る
時期〔412 条 2 項〕とは異なりうることになる。なお，主観的起算点から進行する消滅

時効は，債権者が期限の到来を知った時から起算する）。停止条件付き債権は，停止条件成就の時から消滅時効が進行する。

　期限の定めのない債権については，成立と同時に行使が可能となるから，債権成立時から消滅時効が進行する。このことは不当利得返還請求権のように法律の規定に基づいて成立する債権についてもあてはまる。これに対して，債務不履行に基づく損害賠償債務については，損害賠償債務と本来の債務の間に債務の同一性がないことから，損害の発生時が起算点となる。例えば，安全配慮義務違反による損害賠償債務については，その損害が発生した時に成立し，同時にその権利を行使することが法律上可能となる（最判平成6・2・22民集48巻2号441頁。 Column 12-2 も参照）。なお，不法行為に基づく損害賠償請求権の消滅時効の起算点については特別に規定がある（724条。(b)(ii)を参照）。

　また，返還時期の定めのない消費貸借の場合，借主は，貸主による（相当期間を定めた）催告の後，相当期間経過後に遅滞となる（591条1項）。このとき，催告をしないかぎり貸金返還請求権の消滅時効は進行しないものとすると，何もしない債権者（貸主）が得をすることになる。逆に，債権成立の時から，いつでも催告をすることができることを理由に，時効が進行するものとすると，時効期間までに債権者が現実に権利を行使しうる期間が，時効期間よりも短くなるという不公正を生ずる。そこで通説は，債権成立の時から相当期間が経過した時から時効が進行するものとする（もっとも，下級審裁判例では見解が分かれている。通説と同旨のものとして，東京高判昭和41・6・17金法449号8頁，東京地判昭和44・1・20判時555号58頁，東京高判昭和51・8・30判タ344号201頁。これに対して，債権成立の時から進行するものとして，東京控判昭和2・2・3新聞2677号9頁）。

　客観的起算点に関して注目される近時の判決としては，①職務発明について特許を受ける権利等を使用者等に承継させた従業者等が特許法35条3項（現4項）によって得る相当対価の支払を受ける権利の消滅時効の起算点について，勤務規則等に対価の支払時期に関する条項がある場合には（特許を受ける権利の承継の時ではなく），この支払時期の到来までは当該権利の行使につき法律上の障害があるといえるので，この支払時期が起算点となるとした判決（最判平成15・4・22民集57巻4号477頁），②自動継続特約付定期預金の預金払戻請求権

の消滅時効の起算点について，自動継続特約付定期預金契約は，自動継続特約
の効力が維持されている間は満期日が経過すると新たな満期日が弁済期となる
ということを繰り返すため，預金者は，解約の申入れをしても，満期日から満
期日までの間は任意に預金払戻請求権を行使することができないから，初回満
期日が到来しても，預金払戻請求権の行使については法律上の障害があるとい
うべきであるとして，自動継続特約付定期預金の預金払戻請求権の消滅時効は，
預金者による解約の申入れがされたことなどにより，それ以降自動継続の取扱
いがされることのなくなった満期日が到来した時から進行するとした判決（最
判平成19・4・24民集61巻3号1073頁），③継続的な金銭消費貸借取引に関する
基本契約について，利息制限法所定の制限を超える利息の弁済により発生した
過払金をその後に発生する新たな借入金債務に充当する旨の合意が含まれてい
ると解される場合には，上記取引により発生した過払金返還請求権の消滅時効
は，過払金返還請求権の行使について上記内容と異なる合意が存在するなど特
段の事情がないかぎり，上記取引が終了した時点から進行するとした判決（最
判平成21・1・22民集63巻1号247頁），④宅建業の免許の有効期間が満了したな
どの場合に，宅建業者がする営業保証金の取戻しの方法に関して，「〔宅建業者
に対して宅建業に関する取引から生じた〕権利を有する者に対し，6月を下らない
一定期間内に申し出るべき旨を公告し，その期間内にその申出がなかつた場合
でなければ，これをすることができない。ただし，営業保証金を取りもどすこ
とができる事由が発生した時から10年を経過したときは，この限りでない」
と定める宅建業法30条2項について，取戻公告がされなかった場合の営業保
証金の取戻請求権の消滅時効は，取戻事由発生から最短公告期間である6か月
が満了した時ではなく，取戻事由が発生した時から10年を経過した時から進
行するとした判決（最判平成28・3・31民集70巻3号969頁〔判決は，取戻公告を
して取戻請求をするか，取戻公告をせずに10年経過後に取戻請求をするかの選択を，
宅建業者であった者の自由な判断に委ねるのが宅建業法30条2項の趣旨であることを
その理由とするが，実質的には，営業保証金は，取戻事由発生後も，取引の相手方に生
じた損害を担保するものとして長期間供託され続けることが望ましい性質のものである
ことを理由とするものとみるべきだろう〕），⑤日本放送協会の有する受信料債権は，
受信契約が成立する前には行使することができないので，受信料債権（受信契

約成立後に遅行期が到来するものを除く）の消滅時効は，受信設備設置後契約成立前の分も含め，受信契約成立時から進行するとした判決（最判平成 29・12・6 民集 71 巻 10 号 1817 頁）がある。

Column 12-2 **客観的起算点の問題点**

　前述のように，債務不履行に基づく損害賠償債務については，その損害が発生した時に成立し，同時にその権利を行使することが法律上可能となる。では，安全配慮義務違反により，じん肺のような蓄積性・潜伏性・進行性のある損害が生じた場合はどのように考えるべきだろうか。

　長崎じん肺訴訟（前掲最判平成 6・2・22）において，最高裁は，その進行の有無，程度，速度も患者によって多様であり，現在の医学ではその予測も困難であるという，じん肺という病気の特殊性に配慮しながら，損害発生時概念を操作することで対応しようとしている。すなわち，①じん肺の所見がある旨の最初の行政上の決定を受けた時に損害の一端が発生したものといえる，②その後，より重い行政上の決定を受けた場合には，重い決定に相当する病状に基づく損害を含む全損害が，最初の行政上の決定を受けた時点で発生していたものとみることはできず，重い決定に相当する病状に基づく損害は，その決定を受けた時に発生し，その時点からその損害賠償請求権を行使することが法律上可能となる，③結局，雇用者の安全配慮義務違反によりじん肺に罹患したことを理由とする損害賠償請求権の消滅時効は，最終の行政上の決定を受けた時から進行する（最判平成 16・4・27 判時 1860 号 152 頁〔日鉄鉱業関係―死亡による損害の事例〕もこの延長上に立つ）。

　また，最判平成 16・4・27 民集 58 巻 4 号 1032 頁〔国賠関係〕は，不法行為に基づく損害賠償請求権の行使期間を定めた 724 条後段の除斥期間（平成 29 年改正後 724 条 2 号。現在は時効期間とされている）の起算点について，同様の考慮から，損害の全部または一部が発生した時が除斥期間の起算点となるとした（最判平成 16・10・15 民集 58 巻 7 号 1802 頁，最判平成 18・6・16 民集 60 巻 5 号 1997 頁もこれを踏襲）。

　以上のように，蓄積性・潜伏性・進行性損害には，起算点を客観的に定めることの問題点が集約的にあらわれているといえるだろう。167 条は，生命・身体の侵害による損害賠償請求権について，客観的起算点から進行する消滅時効の期間を 20 年に延長してはいるが，起算点を客観的に定めることによる問題はなお生じうる。これに対して，製造物責任法は，損害賠償請求権の行使期間を定める同法 5 条 1 項 2 号の消滅時効期間の起算点について，同条 3 項で，蓄積性損害および潜伏性損害については，損害が生じた時から起算するとの明文

規定を設け，立法的な対応をおこなっている。

　(イ)　割賦払債務　　割賦払債務において，1 回でも弁済を怠ったならば債権者はただちに全部の返還を請求できるという特約（期限の利益喪失特約。第 10章 **3**(4)(c)）が付加されている場合に，1 回分の弁済を怠ると，残り全額について，いつの時点から消滅時効が進行するのかが争われている。

　これにつき，判例は，特約の趣旨が，①ある回の不履行があると当然に期限到来と同じ効果が発生するというものである場合には，その不履行の時から全額について消滅時効が進行し，②ある回の不履行があると，債権者は一方的意思表示によって期限到来と同じ効果を生じさせることができるというものである場合には，債権者が期限の利益を失わせる旨の意思表示をした時から，残額全部についての消滅時効が進行するとする（大連判昭和 15・3・13 民集 19 巻 544頁，最判昭和 42・6・23 民集 21 巻 6 号 1492 頁）。

　しかし，②についても，ある回の不履行があるときには，債権者はその意思により自由に債権全額を請求しうることになるのであるから，法律上の障害はないのであって，不履行の時から全額について消滅時効が進行すると解すべきであろう（多数説）。

　(ウ)　権利の性質上，権利行使を現実に期待できない場合　　法律上の障害がなくなっても，権利の性質上，その権利の行使を現実に期待できない場合には，消滅時効は進行しない。

　例えば，A は B 所有土地上に賃借権を有するとして賃料を提供したが，受領を拒絶されたため，供託（494 条）していたが，B が A に対して土地明渡しを求める裁判において和解が成立し，A は賃借権を有しないことを認め，土地を明け渡すこととなったため，C（供託官）に供託金の取戻し（496 条 1 項）を請求したところ，C が消滅時効の完成を理由にこの請求を却下したという事案がある。496 条 1 項によれば，供託者は，判決が確定するまではいつでも供託物を取り戻すことができるから，供託物取戻請求権の消滅時効は，供託した日の翌日から進行すると考えることも可能である。しかし，供託者と被供託者の間に争いが続いている間に供託物取戻請求権を行使することは，相手方の主張を認めることになるので，現実には期待できない。そこで判例は，「権利を

行使することができる」とは,「単にその権利の行使につき法律上の障害がないというだけではなく, さらに権利の性質上, その権利行使が現実に期待のできるものであることをも必要」とし,「弁済供託における供託物の取戻請求権の消滅時効の起算点は, 供託の基礎となった債務について紛争の解決などによってその不存在が確定するなど, 供託者が免責の効果を受ける必要が消滅した時と解するのが相当である」とした (最大判昭和 45・7・15 民集 24 巻 7 号 771 頁)。

　さらに判例は, ひき逃げ事故の被害者と被疑者との間で自賠法 3 条による損害賠償請求権の存否について争いがある場合においては, 同法 72 条 1 項前段による政府に対する補償請求権の消滅時効は, 同法 3 条による損害賠償請求権が存在しないことが確定した時から進行するとした。同法 72 条 1 項前段による請求権は同法 3 条による請求権の補充的な権利の性質を有すること等から, 後者の不存在が確定するまでは, 前者の行使を現実に期待できないことを理由とする (最判平成 8・3・5 民集 50 巻 3 号 383 頁)。

　(ⅱ)　主観的起算点　　166 条 1 項 1 号によれば, 消滅時効の主観的起算点は, 債権者が権利を行使することができることを知った時とされている。「権利を行使することができる」時の解釈については, 基本的に(ⅰ)で述べたところに従う。また,「権利を行使することができることを知った時」とは, 客観的起算点の到来を債権者が知った時であり, 権利行使が期待可能な程度に当該権利の発生およびその履行期の到来その他権利行使にとっての障害がなくなったことを債権者が知った時を意味する。債務者が誰であるかを知ったことをも含む趣旨である。債務不履行などの法的評価については, 一般人の判断を基準として決する。主観的起算点と客観的起算点とを組み合わせた二元的システムをとる規定としては, 他に 724 条, 884 条がある。

　契約に基づく債権のうち, とりわけ主たる給付に関するものについては, 通常, 主観的起算点と客観的起算点が一致するものと解されている。例えば, 代金債務の支払期日を暦日で定めていた場合には, 主観的起算点も客観的起算点も, その日から起算する。これに対して, 事務管理・不当利得に基づく債権には, 債権者が債権発生の原因や債務者を認識することが困難なものもありうることから, 客観的起算点から進行する消滅時効期間が先に進行することも少なくないと考えられる。法律行為の無効を原因とする原状回復請求権の消滅時効

については，第 9 章第 2 節 **5** も参照。

(b)　消滅時効期間の長さ

(i)　**民事債権一般（原則）**　債権の消滅時効期間は，原則として，主観的起算点から進行するものについては 5 年，客観的起算点から進行するものについては 10 年である（166 条 1 項 1 号・2 号）。

(ii)　**不法行為による損害賠償請求権**　不法行為による損害賠償請求権については，被害者またはその法定代理人が損害および加害者を知った時から 3 年，また，不法行為の時から 20 年とされている（724 条）。

(iii)　**生命または身体の侵害による損害賠償請求権**　人の生命または身体の侵害による損害賠償請求権については，客観的起算点から進行する消滅時効の期間が 20 年に延長されている（167 条）。これは，生命や身体という法益は要保護性が高いこと，これら法益を侵害された債権者（被害者）には時効の進行を阻止するための行動を求めることが期待しにくいことによる。

同様の趣旨から，724 条 1 号の主観的起算点から進行する消滅時効期間が，3 年から 5 年に延長されている（724 条の 2）。167 条および 724 条の 2 により，生命・身体侵害による損害賠償請求権については，不法行為構成によっても，安全配慮義務ないし保護義務構成によっても，時効期間に違いは生じないことになる（条文の文言は異なるが，起算点も同じ時点となるであろう）。

(iv)　**定期金債権**　定期金債権とは，基本権としての年金債権や定期的扶養料など，定期ごとに一定の給付を請求しうる債権（「支分権」という）を生み出してゆく基礎となる基本権としての債権をいう。定期金債権の例としては，マンション管理組合が組合員である区分所有者に対して有する管理費および特別修繕費に係る債権（最判平成 16・4・23 民集 58 巻 4 号 959 頁），日本放送協会の受信料債権（最判平成 26・9・5 判時 2240 号 60 頁）などがある。

定期金債権の消滅時効期間は 2 つある。第 1 は，主観的起算点から進行する消滅時効であり，債権者が定期金債権から生ずる金銭その他の物の給付を目的とする各債権（支分権）を行使することができることを知った時から 10 年である（168 条 1 項 1 号）。第 2 は，客観的起算点から進行する消滅時効であり，支分権を行使することができる時から 20 年である（同項 2 号）。1 回でも支払われれば，それが債務者による承認として時効の更新（152 条 1 項）を生じるため，

結局，最後に支払のあった時から起算して 10 年ないし 20 年ということになる。

なお，定期金の債権者は，時効の更新の証拠を得るため，いつでも，その債務者に対して承認書の交付を求めることができる（168条2項）。

(v) 判決で確定した権利 10 年より短い時効期間の定めがある債権であっても，確定判決等によって確定すると，その後は，消滅時効期間は 10 年とされる（169条）。確定判決等によりその存在が公に確認されたにもかかわらず，短期で再び時効にかかり，その更新のためにさらに提訴が必要とされるのはわずらわしいからである。

Column 12-3 短期消滅時効制度の廃止

　平成 29 年改正前民法は，一定の債権について特別に短期の消滅時効期間を定めていた（短期消滅時効）。その存在理由としては，これらの債権は，日常頻繁に生ずるうえに，額も大きくないのが通常で，かつ領収書などが交付されないことも多く，仮にされてもあまり長く保存されないのが普通であるので，短期で法律関係を確定させることにしたといわれる。改正法の施行後も数年間は適用の余地があるため，概略を挙げておこう（以下の各条文番号は改正前のものである）。

　①医師の診療や建築業者の工事に関する債権（170条），弁護士や公証人がその職務に関して受け取った書類についての責任（171条）などは 3 年。

　②弁護士費用や公証人費用（172条1項），生産者や小売商人が売却した産物または商品の代価にかかる債権，理髪店の調髪代金，授業料債権（173条）などは 2 年。

　③俳優や歌手などの報酬債権，運送費，旅館・料理店の宿泊・飲食代金，動産の損料などは 1 年（174条）。

　短期消滅時効については，かねてより立法論として批判が強かった。すなわち，第 1 に，短期消滅時効の種類が多く，規定の形式が複雑で，各種別に属するとされる債権の間での均衡も必ずしも十分とれているとはいえない。また，ある具体的な債権がどの型の短期消滅時効の適用を受けるのかについて争いを生ずる場合が少なくなく，そもそも当事者間の法律関係が不明確な場合も少なくない。第 2 に，実質的にみても，短期消滅時効の適用を受ける債権の債権者は，零細で，債務者に対して経済的に劣位におかれている場合もある（建築業者，生産者，理髪店，俳優・歌手など）。そのような債権者は，債権の行使を厳格におこなうことによって，取引の停止や解雇などの事実上の不利益を被ることをおそれて権利行使をためらうために，消滅時効が完成しやすい（そもそも，

近代工業的な機械設備を備えた製造業者〔最判昭和 44・10・7 民集 23 巻 10 号 1753 頁によれば，173 条 2 号の製造者にあたらない〕と小規模な製造業者とで期間が違うこと自体不合理である）。さらに，少額の債権について裁判などを利用することの煩雑さや費用の面での問題点もある（ただし，この問題点は，少額訴訟制度〔民訴 368 条以下〕によって一定程度緩和されている）。これらの批判を受けて，平成 29 年改正により短期消滅時効は廃止され，上記のような債権は債権の消滅時効に関する一般規定で処理されることになった。ただ，短期消滅時効の趣旨としてかつていわれていたものが妥当する場面が本当にないのかどうか（例えば，少額の物品の購入であるために領収書を廃棄したところ，後日請求され，二重払いを余儀なくされたなど），改めて検討する余地はある。

　また，労働者の賃金請求権の消滅時効期間は，労基法 115 条により，2 年とされているが，これは従来，民法 174 条 2 号の短期消滅時効（1 年）の特則——民法によるよりも長くする——と説明されてきた。しかし，短期消滅時効が廃止されたにもかかわらず，労基法 115 条はそのままにされているため，当初の立法趣旨とは逆に，労働者の賃金請求権の消滅時効期間が民法の原則（5 年ないし 10 年）よりも短いものとなっている。労働者の賃金請求権を民法の原則よりも不利に取り扱う合理的理由はなく，消滅時効期間を客観的起算点から 5 年とする労働基準法改正案が国会に提出されている（2020 年 2 月 28 日現在）。しかし，当分の間，この期間が 3 年とされていることは問題である。

(2)　債権以外の財産権の消滅時効の要件

(a)　**所有権**　　所有権は消滅時効にかからない（166 条 2 項参照）。これは，近代初期の所有権絶対の思想のあらわれであると考えられている。なお，取得時効が成立すると，もとの所有者は所有権を失うことになるが，これは取得時効の反射的効果によるのであって，所有権が消滅時効にかかるのではない。所有権が消滅時効にかからないことから，所有権に基づく物権的請求権，共有物分割請求権（256 条），所有権に基づく登記請求権なども消滅時効にかからないと解するのが通説である。

(b)　**債権および所有権以外の財産権**

(i)　**用益物権**　　地上権，永小作権，地役権は 20 年の消滅時効にかかる（166 条 2 項）。起算点は，権利を行使することができる時である。よって，例えば，地上権の消滅時効は，地上権設定契約の時から進行する。

(ii)　**担保物権**　　担保物権は，債権を担保するために存在する権利であるから，原則として，被担保債権と独立して消滅時効にかかることはない。ただし，抵当権については，債務者でも抵当権設定者でもない者（例えば，抵当不動産の第三取得者）との関係では，被担保債権と独立に 20 年の消滅時効にかかる（396 条の反対解釈。大判昭和 15・11・26 民集 19 巻 2100 頁）。また，債務者および抵当権設定者以外の者が抵当不動産について取得時効に必要な要件を具備する占有をすることにより，抵当権は消滅する（397 条）。396 条・397 条については争いもあるが，詳細は担保物権法に譲る。

(iii)　**占有権・留置権**　　これらは，占有という事実状態がなくなれば当然に消滅する権利であるから（占有権につき 203 条，留置権につき 302 条参照），不行使によって消滅時効にかかる余地はない。

(c)　**形成権**　　形成権に関しては，消滅時効の適用について争いがある。このうち，取消権のように期間制限の定め（126 条）があるものについて，その期間が除斥期間であると解されていること，および，126 条の期間制限と取消しの結果として生じる原状回復請求権との関係についてはすでに述べた（第 9 章第 3 節**7**(4)）。

　次に，期間制限の定めがない形成権について，除斥期間と解するか消滅時効期間と解するかは別として，その行使期間をどのように解すべきか。これにつき，それが債権でないことを理由に 20 年の行使期間を認めることには問題がある。例えば，解除権（541 条以下）について，解除の結果として発生する原状回復請求権や損害賠償請求権（545 条）が 5 年ないし 10 年の消滅時効にかかるのに対し，これらを生じさせる解除権が 20 年の消滅時効にかかるというのでは，契約締結後まもなく解除すると 5 年ないし 10 年で清算する権利がなくなるのに，解除しないで放置すると 20 年は清算できるということになってしまい，いかにも均衡を失するからである。結論としては，債権に準ずるものとして，166 条 1 項により 5 年ないし 10 年とすべきであろう（最判昭和 62・10・8 民集 41 巻 7 号 1445 頁〔無断転貸による解除権の消滅時効期間を平成 29 年改正前 167 条 1 項により 10 年としたもの〕も参照）。

2 時効完成の効果（遡及効）

　時効が認められると，債権その他の権利は消滅する。このとき，時効の効力は，起算日に遡る（144条）。時効は，その期間中継続した事実関係をそのまま保護し，あるいは真実に合致したものとして扱う制度だからである。

　したがって，債務者は，起算日以降の利息や遅延損害金を支払う必要がなくなる（大判大正9・5・25民録26輯759頁）。ただし，消滅時効にかかった債権が，その消滅以前に相殺適状になっていた場合には，その債権者はこれを自働債権として相殺することができる（508条）。これは，本来であれば，相殺される者（債務者）が消滅時効を援用すれば，債務者は債務を免れることができるはずであるが，いったん相殺適状に達すると，当事者はとくに意思表示をしなくても，ほぼすでに決済されたものと考えるのが普通であることから，この信頼を保護するためにおかれた規定であり，消滅時効の遡及効に対する例外である。

　なお，通説は，消滅時効にかかった債権を自然債務と構成して，508条を説明したり，あるいは，時効援用後の任意弁済を有効としている。

3 消滅時効類似の制度

⑴　除　斥　期　間

　⒜　**除斥期間の意義と特質**　　除斥期間とは，一定の権利について，権利関係を速やかに確定するために，法律の予定する権利の存続期間である。消滅時効と異なり，除斥期間については，更新は認められないほか，当事者による援用がなくとも，裁判所はこれを基礎として裁判をしなければならない（当事者による放棄もできない）。また，起算点は権利発生時であり，効果に遡及効はない。

　もっとも，完成猶予については，除斥期間においても認められる余地がある。例えば，期間満了の直前に天災その他避けることのできない事情がある場合，それにもかかわらず猶予期間を認めないことは，権利者に酷であり，これを認めても，その猶予期間はかぎられていて，権利関係を早く確定しようとする除斥期間の趣旨に反しないから，161条が類推適用されるべきである。

　⒝　**除斥期間とされる期間制限規定**　　民法典は，除斥期間という用語を用

いていないため，権利行使の期間制限が，消滅時効と除斥期間のいずれであるかを判断する基準が問題となる。これについては，それぞれの権利の性質と規定の実質に従って判別すべきとするのが一般的である。

（i）形成権の期間制限　　取消権や解除権のような形成権については，権利者の意思表示があれば効果を生じ，目的が達成され，権利者の側からする更新といったものは考えられない。そこで，その期間制限は除斥期間であると解するのが通説である（865条等も同様。形成権の期間制限については，本節 **1**(2)(c)も参照）。

（ii）請求権に関する短期期間制限　　193条（盗品・遺失物の回復請求権─2年），195条（動物の回復請求権─1か月），201条1項・3項（占有保持・回収の訴え─1年）といった，請求権に関する短期期間制限についても，権利義務をめぐる争いの速やかな確定という趣旨から，除斥期間であると解するのが通説である。

（iii）長短二重期間がある場合　　1つの権利について長期と短期の行使期間が定められている場合としては，ともに時効期間である166条1項および724条，ともに出訴期間である426条（詐害行為取消権─2年／10年〔短期／長期。以下同じ〕）のほか，126条（取消権─5年／20年），884条（相続回復請求権─5年／20年），1048条（遺留分侵害額請求権─1年／10年）などがある。このうち取消権については(i)で述べたとおりである。884条，1048条について，多数説は，次のような理由から，長期の行使期間を除斥期間と解している。すなわち，仮に短期長期の両者を消滅時効と解した場合，短期の時効を更新していけば権利保護の可能性は無限に延長し，長期時効期間の存在意義はほとんどないし，また，もし権利の行使があれば短期時効の適用を受けるので，長期時効期間それ自体に更新は考えられないからである（なお，884条後段の20年について，最判昭和23・11・6民集2巻12号397頁はこれを時効期間とするが，通説は除斥期間とする）。

平成29年改正前724条後段の長期時効期間については，かつて議論があったが，同年改正により消滅時効期間とされた（724条2号）。

(2)　権利失効の原則

権利失効の原則とは，権利者が信義に反して権利を永く行使しないままにす

ると，消滅時効や除斥期間によることなく，権利の行使が阻止されるという原則である。消滅時効との大きな差異は，一定期間の権利不行使だけでなく，具体的局面における当事者の利益状況に鑑み，もはや権利が行使されないだろうとの信頼を相手方が有しているにもかかわらず，突如として権利を主張することが信義則に反するとされる場合に，当該権利の行使を阻止するものである点にある。

　権利失効の原則は，請求権についてしか消滅時効を認めない法制（ドイツ）においてとくに大きな意味をもつものである。しかし，わが国においても，消滅時効期間や除斥期間の経過を待たずして権利行使を阻止すべき場合もありうること，消滅時効にかからない所有権に基づく物権的請求権や登記請求権，共有物分割請求権などについては，権利失効の原則の活躍する余地があることから，この原則を認める見解がある（最判昭和30・11・22民集9巻12号1781頁も一般論としてはこれを認めている〔612条による解除権の事案——ただし結論は否定〕）。

　しかし，これに対しては，権利失効の原則を認めると，法律がとくに消滅時効や除斥期間を定めた趣旨が没却されるとして，批判的な見解も多い。

(3)　抗弁権の永久性

　例えば，相手方の詐欺に基づいて契約を締結し，その後詐欺であると気づいたが，相手方からの債務の履行請求がないために放置していたところ，その後5年余りたってから履行を求められたという事例のように，形成権（ここでは取消権）が抗弁権（相手方の請求権の行使に対し，その効力を失わせ，履行を拒絶する権利）として機能する場合には，期間制限にかからないとする見解が有力である。これを抗弁権の永久性という。これにつき，法律上の明確な根拠はないが，少なくとも上記のような事例においては，抗弁権の永久性を認めてよいと思われる。上記の例のように，相手方からの請求がなければ，権利者に積極的な権利行使を期待することはできないし，むしろ抗弁権の行使を認める方が，法律関係の安定という期間制限の趣旨に合致するからである。なお，相殺に関する508条は，抗弁権の永久性と同様の思想をうかがわせる。

第 4 節　時効の完成猶予と更新

1 時効の完成猶予および更新の意義

(1) 時効の完成猶予および更新の意義

　時効の完成猶予とは，時効の更新のための手続がとられた場合や，時効完成の時にあたって，権利者による時効の更新のための措置を不可能または著しく困難にする事情がある場合に，一定期間時効の完成を猶予するものをいう。外国の立法例（ドイツ，フランスなど）には，時効進行の始めおよび中間において一定の事由がある場合に時効の進行が停止し，その事由の存続期間を消滅時効期間に算入しないとする制度（その事由の前後の期間を合算すると時効期間となる）もあるが，わが国にはそのような制度は存在しない。

　これに対して，時効の更新とは，時効がいったん進行を始めた後，時効の基礎である事実状態と相容れない事実が存在するために，その進行が断絶し，それまでに経過した期間が全く無意味になることをいう。*2* で見るように，確定判決または確定判決と同一の効力を有するものによって権利が確定したことなどが更新事由であるが，真の権利関係が確定され，継続している事実状態が真の権利関係を反映している蓋然性が破られたとみられることが更新の根拠である。時効の完成猶予とともに，時効の完成の障害といわれる。

　時効の完成猶予および更新は，平成 29 年改正前民法における時効の中断・停止（改正前 147 条以下）について，適宜修正を加えつつ再構成したものである。大きな変更になっている部分もあるので，改正前民法下の事案を処理する場合には，改訂前の教科書・体系書を参照してほしい。

　147 条以下に規定されている完成猶予および更新は，取得時効と消滅時効の両方に共通のものである。なお，取得時効に関しては，自然中断（占有喪失による取得時効の中断〔164 条〕）があることに注意されたい。

(2) 完成猶予および更新の事由の種類

　以下では，完成猶予および更新が生じる場合を，条文に従い，場面ごとに説

明するが，それに先立って，完成猶予および更新が生じる事由をまとめておこう。

　完成猶予が生じる事由は，①裁判上の請求（147 条 1 項 1 号），②支払督促の申立て（同項 2 号），③和解および調停の申立て（同項 3 号），④破産手続・再生手続・更生手続への参加（同項 4 号），⑤強制執行の申立て（148 条 1 項 1 号），⑥担保権の実行としての競売の申立て（同項 2 号），⑦民事執行法 195 条に規定する担保権の実行としての競売の例による競売の申立て（148 条 1 項 3 号），⑧民事執行法 196 条に規定する財産開示手続または同法 204 条に規定する第三者からの情報取得手続の申立て（148 条 1 項 4 号），⑨仮差押え・仮処分の申立て（149 条），⑩催告（150 条），⑪協議を行う旨の合意（151 条），⑫ 158 条から 161条までに規定する事由である。

　更新が生じる事由は，①確定判決または確定判決と同一の効力を有するものによって権利が確定したこと（147 条 2 項），②強制執行，担保権の実行，民事執行法 195 条に規定する担保権の実行としての競売の例による競売の手続，民事執行法 196 条に規定する財産開示手続が終了したこと（148 条 2 項本文），③承認（152 条）である。

　なお，以下の解説で挙げる判例はいずれも平成 29 年改正前民法のものであり，これらが完成猶予や更新にも妥当するものかどうかは慎重な検討を必要とするが，試論として，現行法下での解釈の見通しを〔　　〕内で示すこととする。

② 完成猶予および更新の事由 ────────────────

⑴　裁判上の請求等の場合（147 条）

　147 条は，裁判上の請求，支払督促の申立て，和解や調停の申立て，破産手続参加等について，それらの事由の継続する間時効の完成が猶予されるものとし，さらに，それらの結果，権利が確定判決または確定判決と同一の効力を有するものによって確定したときには，時効が更新されるものとする（その場合の消滅時効期間は 169 条 1 項により 10 年とされる）。また，これらの事由が，確定判決または確定判決と同一の効力を有するものによって権利が確定することなく終了したときには，その終了の時から 6 か月を経過するまでの間，時効の完成が猶予される（147 条 1 項柱書かっこ書）。

(a)　裁判上の請求（147条1項1号）　裁判上の請求とは，債権者の債務者に対する履行請求の訴え（消滅時効の場合）や所有権者の不法な占有者に対する目的物返還請求の訴え（取得時効の場合）のように，権利者が裁判上で権利の存在を主張することをいう。裁判上の請求が完成猶予事由となるのは，これが権利の主張であり，しかも裁判所によってその権利の存在が確定されることになるからである。そして，権利が確定判決または確定判決と同一の効力を有するものによって確定したときには，時効は更新される。

どのような場合が裁判上の請求に該当するかについては争われているが，判例は，これを緩やかに解している。すなわち，給付の訴えを提起した場合のみならず，確認の訴えを提起した場合，反訴を提起した場合にも裁判上の請求ありとされる。また，債務者から提起された債務不存在確認訴訟に債権者が応訴して勝訴した場合（大連判昭和14・3・22民集18巻238頁〔現行法では，被告が請求棄却の判決を求める答弁書もしくは準備書面を提出した時，または，このような書面を提出しないときは口頭弁論で同様の主張をした時に，裁判上の請求に準じて完成猶予の効力が生じ，確定判決等により時効が更新されよう〕）や，占有者から提起された所有権移転登記手続請求訴訟において，所有者が，相手方の取得時効の主張を否定して自己の所有権を主張し，これが認められた場合（最大判昭和43・11・13民集22巻12号2510頁〔現行法では，所有者の権利主張により，裁判上の請求に準じて，相手方の取得時効につき完成猶予の効力が生じ，確定判決等により時効が更新されよう〕）も，裁判上の請求に準ずるものと認められている。なお，原告の請求を拒むために，留置権の存在を主張しても，催告として訴訟係属中および訴訟終結後6か月間時効中断の効力を有するにすぎないとした判例がある（最大判昭和38・10・30民集17巻9号1252頁〔現行法では，裁判上の請求があったものとして，またはそれに準じて，訴訟係属中および訴訟終結後6か月間時効の完成が猶予されることになろう〕）。

債権の一部のみについて裁判上の請求がされた場合は，どの範囲まで時効の完成猶予あるいは更新の効力が認められるかが問題となる。改正前の判例によれば，一部請求の趣旨が明示されている場合は，訴訟物となるのは債権の全部ではなく当該一部であり，したがって，時効中断の効力はその範囲で生じるが（最判昭和34・2・20民集13巻2号209頁），残部につき権利行使の意思が継続的

に表示されているとはいえない特段の事情のない限り，当該訴えの提起は，残部について，裁判上の催告として消滅時効の中断の効力を生じる（最判平成25・6・6 民集 67 巻 5 号 1208 頁）。一部請求の趣旨が明示されていない場合は，一部の請求であっても債権の同一性の範囲内において債権全額について時効中断の効力が及ぶ（最判昭和 45・7・24 民集 24 巻 7 号 1177 頁）。これを現行法に引き直すと，明示的一部請求の場合には，残部に更新の効力が及ぶことはないが，残部につき権利行使の意思が継続的に表示されているとはいえない特段の事情のない限り，残部についても，150 条または 147 条 1 項の類推適用により，判決後 6 か月を経過するまでの間時効の完成が猶予されるものとされ，一部請求の趣旨が明示されていない場合は，一部の請求であっても債権の同一性の範囲内において債権全額について完成猶予および更新の効力が及ぶとされるものと解される。これに対しては，たとえ一部請求にせよ，債権があるかどうかについてはその訴訟で争われ，裁判所の判断が示されることを理由に，常に全部について時効の完成猶予および更新を認めてよいとする見解も有力である。

(b)　支払督促（147 条 1 項 2 号）　　金銭その他の代替物または有価証券の一定の数量の給付を目的とする請求について，支払督促が認められている（民訴 382 条）。支払督促についても，裁判上の請求と同様に，その申立ての時から完成猶予の効力が認められている。債務者に対する支払督促送達後，債務者による督促異議の申立てがないままに 2 週間を経過すると，債権者は支払督促に仮執行宣言を付すよう申し立てることができる（民訴 391 条 1 項）。そして，債務者が仮執行宣言付支払督促送達後 2 週間の不変期間内に異議を申し立てず，または督促異議の申立てを却下する決定が確定したときは，支払督促は確定判決と同一の効力を有することとなり（民訴 396 条），時効が更新される。ただし，民事訴訟法 392 条に定める期間内（30 日以内）に仮執行宣言を求める申立てをしない場合は，支払督促は失効し，督促手続が終了するため，その終了の時から 6 か月間時効の完成が猶予されるにとどまる。

(c)　和解および調停（147 条 1 項 3 号）　　民事上の争いについては，当事者は，訴えを提起する前に和解の申立てをすることができる（民訴 275 条 1 項）。この訴え提起前の和解が調い，その内容が調書に記載された場合には，その記載は確定判決と同一の効力を有する（民訴規 169 条，民訴 267 条）。また，民事調

停法による調停や家事事件手続法による調停において，当事者間に合意が成立し，これが調書に記載されたときは，その記載は裁判上の和解ないし確定判決と同一の効力を有する（民調16条，家事268条1項）。

以上のような効力があるため，和解および調停についても，その申立ての時から，裁判上の請求と同様の完成猶予の効力が認められている。和解もしくは調停が成立した場合には，成立の時から時効が更新されるが，成立しなかった場合には，終了の時から6か月間時効の完成が猶予されるにとどまる。

(d) 破産手続参加等（147条1項4号） 破産手続参加とは，自己の債権の弁済を受けるために破産手続に参加しようとする債権者が自己の債権を裁判所に届け出ることである（破111条）。破産手続参加は，権利の明確な行使であるので，届出の時から時効の完成猶予の効力を有する。その後，権利の確定に至り，破産手続が終了した場合には，終了の時から時効が更新される。これに対して，債権者がその届出を取り下げ，またはその届出が却下されたときは，取下げまたは却下の時から6か月間時効の完成が猶予されるにとどまる。債権者のする破産の申立て（破18条1項）は，裁判上の請求にあたるとするのが判例である（最判昭和35・12・27民集14巻14号3253頁）。

再生手続参加（民再94条），更生手続参加（会更138条）があった場合も，同様に時効の完成猶予・更新が認められる。

(2) 強制執行等の場合（148条）

(a) 強制執行（148条1項1号） 民事執行法22条以下に定める強制執行は，まさに断固たる権利の行使であり，これによって権利の存在が確認されたとみることができることから，時効の完成猶予事由として認められている。勝訴判決後に進行している時効（民169条）につき完成猶予・更新を行う場合や，公正証書による差押えのように判決を前提としない場合に，強制執行による完成猶予・更新の意味がある。強制執行手続の申立ての時から時効の完成は猶予され，強制執行により，権利の満足に至らないときは，手続の終了時から時効が更新される（148条2項本文。申立ての取下げまたは法律の規定に従わないことによる取消しによって手続が終了した場合には，その終了の時から6か月の間時効の完成が猶予される。148条1項柱書かっこ書）。なお，判例は，不動産競売手続におい

て，執行力のある債務名義の正本を有する債権者がする配当要求について，差押えに準ずるものとして，時効中断の効力を認めている（最判平成11・4・27民集53巻4号840頁〔現行法でも，完成猶予の効力が認められ，権利の満足に至らないときは，手続終了時から時効が更新されるだろう〕)。

　(b)　**担保権の実行等（148条1項2号から4号）**　　担保権の実行，民事執行法195条による担保権の実行としての競売の例によるもの，民事執行法196条による財産開示手続または同法204条による第三者からの情報取得手続についても，その申立ての時から時効の完成が猶予される。これらの手続についても，所期の目的が達成された場合には，その時から時効が更新されるが，申立ての取下げまたは法律の規定に従わないことによる取消しによって手続が終了した場合には，その終了の時から6か月の間時効の完成が猶予される（148条2項・1項柱書かっこ書）。

⑶　仮差押えおよび仮処分の場合（149条）

　仮差押えおよび仮処分は，債権者が自己の権利を実現できなくなるおそれがある場合に，債務者の財産を保全する手続である（民保20条以下・23条以下）。これらについては，民事保全手続の開始に債務名義は不要であり，その後に本案の訴え提起または続行が予定されていることから（民保1条参照），仮差押え・仮処分は本案の訴えが提起されるまでの間時効の完成を阻止するにすぎないものとして，その申立ての時から，その執行行為の終了後6か月を経過するまでの間，時効の完成が猶予されるものとされている。

⑷　催告の場合（150条）

　催告とは，裁判上の請求などの手続によらずに，裁判外で債務者に対して履行を請求する債権者の意思の通知である。催告が完成猶予事由とされたのは，単に時効を更新するために突然訴えを提起するという弊害を避けるためである。催告があったときは，催告後6か月の間時効の完成が猶予される（150条1項）。

　どのような行為が催告と認められるかは，履行を請求する意思の通知と認めうるかどうかの解釈問題であるが，6か月以内に訴えの提起などがおこなわれることを前提とするのだから，広く解するのが妥当であろう。また，初回の催

告後 6 か月以内に再度催告を繰り返しても，完成猶予の効力は繰り返さない（150 条 2 項）。本条の趣旨からは，裁判上の請求などがあったが，確定判決または確定判決と同一の効力を有するものによって権利が確定することなく，手続が終了した場合，手続終了時から 6 か月の間時効の完成が猶予されるが（147 条 1 項参照），この猶予期間内に催告を行っても，完成猶予の効力が延長することはないと解すべきだろう（改正前のものだが，最判平成 25・6・6 民集 67 巻 5 号 1208 頁を参照）。

(5)　協議をおこなう旨の合意の場合（151 条）

　151 条は，協議をおこなう旨の合意があった場合について，時効の完成猶予を定める。催告と同様，単に時効を更新するために突然訴えを提起するという弊害を避けるためである。外国には，協議中の時効の進行の停止を定める立法例（ドイツ民法 203 条）もあるが，本条は，合意の明確性や協議の始期・終期の明確性の確保という観点から，書面（または電磁的記録）による協議の合意を時効障害事由とし，その位置づけも完成猶予とした（これにより，終期さえ明確に確定できればよいことになる）。

　151 条 1 項によれば，権利についての協議をおこなう旨の合意が書面（4 項により電磁的記録も同様）によっておこなわれた場合には，①その合意があった時から 1 年を経過した時（1 号），②その合意において当事者が協議をおこなう期間（1 年未満のものに限る）を定めたときは，その期間を経過した時（2 号），③当事者の一方から相手方に対して協議の続行を拒絶する旨の書面による通知がおこなわれた時から 6 か月を経過した時（3 号）のいずれか早い時までの間，時効の完成が猶予される。

　同項により時効の完成が猶予されている間に，再度同項の協議の合意をして，完成猶予の期間を延長することも可能である。ただし，その効力は，時効の完成が猶予されなかったとすれば時効が完成すべき時から通じて 5 年を超えることができない（151 条 2 項）。

　これに対して，150 条の催告がされたことによって時効の完成が猶予されている間に 151 条 1 項の協議の合意をしても，完成猶予の効力が延長することはなく，逆に，151 条 1 項の協議の合意によって時効の完成が猶予されている間

に150条の催告をしても，完成猶予の効力が延長することはない（151条3項）。

⑹　承認の場合（152条）

承認とは，時効の利益を受ける当事者が，時効によって権利を失う者に対して，その権利が存在することを認識している旨を表示することである。承認があった時から，時効は更新される（152条1項）。

承認は特別の方式を必要としない。裁判上であるか裁判外であるかを問わないし，書面であるか口頭であるかも問わない。明示的な承認がなくても，その権利の存在を認識して，その認識を表示したと認めることのできる行為はすべて承認となる。例えば，利息の支払は元本の承認となる（大判昭和3・3・24新聞2873号13頁）。債務額の一部の弁済も，一部としての弁済であれば，残額についての承認となる（大判大正8・12・26民録25輯2429頁，最判昭和36・8・31民集15巻7号2027頁）。

承認をするには，相手方の権利についての処分につき行為能力の制限を受けていないことまたは権限があることを必要としない（152条2項）。これは，相手方の更新される権利を自分でもっていたと仮定して，これを処分する権限または能力を有しない者の承認も，更新の効力を生ずるという意味である。承認は，承認者に不利益な行為ではあるが，単に権利の存在を認識して表示する行為であって，承認者が時効更新の不利益を受けるのは，その効果意思に基づくものではないからである。これに対し，承認もまた財産管理に属する行為であること，および，152条2項の反対解釈から，権利を処分する行為能力または権限がないとしても管理行為をする能力または権限は必要であるとされている。したがって，被保佐人・被補助人は単独で承認できるが，成年被後見人は承認できず，未成年者も法定代理人の同意を必要とする（未成年者に関して大判昭和13・2・4民集17巻87頁）。

⑺　時効期間満了前6か月以内に未成年者または成年被後見人に法定代理人がいない場合（158条1項）

この場合には，これらの者が行為能力者となった時または法定代理人の就職時から6か月を経過するまでの間は，これらの者に対して時効は完成しない。

ここで完成が妨げられる時効は，これらの者にとって不利益となる時効にかぎ
られる。なお，時効完成前6か月内に至って法定代理人が欠けた場合の他，そ
れより以前から欠けていて6か月内に至るまで就職しなかった場合も含まれる。

　不法行為に基づく損害賠償に関する平成29年改正前724条後段について，
これを除斥期間と解していた改正前民法下の事案だが，158条の法意に照らし，
除斥期間の効果を制限したものがある（最判平成10・6・12民集52巻4号1087頁
〈判例12-2〉）。724条2号が消滅時効とされた現行法においても，事案として
参考になろう。

〈判例 12-2〉 **最判平成 10・6・12 民集 52 巻 4 号 1087 頁**

【事案】 X_1 は，生後5か月の時に予防接種法に基づき痘そうの集団接種を受け
た結果，その副作用により高度の精神障害・知能障害等を伴う寝たきりの状態
となった。接種から22年後，X_1 とその両親 X_2・X_3 は，他の被害者とともに，
国 Y に対して国家賠償法1条に基づく損害賠償等を求めた。この訴えは，X_2
および X_3 が親権者と称して弁護士に訴訟委任したものであったが，それから
さらに10年近くが経過した第1審判決言渡し後に，X_1 は禁治産宣告（現在の
後見開始の審判に相当）を受け，X_2 が後見人に就職して，再度弁護士に本件訴
訟の進行を委任した。原審は，本件訴訟の提起は724条後段（平成29年改正後
724条2号）の除斥期間経過後のものであるとして，請求を棄却した。X らよ
り上告。

【判旨】 一部破棄差戻し，一部棄却。「民法724条後段の規定は，不法行為によ
る損害賠償請求権の除斥期間を定めたものであり，不法行為による損害賠償を
求める訴えが除斥期間の経過後に提起された場合には，裁判所は，当事者から
の主張がなくても，除斥期間の経過により右請求権が消滅したものと判断すべ
きであるから，除斥期間の主張が信義則違反又は権利濫用であるという主張は，
主張自体失当であると解すべきである」。「民法158条……の趣旨は，無能力者
は法定代理人を有しない場合には時効中断の措置を執ることができないのであ
るから，無能力者が法定代理人を有しないにもかかわらず時効の完成を認める
のは無能力者に酷であるとして，これを保護するところにある」。「これに対し，
民法724条後段の……規定を字義どおりに解すれば，不法行為の被害者が不法
行為の時から20年を経過する前6箇月内において心神喪失の状況にあるのに
後見人を有しない場合には，右20年が経過する前に右不法行為による損害賠
償請求権を行使することができないまま，右請求権が消滅することとなる。し
かし，これによれば，その心身喪失の状況が当該不法行為に起因する場合であ

っても，被害者は，およそ権利行使が不可能であるのに，単に20年が経過し
たということのみをもって一切の権利行使が許されないこととなる反面，心身
喪失の原因を与えた加害者は，20年の経過によって損害賠償義務を免れる結
果となり，著しく正義・公平の理念に反するものといわざるを得ない。そうす
ると，少なくとも右のような場合にあっては，当該被害者を保護する必要があ
ることは，前記時効の場合と同様であり，その限度で民法724条後段の効果を
制限することは条理にもかなう」。「したがって，不法行為の被害者が不法行為
の時から20年を経過する前6箇月内において右不法行為を原因として心神喪
失の常況にあるのに法定代理人を有しなかった場合において，その後当該被害
者が禁治産宣告を受け，後見人に就職した者がその時から6箇月内に右損害賠
償請求権を行使したなど特段の事情があるときは，民法158条の法意に照らし，
同法724条後段の効果は生じないものと解するのが相当である」。

⑻　未成年者または成年被後見人がその財産を管理する父母または後見人に対して権利を有する場合（158条2項）

　この権利については，その未成年者または成年被後見人が行為能力者となっ
た時または後任の法定代理人の就職時から6か月を経過するまでの間は，時効
は完成しない。

⑼　夫婦の一方が他方に対して有する権利の場合（159条）

　この権利については，婚姻解消の時から6か月を経過するまでの間は，時効
は完成しない。婚姻解消の時とは，離婚，婚姻の取消しおよび夫婦の一方の死
亡（この場合には相続人が権利を行使することになる）を含む。

⑽　相続財産に関する権利の場合（160条）

　相続財産に関しては，相続人の確定，管理人の選任または破産手続開始の決
定があった時から6か月を経過するまでの間は，時効は完成しない。相続財産
に「関して」とは，その利益および不利益のためという意味であるので，相続
財産に属する権利だけでなく，他人が相続財産に対して有する権利を含む。

　不法行為に基づく損害賠償請求権に関する平成29年改正前724条後段（上
記のとおり除斥期間と解されていた）について，殺人事件の加害者が，死体の隠
匿などにより，被害者の相続人において被害者の死亡の事実を知りえない状況

を殊更に作出し，そのために相続人はその事実を知ることができず，相続人が確定しないまま除斥期間が経過したという事件において，一方で，相続人は一切の権利行使をすることが許されず，他方で，相続人が確定しないことの原因を作った加害者は損害賠償義務を免れるということは，著しく正義・公平の理念に反するとして，相続人確定時から 6 か月内に損害賠償請求権を行使したなどの特段の事情がある場合は，160 条の法意に照らし，724 条後段の効果は生じないとした判決がある（最判平成 21・4・28 民集 63 巻 4 号 853 頁）。現行法においても，事案として参考になろう。

(11)　天災その他避けることのできない事変があった場合（161 条）

　時効期間満了の時にあたり，天災その他避けることのできない事変のため，147 条 1 項各号または 148 条 1 項各号に掲げる事由にかかる手続（裁判上の請求等および強制執行等）をおこなうことができない場合は，その障害が消滅した時から 3 か月，時効は完成しない（161 条）。「避けることのできない事変」とは，暴動や戦乱のような，天災に比すべき外部の障害をいい，権利者の疾病や不在などの主観的な事由は含まれない。

③　完成猶予および更新の効果

(1)　完成猶予および更新の基本的効果

　時効の完成が猶予された場合，当該事由の継続中またはその事由の終了から所定の期間経過までの間，時効が完成しないことになる。時効が更新された場合には，それまで経過していた期間は意味を失い，更新事由が生じた時から，新たな時効が進行する。

　更新後に進行する新たな時効期間は，従前の時効期間と同じであるのが原則だが，確定判決等によって確定した権利については，従前の時効期間が 10 年より短いものであった場合でも，新たな時効期間は 10 年となる。ただし，確定の時に弁済期の到来していない債権については，この特則は適用されない（169 条）。

(2)　完成猶予または更新の効果の人的範囲

　時効の完成猶予または更新は，当事者およびその承継人の間においてのみ，その効力を生ずる（153条。時効の完成猶予・更新の相対効）。これは，人の法的行為は原則として他の人を益することも害することもないという考えに基づく。

　また，148条1項各号または149条各号に掲げる事由にかかる手続（強制執行等および仮差押え等）は，時効の利益を受ける者に対してされなかった場合には，その者に通知をした後でなければ，時効の完成猶予または更新の効力を生じない（154条）。債務者が知らないのに完成猶予や更新の効力を債務者に及ぼすのは不測の不利益となるからである。例えば，物上保証人に対する競売開始決定があった場合には，その決定正本が主債務者に送達された時に，通知があったものとされる（最判昭和50・11・21民集29巻10号1537頁。最判平成8・7・12民集50巻7号1901頁は，決定正本送達時に時効中断の効力が生じるとするが，現行法では，決定正本送達時に完成猶予の効力が生じ，手続終了の時から時効が更新されるということになろう）。これに対して，債権執行における差押えによる請求債権の消滅時効の完成猶予・更新の効力が生ずるためには，請求債権の債務者が当該差押えを了知しうる状態に置かれることを要しない。この者は完成猶予・更新の行為の当事者だからである（最判令和元・9・19民集73巻4号438頁）。

　時効の完成猶予・更新の相対効については，例外がある（地役権に関する284条2項・3項・292条，保証に関する457条1項等）。また，判例は，主債務者の承認による時効の更新は，担保権の付従性および396条の趣旨から，物上保証人に及ぶとする（最判平成7・3・10判時1525号59頁）。

　なお，完成猶予・更新の効果の物的範囲については，**2**(1)(a)の末尾および(6)を参照。

第 5 節　時効の援用と時効利益の放棄

1　時効の援用

(1)　時効の援用とは

　民法は，時効の完成により権利の取得あるいは消滅という効果が生じると定

める一方で（162条・166条等），当事者が援用しなければ裁判所は時効によって裁判をすることができないと定めている（145条）。そのため，この両者の関係，とくに援用の性質について，古くから見解の対立がある。もっとも，いずれの見解をとるかによって，援用権者の範囲など具体的問題の結論が顕著に異なるわけではない。

(a)　**確定効果説（攻撃防御方法説）**　これは，時効によって生ずる権利の取得または消滅という効果は確定的なものであるという前提に立ち，援用は，弁論主義の制約から訴訟法上裁判所が裁判をする要件であり，したがって，当事者が援用をするのは，訴訟法上の攻撃防御方法の提出である，とする見解である。民法の起草者はこの立場であったほか，いわゆる「取得時効と登記」に関する一連の判例は，確定効果説を前提にするものである。

確定効果説に対しては，弁論主義は民事訴訟法の基本原則であって，145条がなくとも，当事者が主張しない時効を基礎に判決をすることはできないのだから，そのような当然の事柄をわざわざ定めた理由が明らかでない，との批判がある。

古い判例には，この見解を述べるものがあるが（大判大正8・7・4民録25輯1215頁），今日の判例は，後述のように，不確定効果説の停止条件説に立つことを明言している。

(b)　**不確定効果説**　これは，時効が完成しただけでは，権利の取得または消滅という効果は不確定的にしか生じておらず，効果の発生または不発生は，援用か放棄があってはじめて確定する，とする見解である。これによると，援用も実体法の問題として位置づけられる。ただし，その理論構成については，さらに3つの見解に分かれる。

(i)　**解除条件説**　これは，時効の完成によって，権利の取得または消滅は，一種の解除条件的に発生し，援用または放棄によって確定する，とする見解である（時効利益の放棄を，不確定的に発生している時効の効果を消滅させるための条件のように考える）。この見解は，時効の完成によって権利の取得または消滅の効果が生ずると定める162条・166条等の文言に忠実であろうとするものであるが，援用がなくとも時効の効果が一応発生することになり，時効の効果発生を当事者の援用に依拠させた145条の趣旨を十分に評価していないとの批判があ

る。

　(ⅱ)　停止条件説　　これは，時効の完成だけではいまだ時効の効果は発生せ
ず，援用があってはじめて，権利の取得または消滅の効果がはじめに遡って確
定的に発生する，とする見解である（援用を，時効の効果を発生させるための条件
のように考える）。この見解は，162 条・166 条等の文理からは離れるものの，
当事者の意思をも顧慮して時効の効果を生じさせようとする民法の趣旨にかな
うものとして，近時の多数説となっている。

　かなり特殊な事案ではあるが，近時の判例は，停止条件説に立つことを明言
している（最判昭和 61・3・17 民集 40 巻 2 号 420 頁〈 判例 12-3 〉）。

　(ⅲ)　要件説　　これは，時効の完成と援用を要件として，時効の効果が生ず
る，とする見解である。

　以上の不確定効果説は，援用が要求される理由を以下のように説明する。す
なわち，非権利者が権利を取得し，未弁済者が義務を免れるというのは，道徳
に反する。そこで，そうした時効による利益を受けるかどうかを当事者の良心
に委ねたのが，援用である。もっとも，このような説明に対しては，泥棒が盗
品の取得時効を主張することや，未弁済を知る債務者が消滅時効を主張するこ
とが許されるならば，援用を良心に結びつけることは無意味であるとの批判や，
時効制度の根拠を，社会の法律関係の安定という公益的要請にみる一方で，時
効の効果の発生を個人の援用にかからしめることには矛盾があるとの批判があ
る。

　(c)　**法定証拠提出説（訴訟法説）**　　以上の 2 つの見解は，時効の効果は実
体法上の権利の得喪であるという見解（実体法説）を前提としている。これに
対して，時効を，裁判で援用することにより，他の権利得喪原因の証明を要す
ることなく，権利得喪の裁判を受けることを認める制度であるとする立場（訴
訟法説）から，時効を権利の得喪についての一種の法定証拠と位置づける（援
用とは訴訟の場で法定証拠を提出する行為であるとする）見解がある。もっともこ
の見解に対しては，162 条・166 条の文言に完全に反するという批判がある。

〈 判例 12-3 〉**最判昭和 61・3・17 民集 40 巻 2 号 420 頁**
【事案】 A は，昭和 31 年 12 月 15 日に本件農地を B に売却し，代金全額の支
払を受け，引渡しを終えたが，農地法 3 条（当時）の知事の許可を得ていなか

ったので，B は本件農地につき所有権移転請求権保全仮登記をした。その後，A が死亡して X が相続人となり，また，Y が，B から買主たる地位の譲渡を受けた。X は，知事に対する許可申請協力請求権は，本件売買の成立日から10 年を経た昭和 41 年 12 月 15 日の経過とともに時効により消滅し，これにより法定条件は不成就に確定し，本件土地の所有権は B に移転しないことが確定したから，本件土地は X に帰属することに確定したと主張して，本件土地の所有権に基づき，Y に対してその明渡と付記登記の抹消登記手続を求めた。原審が X の請求を認めたため，Y より上告。

【判旨】破棄差戻し。「民法 167 条 1 項〔平成 29 年改正後 166 条 1 項 1 号〕は『債権は 10 年間之を行はざるに因りて消滅す』と規定しているが，他方，同法145 条及び 146 条は，時効による権利消滅の効果は当事者の意思をも顧慮して生じさせることとしていることが明らかであるから，時効による債権消滅の効果は，時効期間の経過とともに確定的に生ずるものではなく，時効が援用されたときにはじめて確定的に生ずるものと解するのが相当であり，農地の買主が売主に対して有する県知事に対する許可申請協力請求権の時効による消滅の効果も，10 年の時効期間の経過とともに確定的に生ずるものではなく，売主が右請求権についての時効を援用したときにはじめて確定的に生ずるものというべきであるから，右時効の援用がされるまでの間に当該農地が非農地化したときには，その時点において，右農地の売買契約は当然に効力を生じ，買主にその所有権が移転するものと解すべきであり，その後に売主が右県知事に対する許可申請協力請求権の消滅時効を援用してもその効力を生ずるに由ないものというべきである」。

(2)　援用権者の範囲

145 条は，時効の援用は「当事者」がこれをおこなうものと定める。ここで「当事者」とされる者は，固有の援用権を有し，他の援用権者が援用しない場合はもちろん，時効利益を放棄した場合でも，独立して時効を援用することができることになる。判例は，一般的には，「時効により直接に利益を受くべき者」（直接受益者。大判明治 43・1・25 民録 16 輯 22 頁等）という基準を用いて援用権者の範囲を画定しようとしているが，学説から狭すぎるとの批判を受け，その範囲を拡大させてきた。平成 29 年改正では，少なくとも消滅時効について，「権利の消滅について正当な利益を有する者」という基準が明示されるに至った。取得時効について異なる基準をとる必要はないと思われるので，今後は，

権利の取得について正当な利益を有する者という基準に従って，解釈論が展開されるであろう。以下，これまでの判例もふまえ，主なものについて解説する。

　(a)　**消滅時効の場合**　　消滅時効の場合には，いかなる者が援用権者に含まれるか。

　(i)　債務者　　債務者は消滅時効の完成によって直接債務を免れるから，この者が援用権者に含まれることに争いはない。

　(ii)　保証人・連帯保証人　　保証債務や連帯保証債務は，主たる債務が消滅すればそれに付従して消滅する。そこで判例は，保証人・連帯保証人は時効により直接に利益を受ける者に該当するとして，主たる債務の消滅時効の援用権を認めており（大判大正4・12・11民録21輯2051頁，大判昭和7・6・21民集11巻1186頁），平成29年改正によって条文化された（145条かっこ書）。

　(iii)　物上保証人　　旧判例は，物上保証人の利益は間接的なものにすぎないとして，その援用権を否定していた（前掲大判明治43・1・25〔ただし傍論〕）。しかしその後，物上保証人も被担保債権の消滅によって直接利益を受ける者というを妨げないとして，被担保権の消滅時効の援用権を肯定するに至り（最判昭和42・10・27民集21巻8号2110頁〔譲渡担保の事案〕，最判昭和43・9・26民集22巻9号2002頁〔抵当権の事案〕），平成29年改正によって条文化された（145条かっこ書）。

　(iv)　一般債権者　　一般債権者は，債務者が他の債権者に対して負っている債務の消滅時効を援用できない（大決昭和12・6・30民集16巻1037頁）。ただし，債務者が無資力の場合には，債権者代位権（423条）に基づいて債務者の援用権を代位行使できる（前掲最判昭和43・9・26）。

　(v)　担保不動産の第三取得者　　旧判例は，抵当不動産の第三取得者の利益は間接的なものにすぎないとして，その援用権を否定していた（前掲大判明治43・1・25）。しかし，判例はその後，抵当不動産の第三取得者は当該抵当権の被担保債権が消滅すれば抵当権の消滅を主張しうる関係にあるから，被抵当債権の消滅により直接利益を受ける者にあたるとして，援用権を肯定するに至った（最判昭和48・12・14民集27巻11号1586頁。最判昭和60・11・26民集39巻7号1701頁は仮登記担保権の設定された不動産の第三取得者に関するもの）。これを受けて，担保不動産の第三取得者も，平成29年改正によって条文化された（145条

かっこ書）。

　その他，売買予約に基づく所有権移転請求権保全の仮登記の経由された不動産につき抵当権の設定を受けた者（最判平成 2・6・5 民集 44 巻 4 号 599 頁），売買予約に基づく所有権移転請求権保全の仮登記の経由された不動産の第三取得者（最判平成 4・3・19 民集 46 巻 3 号 222 頁）も，同様の考えから，予約完結権の消滅時効を援用できるとされている。

　(vi)　後順位抵当権者　　B の不動産に A のために抵当権が設定された後に，同不動産につき C のために後順位の抵当権が設定されたという事案において，C は，先順位抵当権の被担保債権の消滅時効を援用できるか。この問題につき，判例は，先順位抵当権の被担保債権消滅による配当額の増加に対する期待は，抵当権の順位の上昇によってもたらされる反射的な利益にすぎないとして，C の援用権を否定した（最判平成 11・10・21 民集 53 巻 7 号 1190 頁 ◆**判例 12-4**◆）。判例は，上告理由に答えて，後順位抵当権者による援用と，抵当不動産の第三取得者による援用とを比較し，両者はそのおかれた地位が異なるとしている。しかし，先順位の物権者と後順位の物権者の利益対立の問題という点では共通しており，単に，所有権を失う不利益と順位上昇によって受けうる利益を対比するだけでは十分とはいえないだろう。判例のように異なる取扱いをすることの是非および理由づけについては，なお議論の余地があり，近時，(c)でみるような見解も主張されている。

　(vii)　詐害行為の受益者　　A の B に対する債権が成立した後，C が，B の債権者を害すること（詐害行為）を知りながら，B の財産を譲り受けたという事案において，詐害行為の受益者 C は，A の B に対する債権の消滅時効を援用できるか。この問題につき，旧判例は，詐害行為の受益者 C の受ける利益は「時効の直接の結果」ではないとして，援用権を否定していた（大判昭和 3・11・8 民集 7 巻 980 頁）。現判例はこれを変更し，「詐害行為の受益者は，詐害行為取消権行使の直接の相手方とされている上，これが行使されると債権者との間で詐害行為が取り消され，同行為によって得ていた利益を失う関係にあり，その反面，詐害行為取消権を行使する債権者の債権が消滅すれば右の利益喪失を免れることができる地位にあるから，右債権者の債権の消滅によって直接利益を受ける者にあたり，右債権について消滅時効を援用することができる」と

している（最判平成 10・6・22 民集 52 巻 4 号 1195 頁）。

> ◁ 判例 12-4 ▷ **最判平成 11・10・21 民集 53 巻 7 号 1190 頁**
>
> **【事案】** Y 信用組合は，A 社との間で長年信用組合取引をおこなってきたが，本件取引契約により生ずる A 社の債務を担保するため，合計 17 の不動産について，極度額を 1 億 5000 万円とする根抵当権（本件根抵当権）を有している。X は，本件不動産すべてについての抵当権者・根抵当権者であるところ，X は，Y の貸付金債権は時効により消滅したと主張して，本件根抵当権設定登記の抹消登記手続を求めて訴訟を提起した。原審は，後順位抵当権者は時効援用権を有しないとして，請求を棄却した。X より上告。
>
> **【判旨】** 上告棄却。「後順位抵当権者は，目的不動産の価格から先順位抵当権によって担保される債権額を控除した価額についてのみ優先して弁済を受ける地位を有するものである。もっとも，先順位抵当権の被担保債権が消滅すると，後順位抵当権者の抵当権の順位が上昇し，これによって被担保債権に対する配当額が増加することがあり得るが，この配当額の増加に対する期待は，抵当権の順位の上昇によってもたらされる反射的な利益にすぎないというべきである。そうすると，後順位抵当権者は，先順位抵当権の被担保債権の消滅により直接利益を受ける者に該当するものではなく，先順位抵当権の被担保債権の消滅時効を援用することができないものと解するのが相当である」。

(b) 取得時効の場合　取得時効の場合には，いかなる者が援用権者に含まれるか。

(i) **占有者本人**　占有者本人が，取得時効を援用して所有権の取得を主張しうることは当然である。その他の財産権の取得時効に関して，自己のためにする意思をもって権利行使を継続した者も同様である。

(ii) **目的不動産上に建てられた建物の賃借人**　A 所有の甲土地上に B が所有する乙建物を，C が B から賃借していたという事案において，B の取得時効を C が援用することはできるか。この問題につき，判例は，土地の所有権を時効取得すべき者から，その者が当該土地上に所有する本件建物を賃借しているにすぎない者は，取得時効の完成によって直接利益を受ける者ではないとして，援用権を否定した（最判昭和 44・7・15 民集 23 巻 8 号 1520 頁）。

これに対しては，B が甲土地を時効取得すれば，その上の乙建物は収去を免れ，C は乙建物を賃借し続けることができるから，C にも，B の時効取得により賃借権の喪失を免れるという利益があるとして，C の援用権を肯定する見解

もある。

　(iii)　**目的不動産の賃借人**　　A所有の土地につき，Bが所有の意思をもって占有を続け，CがBから当該土地を賃借していたという事案において，Bの取得時効をCが援用することはできるか。この問題に関する最高裁判決はなく，下級審裁判例は肯定説と否定説とに分かれている。

　肯定説は，時効によって所有権を取得するBだけではなく，Bの時効取得により反射的に訴訟の目的たる義務を免れ，または訴訟の目的たる権利が認容されるCも援用権を有するとして，援用の相対効を理由として挙げる（東京地判昭和45・12・19判時630号72頁，東京地判平成元・6・30判時1343号49頁等）他，Bが土地を時効取得すれば，Cは土地を賃借し続けることができるから，Cにも，Bの時効取得により賃借権の喪失を免れるという利益があるとする。

　これに対し，否定説は，土地の取得時効によって直接利益を得るのは時効完成の結果所有権を取得する土地占有者Bであり，賃借人Cは，Bの取得時効によって間接的に利益を得るにすぎないとする（東京高判昭和47・2・28判時662号47頁）。

　(c)　**時効援用権者に関する近時の見解**　　以上のように，判例は，直接受益者という基準を維持しながら，その範囲を拡張し，かつて直接受益者にあたらないとしていた者も，現在では直接受益者に該当するとしている。そのため，学説では，「時効により直接に利益を受くべき者」という基準は判例上あまり機能していないと評され，具体的な事案類型ごとにきめ細かな利益衡量をおこなう必要があると説かれてきた。

　これに対して，平成29年改正前のものであるが，直接受益者基準を再評価する見解も存在する。この見解によれば，ある者が時効援用権を有するかどうかは，①時効を援用しようとする者とその相手方との間に，時効によって消滅する義務や取得される権利といった「直接の法律関係」を見出すことができるかどうか，②その直接の法律関係が，実体法上，他の援用権者の権利義務とは別個独立に，当該援用権者との相対的な関係においてのみ権利の取得や義務の消滅があったと扱うことができるような「可分」なものであるかどうかによって判断される。これによれば，例えば，保証人・物上保証人の場合は，債権者・抵当権者との間に直接の法律関係を観念でき，かつ，主たる債務・被担保

債務の消滅時効を援用するとそれにより保証債務・抵当権が消滅するが，主た
る債務・抵当権には影響を及ぼさないという意味において，可分なものといえ
る。よって，独立の援用権が肯定される。これに対して，後順位抵当権者に関
しては，先順位抵当権者と後順位抵当権者との間に，その優先弁済の順位の先
後関係という先順位抵当権によって規律される「直接の法律関係」が存在する。
しかし，現行法上は，先順位抵当権者と（時効を援用した）後順位抵当権者との
関係のみでの相対的消滅という法律関係は想定されていないので，直接の法律
関係の「可分」性を欠き，独立の援用権は認められない。

　さらに，この見解によって判例の立場は整合的に説明できるとしたうえで，
その判例の立場がどのような根拠によって正当化できるのかを検討する見解も
存在する。これによれば，①時効により従来の権利者が財産権を失うことにな
ることからすれば，時効を援用できるのは，権利者が時効によって失う利益と
同等の財産権を取得し，または維持することになる者にかぎられ，さらに，②
私的自治に鑑みれば，時効の援用によって，援用の相手方以外の者（例えば，
他の時効援用権者）の法律関係を変動させることが許されるのは，それをしなけ
れば自己の法的地位を保全できないという，他人の権利関係への介入を正当化
する事情がある場合にかぎられる。時効援用権が認められるためには，それぞ
れの要件が満たされる必要があると解されている。

(3)　援用の場所および効果の人的範囲

　援用の場所に関して，時効の援用は裁判内でしかできないのか，裁判外でも
できるのかが争われている。確定効果説および法定証拠提出説によれば，援用
は訴訟上の行為であるから，裁判内でおこなわれなければならない。これに対
して，不確定効果説によれば，援用は実体法上の問題であるため，裁判外でも
おこなうことができる。なお，傍論ではあるが，裁判外での援用を肯定した古
い判決がある（大判昭和10・12・24民集14巻2096頁）。

　また，援用の効果は相対的である。すなわち，援用権者が複数いる場合にお
いて，ある援用権者の援用・不援用の効果は，他の援用権者には及ばない。こ
れは，時効の利益を受けるかどうかを当事者の意思に委ねるとした援用制度の
趣旨に基づくものである。

2　時効利益の放棄

(1)　時効利益の放棄

(a)　**時効完成前の放棄**　　時効が完成する前に，時効が完成してもその利益を受けない旨をあらかじめ約束しても，効力を生じない（146条）。本条の趣旨は，①時効完成前にあらかじめ時効の利益を放棄することを認めることは，永続した事実状態を尊重しようとする時効制度の目的が，個人の意思によってあらかじめ排斥されることになり不当であること，②とくに契約上の債権については，債権者が，債務者の窮状に乗じてあらかじめ時効の利益を放棄させるおそれがあることに存する。この趣旨から，時効の完成を困難にする特約（時効期間の延長や完成猶予・更新事由の追加など）は，一般に無効である。なお，時効期間の短縮など，時効の完成を容易にする特約は，上記のような弊害がないから，有効である。

(b)　**時効完成後の放棄**　　これに対して，146条の反対解釈により，時効完成後にその利益を放棄することは有効である。時効完成前の放棄におけるような危険は，時効完成後には存在しないし，時効の利益は，これによって利益を受ける者の意思によって享受させるべきであるという援用制度の趣旨にも合致する。

　時効利益の放棄は，放棄者の一方的な意思表示であり，相手方の同意を要しない（単独行為。大判大正8・7・4民録25輯1215頁）。また，時効利益の放棄は，債務の存続や権利の喪失という効果をもたらすため，処分についての権限や行為能力を要する（大判大正8・5・12民録25輯851頁）。

　放棄の効果は，援用の効果と同じく，相対的である。放棄することのできる者が複数ある場合には，1人の放棄は，他の者に影響を及ぼさない。例えば，主債務者が時効利益を放棄した場合でも，保証人，連帯保証人，物上保証人は，なお時効を援用することができる。また，時効の利益を放棄した後は，その時効の効果を援用できないことはいうまでもないが，放棄の時点から新たな時効が進行することは妨げない（最判昭和45・5・21民集24巻5号393頁）。なお，時効期間の進行中の時効利益の放棄は，すでに経過した期間の放棄（つまり承認）として有効とされる。

(2)　時効完成後の自認行為

　時効完成後，自らが時効の利益を享受しうることを知らずに，弁済や弁済の延期の申入れのような，債務の存在を前提とした行為（自認行為）をした場合，債務者はなお援用ができるか。

　これにつき，かつての判例は，放棄は時効の完成したことを知ってされなければならないという前提に立ち，時効期間の経過により債権が消滅することは周知のことだから，時効完成後に自認行為をしたときは，時効が完成していることを知ってしたものと推定され，もはや時効を援用することはできないとしていた（大判大正6・2・19民録23輯311頁，最判昭和35・6・23民集14巻8号1498頁）。しかし学説は，この結論は是認しつつも，推定構成は実態に反し，擬制的であると強く批判していた。

　これに対して，現在の判例は，矛盾行為の禁止および相手方（債権者）の信頼保護を根拠に，時効完成後に債務の承認をした債務者は，時効完成の事実を知らなかったときでも，信義則によりもはや時効の援用をすることは許されないとしている（最大判昭和41・4・20民集20巻4号702頁〈判例 12-5〉）。

　自認行為としては，本判例のような減額の申入れのほか，借用証書の書換え，一部弁済，債務支払の約定，弁済期の猶予の申入れなどがこれに該当しよう。

> 〈判例 12-5〉 **最大判昭和41・4・20民集20巻4号702頁**
> **【事案】** 木材商であるXは，昭和24年8月，利息月5分の約定でYから金銭を借り受け，公正証書を作成した。Xは同33年3月付けの手紙でYに対し，本件借金を元本だけにまけてくれれば，同年中に月賦払いで返済できる旨申し入れた。同34年7月に至り，Yが公正証書に基づいてX所有の有体動産に対して強制執行したため，Xは公正証書の無効とともに5年の消滅時効（商522条〔平成29年改正により削除〕）を理由に請求異議の訴えを起こした。原審は，公正証書を基本的に有効としたうえで，反証のないかぎり，商人たるXは時効期間の経過を知りながら，債務を承認し，時効の利益を放棄したものと推定するのが相当であるとして，元本および旧利息制限法2条の範囲内に引き直した利率により計算した利息額について強制執行を認容した。Xより上告。
> **【判旨】** 上告棄却。「債務者は，消滅時効が完成したのちに債務の承認をする場合には，その時効完成の事実を知っているのはむしろ異例で，知らないのが通常であるといえるから，債務者が商人の場合でも，消滅時効完成後に当該債務の承認をした事実から右承認は時効が完成したことを知ってされたものである

と推定することは許されないものと解するのが相当である。したがって，右と見解を異にする当裁判所の判例（最判昭和35・6・23民集14巻8号1498頁参照）は，これを変更すべきものと認める」。「しかしながら，債務者が，自己の負担する債務について時効が完成したのちに，債権者に対し債務の承認をした以上，時効完成の事実を知らなかったときでも，爾後その債務についてその完成した消滅時効の援用をすることは許されないものと解するのが相当である。けだし，時効の完成後，債務者が債務の承認をすることは，時効による債務消滅の主張と相容れない行為であり，相手方においても債務者はもはや時効の援用をしない趣旨であると考えるであろうから，その後においては債務者に時効の援用を認めないものと解するのが，信義則に照らし，相当であるからである。また，かく解しても，永続した社会秩序の維持を目的とする時効制度の存在理由に反するものでもない。そして，この見地に立てば，前記のように，Xは本件債務について時効が完成したのちこれを承認したというのであるから，もはや右債務について右時効の援用をすることは許されないといわざるをえない」。

練習問題

1 2020年4月20日，Aは，Bから無利息で200万円を借りた。返済については，AB間の約定で，Aは毎年末に50万円支払うものとされた。しかし，2020年末の支払はおこなわれたものの，それ以後は，Aの支払も，Bの弁済請求もおこなわれないままとなった。

(1) 2027年5月，BはAに150万円の支払を求める訴えを提起した。Aは，150万円全額につき消滅時効を援用できるか。

(2) (1)で，AB間の約定に，1回でも弁済を怠ったならばBはただちに全部の返還を請求できるという特約が付されていた場合はどうか。

(3) Aの友人Cが，上記のAの債務につき連帯保証をしていたとする。

① 2024年5月，AはBに対して150万円の支払を約束したが，その後も全く返済はおこなわれなかった。そこで2029年3月，BはCに150万円の支払を求める訴えを提起した。Cは，150万円全額につき消滅時効を援用できるか。

② 2029年5月，AはBに対して150万円の支払を約束したが，その後も全く返済はおこなわれなかった。そこで2030年5月，BはCに150万円の支払を求める訴えを提起した。Cは，150万円全額につき消滅時効を援用できるか。

③ 2029年5月，BはCに対して保証債務の履行を求めた。Cが保証債務について時効利益を放棄した後に，Aが借入金債務につき消滅時効を援用した場合，C

はBからの請求を拒めるか。

2　除斥期間の意義，消滅時効との異同について説明したうえで，以下について論じなさい。

(1)　取消権の期間制限（126条）の法的性質および期間制限と取消しの結果として生じる原状回復請求権との関係

(2)　解除権の行使期間の法的性質およびその長さ

事 項 索 引

判 例 索 引

民法Ⅰ　総則〔第2版補訂版〕

2010 年 10 月 30 日　初　版第 1 刷発行
2018 年　4 月 25 日　第 2 版第 1 刷発行
2020 年　3 月 30 日　第 2 版補訂版第 1 刷発行
2022 年　1 月 30 日　第 2 版補訂版第 5 刷発行

著　者	佐 久 間　　　毅
	石　田　　　　剛
	山　下　純　司
	原　田　昌　和
発 行 者	江　草　貞　治
発 行 所	株式会社　有　斐　閣

郵便番号 101-0051
東京都千代田区神田神保町 2-17
http://www.yuhikaku.co.jp/

印刷・製本　共同印刷工業株式会社
© 2020, T. Sakuma, T. Ishida, Y. Yamashita, M. Harada.
Printed in Japan
落丁・乱丁本はお取替えいたします

★定価はカバーに表示してあります。

ISBN 978-4-641-17945-5